Ulrike Theilen
mach doch mit!

Ulrike Theilen

mach doch mit!

Lebendiges Lernen
mit schwerbehinderten Kindern

25 Fotos

4., überarbeitete Auflage

Ernst Reinhardt Verlag

Ulrike Theilen, Sonderschullehrerin mit Zusatzqualifikation „Rhythmische Erziehung", langjährige Arbeit mit Schülern mit schweren Behinderungen, 1996–1999 Lehrbeauftragte an der Universität Würzburg, Leiterin des Arbeitskreises „Unterricht mit Schwerstbehinderten", Lehrgangsleiterin der Ausbildung zum Heilpädagogen im Förderschuldienst, Fortbildungen im In- und Ausland.

Von der Autorin außerdem im Ernst Reinhardt Verlag erhältlich:
Mach Musik! Rhythmische und musikalische Angebote für Menschen mit schweren Behinderungen.
2004 (ISBN: 978-497-01699-0)

Fotonachweis: Die Fotos auf der Umschlagseite und im Innenteil stammen von der Autorin. Wir danken den Eltern der abgebildeten Schüler für die freundliche Genehmigung zur Veröffentlichung.

Bibliografische Information der Deutschen Nationalbibliothek

Die Deutsche Nationalbibliothek verzeichnet diese Publikation in der Deutschen Nationalbibliografie; detaillierte bibliografische Daten sind im Internet über <http://dnb.d-nb.de> abrufbar.

ISBN 10: 3-497-01880-5
ISBN 13: 978-3-497-01880-2
4. Auflage

© 2006 by Ernst Reinhardt, GmbH & Co KG, Verlag, München
Dieses Werk einschließlich aller seiner Teile ist urheberrechtlich geschützt. Jede Verwertung außerhalb der engen Grenzen des Urheberrechtsgesetzes ist ohne schriftliche Zustimmung der Ernst Reinhardt, GmbH & Co KG, München, unzulässig und strafbar. Das gilt insbesondere für Vervielfältigungen, Übersetzungen in andere Sprachen, Mikroverfilmungen und die Einspeicherung und Verarbeitung in elektronischen Systemen.
Printed in Germany
Umschlaggestaltung und Layout: Helga Mattern, München
Satz: Rist Satz & Druck, Ilmmünster
Druck: Grafischer Großbetrieb Friedrich Pustet, Regensburg
Ernst Reinhardt Verlag, Kemnatenstr. 46, D-80639 München
Net: www.reinhardt-verlag.de   E-Mail: info@reinhardt-verlag.de

VORWORT
zur 4. Auflage

Was schreibt man in ein Vorwort zu der nun 4. Auflage eines Buches, welches man vor mehr als einem Jahrzehnt ganz unbefangen und aus dem eigenen Unterrichtsalltag an einer Heimschule heraus entwickelt hat?
Die sonderpädagogische Landschaft ist ja seitdem nicht unverändert geblieben. Bestehende Konzeptionen wurden verändert und neue entwickelt, ein Paradigmenwechsel hin zum leiborientierten (eingeleitet von Pfeffer 1988) und zum konstruktivistischen Denken wurde vollzogen. Der Bereich von Beziehungsaufbau und Kommunikation, vor Jahren noch in den ersten Anfängen, nimmt heute mit den Möglichkeiten der Unterstützten Kommunikation eine zentrale Stellung im Unterricht mit schwerbehinderten Schülern ein. All dies hatte tiefgreifende Einflüsse auf die Unterrichtspraxis, was sich z. B. in der Neukonzeption des Lehrplans in Bayern für den Förderschwerpunkt geistige Entwicklung niedergeschlagen hat. Hier finden sich nun in allen Lernbereichen erlebende und handelnde Zugangsweisen als Beispiele für elementares Lernen.
Auch die eigene Position ist von den Veränderungen im sonderpädagogischen Denken nicht unbeeinflusst geblieben. Anregungen kamen in zahlreichen Diskussionen mit Teilnehmern und Dozenten heilpädagogischer Seminare und natürlich aus der Unterrichtspraxis mit schwerbehinderten Schülern und dem Austausch mit Kollegen. Auf manche Frage, wie auf die nach „gutem Unterricht" in einer Zeit knapper werdender Ressourcen, konnte keine befriedigende Antwort gefunden werden.
Nach wie vor halte ich (in Anlehnung an Pfeffer) eine Grundannahme für tragend: Erleben und Gestalten sind für den Menschen mit schwerer geistiger Behinderung *die* Möglichkeiten, etwas über die Welt zu erfahren, sich mit ihr auseinander zu setzen. Erleben können, meint von der Welt beeindruckbar zu sein, sich ihr gegenüber zu öffnen. Im Gestalten dagegen geschieht die handelnde Auseinandersetzung mit der dinglichen Welt, dem anderen und sich selbst. Beides, das Erleben und das Gestalten, sind als Aktivitäten zu verstehen, und es ist in beidem die pädagogische Aufgabe, für und mit dem schwerbehinderten Menschen Inhalte zu finden, die ihm differenziertes Erleben „von etwas als etwas" und eigenständiges Handeln in einer gemeinsamen Welt ermöglichen. Dabei kommen wir um die Person des Pädagogen nicht herum, der Beziehung und Kommunikation aufrecht erhält, auch minimale Handlungskompetenzen erkennt und ihnen Spielraum gibt.
Thema des vorliegenden Buches ist das Erleben von und der Umgang mit Materialien, Gegenständen, Räumen und Situationen. Dieser Blickwinkel, der eben solche Ausschnitte der „dinglichen Welt" (Pfeffer) in den Mittelpunkt stellt und sie auf ihnen innenliegende Lernmöglichkeiten hin befragt, wurde unverändert beibehalten. Die Antwort auf solches Befragen geben der Mensch mit schwerer geistiger Behinderung und derjenige, der sich

mit ihm in eine Lernsituation stellt. Damit ist natürlich nur ein Aspekt des Lernens mit diesem Personenkreis angesprochen. Das Kapitel „Geräusche und Klänge" ist zu einem gesonderten Buch weiterentwickelt worden (Theilen, 2004). Manches, wie der Bereich der Kommunikation oder der Aufbau des Handelns, kann nur angedeutet bleiben.

Über die Jahre hinweg gab es immer wieder Rückmeldungen von Kollegen über deren Arbeit mit diesem Buch, und erfreulicherweise wurde und wird es so verwendet, wie es von mir beabsichtigt war: als Anregung und Hilfe für das eigene pädagogische Tun. Und das umfasst – konstruktivistisch gesprochen – nicht nur die Re-Konstruktion von etwas Gegebenem, sondern vor allem De- und Ko-Konstruktionen aller Art. Also das Hinterfragen, Verändern und Neu-Entwickeln, und zwar auf verschlungenen Wegen.

Erlangen, im Frühjahr 2006

INHALT

Vorwort **5**
Einleitung **11**

WASSER — 15

Materialerfahrung **16**

Ganzkörperlich (in der Badewanne, im Schwimmbad, unter der Dusche, in der Natur) 16 Vestibuläre Anregung 18
Mit den Händen 18 Mit den Füßen 19
Mit Augen und Ohren 20

Aktivitäten **21**

Gießen und Schütten 21 Schwimmen-Lassen 23 Spritzen 24 Freier Umgang mit dem Material 25

Beobachtungshilfen **26**

Materialerfahrung 26 Schütten und Gießen 26 Schwimmen-Lassen 27 Spritzen 27 Freier Umgang mit dem Material 27

Unterrichtsbeispiele **27**

1. Wir füllen unsere Wasserbecken
   (Lernort: Klassenzimmer, im Freien) 27
2. Wir gießen Wasser in eine Dachrinne
   (Lernort: im Freien) 28
3. Wir erleben Wasser mit unseren Füßen
   (Lernort: im Freien oder Klassenzimmer) 29
4. Wir lassen Bälle schwimmen
   (Lernort: Schwimm- oder Therapiebecken, Wasserhöhe: knietief) 30

SAND — 31

Materialerfahrung **32**

Ganzkörperlich 32 Mit den Händen 32
Mit den Füßen 33 Mit Augen und Ohren 34

Aktivitäten **35**

Schütten 35 Schaufeln 36 Wasser-Sand-Spiele 38 Freier Umgang mit dem Material 39

Beobachtungshilfen **39**

Materialerfahrung 39 Schütten 40 Schaufeln 40 Wasser-Sand-Spiele 40 Freier Umgang mit dem Material 40

Unterrichtsbeispiele **41**

1. Wir erleben Sand mit den Füßen
   (Lernort: großer Sandkasten, Sprunggrube auf dem Sportplatz) 41
2. Wir hören und erzeugen Sandgeräusche
   (Lernort: Klassenzimmer) 41
3. Wir schaufeln (Lernort: Tisch im Freien) 42
4. Wir spielen mit Sand und dem Gartenschlauch
   (Lernort: im Freien) 43

TON — 45

Materialerfahrung **46**

Ganzkörperlich 46 Mit den Händen 46
Mit den Füßen 48 Mit den Augen 48

Aktivitäten **49**

Abzupfen 49 Auswalzen 50 Formen 51
Freier Umgang mit dem Material 52
Selbstversorgung 52 Rezept „Knete" 53

Beobachtungshilfen **53**

Materialerfahrung 53 Abzupfen 54 Auswalzen 54 Formen 54 Freier Umgang 54
Selbstversorgung 54

Unterrichtsbeispiele **55**

1. Wir erkunden Ton mit den Händen
   (Lernort: Klassenzimmer, Tonraum) 55
2. Wir zupfen Ton ab und schichten ihn
   zu einem Berg auf (Gemeinschaftsarbeit) 55
3. Wir rollen Kugeln 56
4. Wir rollen Walzen und bauen eine Mauer
   damit (Lernort: Klassenzimmer, Tonraum) 57

STOFF 59

Materialerfahrung **60**

Ganzkörperlich 60 Mit den Händen 61
Mit den Füßen 62 Mit den Augen 63

Aktivitäten **64**

Knüllen 64 Hineinstopfen 64 Herausziehen 65 Bedecken und Verstecken 66
Bewegen 68 Exkurs: Der Fallschirm 68
Knoten und Schleifen lösen 69 Bemalen
und Bedrucken 70 Räume herstellen und
verändern 70 Freier Umgang mit dem
Material 70

Beobachtungshilfen **71**

Materialerfahrung 71 Knüllen 71 Hineinstopfen 71 Herausziehen 72 Bedecken und
Verstecken 72 Bewegen 72 Fallschirm 72
Knoten und Schleifen 72 Freier Umgang mit
dem Material 72

Unterrichtsbeispiele **73**

1. Wir erleben Stoff mit dem ganzen Körper
   (Lernort: Klassenzimmer, Rhythmikraum) 73
2. Wir gestalten und erleben „Raum"
   (Lernort: Klassenzimmer) 73
3. Wir erkunden Stoffe mit den Füßen
   (Lernort: Klassenzimmer, Rhythmikraum,
   Turnhalle) 74
4. Wir spielen mit dem Fallschirm
   (Lernort: Turnhalle) 75

PAPIER 77

Materialerfahrung **78**

Ganzkörperlich 78 Mit den Händen 78
Mit den Füßen 79 Mit Augen und Ohren 80

Aktivitäten **81**

Knüllen 81 Reißen 82 Aufkleben 83
Auspacken 84 Einpacken 85 Verändern des
Papiers durch Farbe 85 Schneiden 85
Freier Umgang mit dem Material 86

Beobachtungshilfen **87**

Materialerfahrung 87 Knüllen 87 Reißen 87
Aufkleben 87 Auspacken 88 Einpacken 88
Schneiden 88 Freier Umgang mit dem
Material 88

Unterrichtsbeispiele **89**

1. Wir erleben Papier mit den Füßen
   (Lernort: Klassenzimmer) 89
2. Wir knüllen Papier für einen Raschelsack
   (Lernort: Klassenzimmer) 89
3. Wir verstecken uns unter Papier, nehmen
   das Material mit dem ganzen Körper wahr
   (Lernort: Klassenzimmer, Turnhalle,
   Rhythmikraum) 90
4. Wir reißen und knüllen Papier für eine
   Collage („Blumenwiese") 91

BALL 93

Objekterfahrung ... 94
Ganzkörperlich 94 Vestibuläre Anregung 95
Mit den Händen 95 Mit den Füßen 97 Mit
Augen und Ohren 98

Aktivitäten ... 99
Greifen – Festhalten – Loslassen 99
Rollen 101 Pendeln 104 Werfen und
Fangen 105 Freier Umgang mit Bällen 106

Beobachtungshilfen ... 107
Materialerfahrung 107 Greifen – Festhalten –
Loslassen 107 Rollen 108 Pendeln 108
Werfen und Fangen 108 Freier Umgang 108

Unterrichtsbeispiele ... 109
1. Wir nehmen Schaumstoffbälle mit dem ganzen Körper wahr (Lernort: Klassenzimmer) 109
2. Wir werfen Gymnastikbälle in einen Reifensack (Lernort: Klassenzimmer) 110
3. Wir rollen Holzkugeln in der großen Rahmentrommel (Lernort: Klassenzimmer) 110
4. Wir spielen mit Luftballons (Lernort: Klassenzimmer) 111

BAUSTEIN 113

Objekterfahrung ... 114
Ganzkörperlich 114 Mit den Händen 115
Mit den Füßen 117 Mit Augen und
Ohren 117

Aktivitäten ... 118
Greifen – Festhalten – Loslassen 118
Aneinanderstellen 119 Aufeinanderstapeln 120
Kombination 121 Freier Umgang mit Bausteinen 123

Beobachtungshilfen ... 123
Objekterfahrung 123 Greifen – Festhalten –
Loslassen 124 Aneinanderreihen 124
Aufeinanderstapeln 124 Kombination 125
Freier Umgang mit Bausteinen 125

Unterrichtsbeispiele ... 125
1. Wir erkunden einen „Riesenbaustein" mit dem ganzen Körper (Lernort: Klassenzimmer) 125
2. Wir bauen Türme (Lernort: Turnhalle) 126
3. Wir bauen mit kleinen Steckbausteinen (Lernort: Klassenzimmer) 127
4. Wir bauen eine Mauer aus Schaumstoffbausteinen (Lernort: Klassenzimmer) 127

FARBE + FARBEN 129

Farberleben ... 130
Farberleben im Morgenkreis 130 Gestaltung des Klassenzimmers 132 Seh-Spiele 132 Farberleben im Zusammenhang mit PAPIER, STOFF, BALL und BAUSTEIN 134

Aktivitäten mit Farben ... 134
Verstreichen mit den Händen 135 Aufklopfen 136 Aufwalzen 137 Verstreichen mit dem Pinsel 138 Spritzen 139 Murmeln 140 Drucken 140 Malen mit Stiften 141 Freier Umgang mit Farbe 142

Beobachtungshilfen ... 142
Farberleben 142 Verstreichen mit den Händen 143 Aufklopfen 143 Aufwalzen 143
Verstreichen mit dem Pinsel 143 Spritzen 144
Murmeln 144 Drucken 144 Malen mit Stiften 144 Freier Umgang mit den verschiedenen Techniken 144

Unterrichtsbeispiele ... 145
1. Wir verstreichen Farbe mit den Händen (Gemeinschaftsarbeit, Lernort: Klassenzimmer) 145

2. Wir drucken mit Schwämmen auf Stoff
   (Gemeinschaftsarbeit, Lernort: Klassenzimmer, Werkraum) 146
3. Wir malen mit dem Pinsel
   (Gemeinschaftsarbeit, Lernort: Klassenzimmer, Werkraum) 146
4. Wir stellen ein rotes Bild her
   (Gemeinschaftsarbeit, Lernort: Klassenzimmer, Werkraum) 147
5. Wir walzen mit Farbrollern auf einer senkrechten Fläche (Lernort: Klassenzimmer) 148

GERÄUSCHE + KLÄNGE 149

Hören 150

Aktivitäten 152

Ganzkörperliche Bewegung 152 Körperklanggesten 153 Anschubsen 153
Schütteln 156 Drücken 157 Ziehen 158
Rollen-Lassen 159 Klopfen 160 Exkurs:
Die Pauke 161 Bewegung zur Musik 162
Freier Umgang mit Geräusch- und Klangerzeugern 164

Beobachtungshilfen 166

Hören 166 Ganzkörperliche Bewegung 166
Körperklanggesten 166 Anschubsen 166
Schütteln 167 Drücken 167 Ziehen 167
Rollen-Lassen 168 Klopfen 168 Umgang
mit der Pauke 168 Bewegung zur Musik 168
Freier Umgang mit Klang- und Geräuscherzeugern 169

Unterrichtsbeispiele 169

1. Wir erzeugen Geräusche und Klänge durch Anschubsen (Lernort: Klassenzimmer) 169
2. Wir spielen mit Dosenrasseln
   (Lernort: Turnhalle, Rhythmikraum) 170
3. Wir hören Musik
   (Lernort: Kuschelecke) 171
4. Wir spielen auf der Kesselpauke
   (Lernort: Klassenzimmer, Rhythmikraum) 171

RAUM 173

Raumerfahrung 174

Begrenzung 174 Weite 175

Aktivitäten zu den Raum-Lage-Begriffen .. 180

Oben 181 Unten 184 Links und rechts 187
Vorne und hinten 189

Beobachtungshilfen 191

Begrenzung 191 Weite 191 Oben 192
Unten 192 Links und rechts 193 Vorne und hinten 193

Unterrichtsbeispiele 195

1. Wir erkunden einen weiten Raum
   (z. B. die Turnhalle) 195
2. Begrenzung und Weite mit dem ganzen Körper erfahren (Einzelsituation) 196
3. Wir strecken und wir bücken uns
   (Lernort: Klassenzimmer) 197
4. Wir spielen mit einem sehr großen Korb
   (Lernort: Klassenzimmer) 197

Literatur 199

EINLEITUNG

Zur Arbeit mit diesem Buch

Materialien, Gegenstände etc. stehen als möglicher Inhalt einer Lernsituation bewusst im Mittelpunkt dieses Buches, um dem Leser zu zeigen, welche Vielfalt an Erlebnis- und Lernmöglichkeiten im phantasievollen Umgang mit ihnen steckt. Dies hat zunächst einen sachbetonten Blickwinkel zur Folge. Die Auswahl bestimmter Materialien und Inhalte für den *Unterricht* setzt eine genaue Kenntnis der Lernausgangslage, der Bedürfnisse und der Befindlichkeit des Schülers voraus. Da es nicht *den* schwerbehinderten Schüler gibt, ist diese Kenntnis unbedingte Voraussetzung für eine sinnvolle Förderung.

Im Mittelpunkt aller praktischen Arbeit steht der schwerbehinderte Schüler in seinem So-Sein, und es soll nicht der ausgewählte Lerninhalt gelernt werden, sondern an diesem und durch den Umgang mit diesem Lerninhalt oder -material geschieht gemeinsames Erleben und Handeln, ein In-Beziehung-Treten zu anderen Menschen, das Erfahren von Welt und eigenem Körper als Grundlage jeder Öffnung nach außen.

Das vorliegende Buch möchte vor allem inhaltliche Anregungen für den Unterrichtsalltag mit schwer geistig behinderten Schülern bieten – die Autorin ist sich der hierdurch gegebenen Einschränkungen für den methodisch-didaktischen Bereich durchaus bewusst. Es wird weiterhin vorausgesetzt, dass die Unterrichtenden (in Schule, Förderstätte etc.) über die für diese Arbeit notwendigen grundlegenden Kenntnisse verfügen.

Und dennoch: Dieses Buch will auch Anregung für einen spielerischen Umgang mit den genannten Materialien und Objekten sein – Spielen als lustvolles, zweckfreies Tun.

Kapiteltexte

Die Kapiteltexte skizzieren das Charakteristische eines jeden Materials, Objekts etc. und deuten bereits die verschiedenen Möglichkeiten an, die sich in der Auseinandersetzung mit dem jeweiligen Inhalt ergeben. Jedes Thema bietet unterschiedlich gewichtete Schwerpunkte: Es werden verschiedene Handfertigkeiten vorgestellt, mal liegt das Hauptaugenmerk im Bereich der Körpererfahrung, mal spielen Bewegung oder Kommunikation eine besondere Rolle. Der Leser wird vielfältige Querverbindungen der Themen untereinander entdecken und diese – hoffentlich – für die eigene unterrichtliche Arbeit nutzen können.

Material-, Objekt-, Farb-, Klang- und Raumerfahrung

Bei den Vorschlägen zum Erleben und Erfahren von Materialien, Objekten, Farben, Klängen und Räumen steht das sinnlich-wahrnehmende Lernen (Leontjew) im Vordergrund. Mit dem ganzen Körper nimmt das schwerbehinderte Kind das sensorische Angebot auf und lernt so nicht nur die Materialien, Objekte etc. in ihren unterschiedlichen Eigenschaften kennen, sondern macht vor allem auch grundlegende sensomotorische Erfahrungen. So wird dem Kind zum einen durch das körpernahe Anbieten von Material, Objekt etc. die dingliche Welt nahegebracht, zum anderen lernt es, sich des eigenen Körpers bewusster zu werden. Das schwer- und mehrfachbehinderte Kind erlebt „im Erleben des Leibes sein Selbst" (Pfeffer 1988), es erfährt Körperteile als Teile des eigenen Körpers und erwirbt mit dem Aufbau von Körperbild und Körperschema die Grundlage für die handelnde Auseinandersetzung mit seiner Umwelt und ihren Dingen.

Nach Pfeffer bietet vor allem das Eigenleiberleben eine gute Möglichkeit, beim schwer geistigbehinderten Menschen den Bezug zur dinglichen Welt zu fördern und somit über das Erfahren des eigenen Körpers Interesse für Materialien, Gegenstände und zwischenmenschliche Bezüge zu wecken. Erfahrungen aus der Unterrichtspraxis mit schwer- und mehrfachbehinderten Kindern und Jugendlichen können dies bestätigen.

Ganzkörperliche Angebote in Verbindung mit Material vermitteln sowohl Informationen über den eigenen Körper als auch über das jeweilige Material, sie ermöglichen somit die Unterscheidung von Selbst und Nicht-Selbst. Indem der Schüler das körpernahe Anbieten von Material zulässt und seine Vorlieben und Abneigungen zeigt, tritt er darüber hinaus in Bezug zur Lehrkraft, beide kommunizieren miteinander. Alle Situationen, die das Erleben und Erfahren von Material etc. über den eigenen Körper zum Thema haben, erfordern in besonderem Maße eine ruhige, störungsfreie Atmosphäre und vor allen Dingen **Zeit**. Bei sehr schwer behinderten Schülern wird es notwendig sein, eine bestimmte Situation häufig wiederherzustellen, um dem Schüler ein Wiedererkennen zu ermöglichen.

Das Aufnehmen vielfältiger taktiler Eindrücke über die Hände (und Füße) ist Voraussetzung für den Erwerb elementarer Handfertigkeiten und leitet bereits über zum gestaltenden Umgang mit Materialien und Objekten. Alle zum Erleben und Erfahren vorgestellten Möglichkeiten erfordern keine Lernvoraussetzungen auf Seiten des schwerbehinderten Menschen, d. h., sie können – und sollen – auch dann durchgeführt werden, wenn sich dieser noch eher erlebend-aufnehmend verhält. Aufgabe der Lehrkraft (oder des Erziehenden) ist es, die Situation für den Schüler zu gestalten und diesen in einer echten Begegnung durch das jeweilige Angebot zu begleiten. Ein sensibles Aufnehmen der Verhaltensweisen des Kindes während des Lernangebots ist Voraussetzung für das weitere Gestalten der Förderung, die sich an den Bedürfnissen des schwer geistig Behinderten orientieren muss. Eine gute Einführung in das basale Lernen findet sich bei Fröhlich (1998), bei Mall (1990), bei Breitinger/Fischer (1993) und bei Hedderich/Dehlinger (1998).

Aktivitäten

Bei den dargestellten Vorschlägen zur Erarbeitung und Anwendung der verschiedenen Aktivitäten liegt der Schwerpunkt weniger auf dem Erleben, sondern auf der tätigen Auseinandersetzung mit der dinglichen Welt. Eine große Rolle spielt hierbei der Gebrauch der Hände. Das schwerbehinderte Kind erfährt, dass es etwas bewegen, verändern, bewirken kann. Die Bedeutung solcher Angebote findet sich auch bei Pfeffer (1988). Eine genaue Kenntnis der Entwicklung von Handeln und Handfertigkeiten ist Voraussetzung (siehe hierzu vor allem Affolter, 1992). Nicht weniger wichtig ist auch der Aspekt der ganzkörperlichen Bewegung im Zusammenhang mit den verschiedenen Aktivitäten. Eine Ausweitung der Hand- und Armbewegung auf den ganzen Körper (sich bücken, sich strecken, sich drehen, sich fortbewegen) erweitert den Aktionsraum und ermöglicht es dem schwerbehinderten Menschen, neue Erfahrungen zu machen, mehr Selbstvertrauen zu gewinnen und die Angst vor dem Unbekannten zu verlieren. In der Öffnung für die Umwelt gelingt es, die Selbst-Isolation (Pfeffer 1988) aufzugeben.

Ganz wichtig ist auch hier der gute Bezug zur Lehrkraft, zum Erziehenden. Nur so erfährt das Kind Bestätigung und Ermutigung für das eigene Tun. Es lernt: Ich erlebe etwas, ich tue etwas, ich bewirke etwas, ich kann etwas! Dabei spielt es eine große Rolle, über welche Kommunikationsmöglichkeiten der Schüler verfügt: Drückt er sich mit körpereigenen Mitteln aus? Ist er in seinem Verhalten bereits auf den Partner bezogen? Gelingt die Gestaltung eines elementaren Dialogs? Zeigt er mit Blick oder Finger, verfügt er über erste Gebärden? Gelingt es ihm, Zustimmung und Ablehnung, Wünsche und Gefühle deutlich zu machen? Nimmt er von sich aus Kontakt zu anderen auf? Bezieht er sich mit einem Partner auf einen gemeinsamen Lerninhalt? (Eine detailliertere Darstellung der Bausteine der Kommunikation kann an dieser Stelle leider nicht gegeben werden – siehe hierzu auch Wilken, 2002 und „Lernbereich Kommunikation und Sprache" im Lehrplan für den Förderschwerpunkt geistige Entwicklung, 2003).

Bei der Auswahl der verschiedenen Aktivitäten zu den jeweiligen Themen wurden besonders solche berücksichtigt, die elementar sind und mit dem schwerbehinderten Kind realisierbar erscheinen. Einzelne Tätigkeiten lassen sich unter Handführung anbahnen, es ist jedoch wichtig, dass der Schüler möglichst selbstständig handelt. Die Auswahl muss sich immer nach der Klassensituation und den Lernvoraussetzungen bei jedem einzelnen Schüler richten. Es sind unterschiedliche Verfahrensweisen möglich:

- *Ein* einzelnes Lernangebot bildet den Inhalt einer Unterrichtseinheit, es wird nach Bedarf minimal abgeändert und wiederholt durchgeführt.
- *Verschiedene* Lernangebote innerhalb einer Aktivität können zu einer Unterrichtseinheit zusammengestellt werden (Beispiel: Aktivität „Rollen", Übungen „Ball über Tisch rollen", „Ball über Boden rollen", „Ball über Schräge rollen", wobei Tisch, Boden und Schräge Elemente sind, die sich z. B. durch unterschiedliche Beläge noch weiter variieren lassen).
- *Mehrere* Lernangebote aus *unterschiedlichen* Aktivitäten werden innerhalb einer Unterrichtseinheit miteinander verknüpft.
- Angebote aus dem *Erfahren* und *Erleben* mit dem ganzen Körper, mit Augen und Ohren, Händen oder Füßen gehen solchen zu einer *Aktivität* voraus, leiten z. B. eine Lernsituation ein oder beschließen diese.

Es ist günstig, ein bestimmtes Lernangebot stets wiederholt durchzuführen und einzelne Elemente nur geringfügig zu verändern, um den Schülern einen möglichst großen Handlungsspielraum zu verschaffen. Je vertrauter eine Situation ist, desto leichter fällt es dem schwerbehinderten Kind, hier sein Können zu nutzen und im Sinne der Aufgabe einzusetzen. Alle aufgeführten Vorschläge sind in der Einzel- oder Gruppensituation möglich.

Mit dieser Vorgehensweise ist nicht ein Üben um des Übens willen gemeint. Die jeweilige motorische Fertigkeit muss sorgfältig ausgewählt werden und den Möglichkeiten des Schülers entsprechen. Ist dies der Fall, so begünstigt das wiederholte Anbieten einer ähnlich strukturierten Lernsituation das Übernehmen und Anwenden der jeweiligen Tätigkeit. Vielfältige Variationen weiten sodann den Spielraum des Schülers aus und helfen ihm, das neu erworbene Können auch in anderen Situationen einzusetzen.

Der freie Umgang mit dem Material, Objekt usw. will dem schwerbehinderten Kind Gelegenheit geben, sich von sich aus und ohne Aufgabenstellung mit dem jeweiligen Angebot auseinander zu setzen. Zum methodischen Modell ausgebaut, findet sich diese Situation als freies oder gebundenes „Aktionsfeld" bei Fischer (1999, 135 ff.).

Möglicher Lerngewinn

Diese Spalte zeigt auf, welcher Lerngewinn bei den einzelnen Vorschlägen *möglich* ist, mit der jeweiligen Aktivität verbunden werden *kann* und sich als Lernziel für die Gruppe oder den Einzelnen *anstreben* lässt. Nicht „Was muss ich tun, um ein bestimmtes Lernziel zu erreichen?", sondern „Was lerne und erfahre ich, wenn ich etwas Bestimmtes tue?" ist hier die Blickrichtung. Der ausgewiesene Lerngewinn gilt nicht als unbedingt zu erreichendes Ziel, sondern beschreibt den Weg, auf dem sich Schüler und Lehrer gemeinsam befinden. Übergeordnet gilt hier immer: Hat der Schüler Freude an dem Erleben und Tun? Wie gestaltet sich der Kontakt zur Lehrkraft? Wie geht die Lehrkraft auf den Schüler ein? Zeigt der Schüler Interesse am Material oder Gegenstand, möchte er es erkunden, ausprobieren?

Beobachtungshilfen

Die hier aufgeführten Stichpunkte wollen dem Unterrichtenden als Orientierung innerhalb eines Themas dienen. Mit ihrer Hilfe lässt sich festhalten, wie der Schüler sich bei den verschiedenen Lernangeboten verhält, welche Bedürfnisse, Vorlieben und Abneigungen sichtbar werden, welche Fähigkeiten zu beobachten sind. Der Verlauf von Lernsituationen kann mit Hilfe solcher Beobachtungspunkte festgehalten und für die weitere Planung genutzt werden. Auf diese Weise lassen sich die Beobachtungshilfen auch im Sinne einer Förderdiagnose einsetzen. Die Beobachtungshilfen wollen kein lineares „Abhaken" der einzelnen Punkte anstreben. Die Entwicklung eines jeden schwerbehinderten Kindes verläuft anders, sie weist persönliche Eigenheiten auf, die sich kaum an der „Normalentwicklung" orientieren. Die Beobachtungshilfen sollen dem Unterrichtenden ermöglichen, sich innerhalb eines Themas einen Überblick darüber zu verschaffen, wie das Kind mit dem jeweiligen Angebot umgeht. Daraus lassen sich wichtige Rückschlüsse auf die weitere Planung ziehen (auch mit der Konsequenz, ein Thema „abzusetzen").

Unterrichtsbeispiele

Die Unterrichtsbeispiele zu den verschiedenen Themen wollen *exemplarisch* zeigen, wie eine Lernsituation aufgebaut werden kann. Die Verknüpfung einzelner Lernsituationen zu einer Unterrichtseinheit wird in ihrem Ablauf *skizziert* dargestellt. Ausgangssituation ist hier eher das Lernen im Klassenverband oder in der Kleingruppe, die Beispiele lassen sich jedoch ohne weiteres auf die Einzelsituation übertragen. Die aufgeführten Lernvorhaben wurden alle – geringfügig abgewandelt – in der Praxis durchgeführt. Sie können allerdings nicht unverändert für jede beliebige Klasse übernommen werden, sondern bedürfen stets der individuellen Anpassung an die jeweils unterschiedlichen Schülerbedürfnisse. Hier bleiben Veränderungen nicht aus, sie sind vielmehr erwünscht.
Auf didaktisch-methodische Fragen kann in diesem Zusammenhang nicht näher eingegangen werden. Der Aufbau einer Unterrichts- oder Lerneinheit hängt nicht nur vom jeweiligen Lerninhalt, sondern auch von vielfältigen äußeren Faktoren ab: Größe und Zusammensetzung der Klasse, Möglichkeit der Einzelarbeit, zur Verfügung stehendes Personal, geeignete Räumlichkeiten. Es ist jedoch immer hilfreich, die Lernsituation in eine Struktur zu betten, die dem Schüler Orientierung bietet und ihm innerhalb der Auseinandersetzung mit dem Inhalt unterschiedliche Schwerpunkte vermittelt. Es sollte stets eine in die Thematik einleitende und eine die Lernsituation abschließende Phase geben.
Hierzu wird auf die einschlägige Fachliteratur verwiesen, vor allem auf Fischer („Intensivbehinderte lernen leben" und „Eine methodische Grundlegung").

WASSER

Wasser ist dem Menschen als lebensnotwendig und lebensspendend vertraut, es begleitet und begegnet uns täglich und ist das erste Element, mit dem wir in unserem Leben in Berührung kommen. Die Faszination des Wassers liegt in der Bewegung, in dem Fließenden und Flüchtigen, im Tragenden. Leben ist ohne Wasser nicht denkbar, und dennoch verfügt dieses Element auch über eine ungeheure Gewalt, die bedrohen und vernichten kann. Wasser erscheint uns entweder flüchtig und vergänglich (es regnet, alles wird nass, trocknet wieder, und das Wasser ist scheinbar verschwunden) oder aber ewig und endlos, wie z. B. das Meer. Wasser hat weder eine festgelegte Form noch Größe, es kann süß oder salzig sein, Temperatur und Farbe können sich ändern, ebenso die Art seiner Erscheinung: Wir kennen es als Regen, Fluss, See und Meer oder aus dem Wasserhahn. Im Normalfall begegnet uns Wasser in seinem flüssigen Zustand: Das Nasse ist der vorherrschende taktile Eindruck.

In der Regel wird Wasser als angenehm empfunden. Darin zu baden kann wohltuend, entspannend und heilend sein. Im Umgang mit Wasser werden vielfältige Aktivitäten möglich, die alle den Aspekt der Bewegung beinhalten: das Gießen, Schütten und Spritzen, das Schwimmen und Sich-tragen-Lassen, das Bewegen von Gegenständen auf dem Wasser. Alle diese Aktivitäten haben offenen Charakter und ermöglichen das Experimentieren, die Ausgelassenheit und das Spiel. Wasser eignet sich sehr gut für elementare Angebote aus den Bereichen der taktil-kinästhetischen und vestibulären Wahrnehmung.

| Materialerfahrung | Lerninhalte | Möglicher Lerngewinn |

Ganzkörperlich (in der Badewanne, im Schwimmbad, unter der Dusche, in der Natur)

Bei allen Angeboten in diesem Bereich ist ein langsames und vorsichtiges Vorgehen wichtig, vor allem, wenn der Schüler hier erst wenig Erfahrung hat oder sehr ängstlich ist. Soll der ganze Körper mit Wasser in Berührung gebracht werden, empfiehlt es sich, Körperteil für Körperteil „durchzugehen", beim Kopf ist große Vorsicht geboten. Hier kann man zunächst das Gesicht mit einem nassen Waschlappen oder mit der Hand benetzen.

Möglichkeiten im flachen Wasser:
In der Wanne oder im Schwimmbecken sitzen, wenn nur wenig Wasser eingelassen ist, und dann den ganzen Körper mit Wasser in Berührung bringen: Wasser aus einem Schwamm drücken und über den Körper rinnen lassen, Abreiben mit nassem Waschlappen, Massagehandschuh, unterschiedlichen Bürsten und Schwämmen, aus unterschiedlichen Gefäßen Wasser über den Körper gießen. Hier eignen sich Plastikgefäße aller Art, sehr schön sind auch kleine Eimer, deren Boden mit Löchern versehen wird, so dass das Wasser langsam herauslaufen kann.

Mit den Händen Wasser schöpfen und auf den Körper tröpfeln lassen, besprühen, z. B. mit Blumenspritze, Wäschesprüher oder Duschkopf (hierbei auch unterschiedlichen Wasserstrahl einsetzen). Mit den Händen ins Wasser patschen, den eigenen Körper mit den nassen Händen berühren.

Sich auf den Rücken ins flache Wasser legen, die Beine im Wasser bewegen, an die Lehrkraft gelehnt im flachen Wasser sitzen und sich hin und her schaukeln lassen, sich unter einen „Wasserfall" setzen: Aus einem Eimer wird ein Schwall Wasser über den Schüler gegossen, mehrmals wiederholen.

Je nach Bedarf kann man die Wassertemperatur verändern (natürlich nur so, dass es dem Schüler angenehm ist) und obige Übungen nochmals durchführen, dies ist vor allem in der Badewanne gut möglich. Wichtig ist immer die sprachliche Begleitung des Tuns durch die Lehrkraft: Welche Körperteile werden nass, was geschieht, was erlebe ich?

Variationen:
Durch unterschiedliche Badezusätze (mit und ohne Schaum) kann der Gesamteindruck geändert werden, so lassen sich neue Schwerpunkte setzen. Die Zugabe von Lebensmittelfarben ermöglicht unterschiedliche Farbeindrücke. Sind die Schüler mit den verschiedenen Angeboten im Wasser ver-

---

Wasser und dessen Eigenschaften mit dem ganzen Körper erleben und dabei den eigenen Körper bewusster wahrnehmen

Wasser an einzelnen Körperteilen erleben und diese dadurch als Teile des eigenen Körpers erfahren

Somatische Anregung erfahren

Persönliche Zuwendung erfahren

In Verbindung mit Wasser unterschiedliche taktile Eindrücke gewinnen: nasse Bürste, nasser Schwamm, nasser Waschlappen, nasse Hand, die eigene nasse Haut

Neuartiges Sitz- oder Liegegefühl erleben

Lageveränderung wahrnehmen und auch selbst herbeiführen

Unterschiedliche taktile Eindrücke von Wasser gewinnen: Wasserstrahl, Tropfen, große Menge am ganzen Körper, Wasserschwall

Neuartige Bewegungs- und Raumerfahrungen machen

Veränderungen der Temperatur wahrnehmen

Veränderungen des Wassers (Geruch, Farbe, Schaum) wahrnehmen

Unterschiedliche Wassertiefen erleben und auf diese Weise unterschiedliche Sitzerfahrungen machen

trauter, so kann auch die Wasserhöhe variiert werden, bis sie im Sitzen Brusthöhe erreicht hat. Zur Sicherheit sollte die Lehrkraft dann entweder hinter dem Schüler sitzen, so dass sie diesen mit den Armen umfangen und mit ihrem Körper abstützen kann, oder dem Schüler eine Schwimmweste etc. anlegen und dann eben frontal zu diesem sitzen oder knien.

Statt im Becken oder in der Wanne lassen sich alle Übungen zur Materialerfahrung ebenso gut unter der Dusche auf einer Matte bzw. auf dem Duschwagen liegend oder sitzend durchführen.

Eine weitere Möglichkeit bietet die Treppe, die in der Regel ins Schwimmbecken führt, hier sind im Sitzen alle Lernangebote zur Materialerfahrung und auch einige aus dem Bereich „Aktivitäten" möglich. Dies bietet sich vor allem bei Schülern an, die selbstständig sitzen können, sich jedoch noch nicht ins Becken trauen. Durch verschiedene Spielangebote auf der Treppe wird dem Kind langsam die Scheu vor dem großen Becken genommen.

Möglichkeiten auf der Treppe:
Nebeneinander oder hintereinander auf der Treppe sitzen und gemeinsam immer eine Stufe tiefer rutschen, bis das Wasser Kinnhöhe erreicht hat, gemeinsam mit dem Schüler die Treppe hinauf und hinunter steigen, ihn so schrittweise ins Becken hineinführen.

Auf der obersten Stufe sitzen und mit den Füßen ins Wasser patschen oder einen schwimmenden Ball/Luftballon wegstoßen.

Auf einer unteren Stufe sitzen und mit den Händen auf die Wasseroberfläche patschen, einen Ball etc. wegschubsen. Versuchen, einen schwimmenden Gegenstand zu fangen. Hierbei kann die Lehrkraft dem Schüler gegenüber im Becken stehen und Blickkontakt halten, während das Kind auf der Treppe sitzt.

Möglichkeiten im tiefen Wasser:
Mit Schwimmhilfe (z. B. Segelweste) versehen das Getragen-Werden im Wasser erleben, sich auf dem Rücken oder Bauch (hier ist die Kopfkontrolle wichtig!) durch das Becken ziehen lassen, sich in gerader Linie oder im Kreis bewegen lassen.

Selbst Arme und Beine bewegen, zulassen und erleben, wie die Gliedmaßen von der Lehrkraft im Wasser bewegt werden, leichte Schaukelbewegungen zulassen. Hier wird vor allem der Bereich der vestibulären und taktil-kinästhetischen Anregung in hervorragender Weise angesprochen.

Bei Schülern, die leicht im Arm gehalten werden können, ist es auch möglich, diese ohne Schwimmhilfe durch das Becken zu ziehen oder im Stand zu halten – so kann der körpereigene Auftrieb besser wahrgenommen werden.

Keine Scheu vor dem Wasser haben

Wasser in unterschiedlichen Situationen und Räumen erleben
Die Angst vor dem Wasser verlieren
Freude am Spiel mit dem Wasser gewinnen

Unterschiedliche Wassertiefen erleben und selbst herbeiführen
Zutrauen gewinnen
Beim Hinein- und Hinausgehen unterschiedliche taktil-kinästhetische Erfahrungen machen: Das Körpergefühl ändert sich, das Wasser ist kühl oder warm, es umfließt den ganzen Körper, es macht mich leicht, es macht mich nass, es ermöglicht veränderte Bewegungen

Neue vestibuläre Eindrücke gewinnen durch Schaukelbewegung, Drehbewegung, Auftrieb des eigenen Körpers
Raumerfahrungen sammeln
Entspannung und Gelöstheit empfinden
Neuartiges Körpergefühl wahrnehmen: verändertes Bewegungsgefühl, Leichtigkeit, Auftrieb
Bewegt-Werden erleben

Vestibuläre Anregung

Hier eignen sich neben den verschiedenen Lernangeboten im tiefen Wasser (s. o.) alle Aktivitäten, die das Gefahren-Werden auf dem Wasser zum Inhalt haben. Dies ist vor allem für Schüler, die in ihrer Bewegungsfähigkeit stark eingeschränkt sind, ein besonderes Erlebnis. Bei allen Angeboten hierzu muss besonders auf die nötige Sicherheit geachtet werden.

Möglichkeiten:
Allein oder mit der Lehrkraft auf einer großen Luftmatratze, auf einer Matte, in einem Schlauchboot, in einem Autoschlauch sitzen oder liegen.

Unterschiedliche Geschwindigkeiten erleben, geradlinige oder Kreiselbewegung wahrnehmen, Geschaukelt-Werden erleben.

Beim Gefahren-Werden die Hände/Füße ins Wasser hängen lassen und so den Wasserwiderstand wahrnehmen.

Schaukelbewegung, Drehbewegung um die eigene Körperachse, Drehung im Raum
Das Bewegt-Werden in unterschiedlichen Geschwindigkeiten erleben
Unterschiedliche Wege im Raum zurücklegen
Lageveränderung erleben und wahrnehmen, neuartiges Sitz- und Liegegefühl wahrnehmen, keine Angst dabei haben
Selbst das Gleichgewicht halten
Das Schwimmbad aus einer neuen Perspektive erleben

Mit den Händen

Diese Lernangebote sind sowohl im Freien als auch im Schwimmbad oder Zimmer durchführbar. Benötigt der Schüler hier Unterstützung, so kann er mit Handführung durch die Lehrkraft unterstützt werden, ohne dass der Lernerfolg beeinträchtigt wird.

Schüler, die auf den Rollstuhl angewiesen sind, können auch (nach Absprache mit der Krankengymnastin) in Bauchlage über einen Keil gelagert werden, um so die Hände in einer anderen Position freizubekommen. Das Wasser wird nun in einer großen Wanne angeboten, in welcher der Schüler Arme und Hände gut bewegen kann. Alle Übungen zur „Materialerfahrung mit den Händen" und aus dem Bereich „Aktivitäten" können in dieser Lagerung durchgeführt werden.

Wasser und dessen Eigenschaften über die Hände wahrnehmen und erkunden, sich dabei der eigenen Hände bewusster werden
Die Hand als Tastorgan einsetzen, über die Handinnenfläche Reize aufnehmen
Die Hände in unterschiedlichen Lagerungen gebrauchen, auf diese Weise neue Eindrücke gewinnen und weitere Handlungsmöglichkeiten erwerben
Die Bewegungen der Hände auch durch die Augen führen

Möglichkeiten:
Wasser in einer flachen Wanne auf dem Tisch anbieten. Gut geeignet sind auch Spieltische für Wasser-Sand-Spiele und Spezialtische für Rollstuhlfahrer. Hände in die trockene Wanne legen und Wasser darüber schütten, gießen, rieseln, tröpfeln oder sprühen. Verschiedenste Gefäße wie z. B. Plastikflaschen, Kannen, Eimer mit Loch, Blumen- und Wäschesprüher, Siebe, Kolander, Becher etc. verwenden; jedes Gefäß verursacht einen anderen Effekt.

Temperatur und Farbe des Wassers verändern, durch Badezusatz Schaum erzeugen und die Hände darunter verstecken.

Die Hände in der mit Wasser gefüllten Wanne bewegen, Wasser aus einer Hand in die andere laufen lassen, Hände unter einen Wasserstrahl halten und versuchen, diesen zu fassen, mit der flachen Hand auf die Wasseroberfläche patschen.

Anbahnen von Auge-Hand-Koordination: den Tasteindruck mit dem Gesehenen in Verbindung bringen
Stimulation der Hände
Förderung der Hand- und Fingerbeweglichkeit
Beidhandkoordination

Kleine und nichtschwimmende Gegenstände (Glasmurmeln, Kieselsteine, Muscheln) in die Wanne legen, die Hände ins Wasser tauchen und die Gegenstände berühren. Versuchen, sie herauszuholen, oder sie auf dem Boden der Wanne hin und her schieben.

Gezieltes Greifen anbahnen bzw. üben und einsetzen

Gezieltes Bewegen der Hände im Wasser und ins Wasser hinein

Einen größeren Gegenstand (Tauchring, Stein etc.) ins Wasser plumpsen lassen und ihn wieder herausfischen.

Eine größere Anzahl nasser Schwämme oder Softbälle anbieten (entweder im Wasser schwimmend oder nass in einem Behälter), diese mit einer oder mit beiden Händen greifen und ausdrücken, so dass das Wasser herausläuft.

Mit den Händen etwas zusammendrücken, die Hand dabei schließen

Möglichkeiten im Freien:
Tisch mit Plastikdecke abdecken, Hände auf den Tisch legen, Wasser aus unterschiedlichen Gefäßen darüber laufen lassen, mit den nassen Händen auf den Tisch patschen oder darüber streichen, die nasse und glatte Oberfläche spüren. Unterschiedliche Oberflächen anbieten: Spiegel, Plexiglas, Schwimm-Matte, Frottee, Fliesen, Luftpolsterfolie, Alufolie etc.

Mit der flachen Hand ein- oder beidhändig arbeiten

Mit der Handinnenfläche Reize aufnehmen

Streichbewegung durchführen

Die Tischoberfläche mit Schwämmen bedecken, Wasser darauf gießen, durch Druck mit der flachen Hand das Wasser auspressen, sehen, wie es an den Seiten hinunterläuft. Mit einer oder mit beiden Händen pressen.

Mit der flachen Hand Druck ausüben

Mit den Füßen

Je nach Wunsch kann hier mit mehr oder weniger Wasser (z. B. Boden einer Wanne gerade bedeckt) gearbeitet werden.

Wasser und dessen Eigenschaften mit den Füßen wahrnehmen und erkunden, sich dadurch der eigenen Füße bewusster werden

Möglichkeiten im Freien oder im Schwimmbad:
Die bloßen Füße auf den Boden stellen, Wasser darüber laufen lassen (siehe oben, unterschiedliche Gefäße zum Gießen verwenden), mit den nassen Füßen auf den Boden patschen, die Füße unter den Wasserstrahl halten.

Auge-Fuß-Koordination ausbilden

Unterschiedliche Laufeindrücke gewinnen, dabei auch Schulung der Körperkoordination

Über den nassen Boden laufen, unterschiedliche Wannen mit Wasser füllen (Wassertiefe variieren), hinein- und hinaussteigen.

Beim Steigen: Kontrolle der Beinbewegungen mit den Augen, Verlagerung des Gleichgewichts von einem Bein auf das andere

Einen „Wasser-Parcours" aufbauen: verschieden gefüllte Wannen (groß genug zum Hineinsteigen) und Schwimm-Matten im Wechsel hintereinander auslegen und mit den Schülern darüberlaufen, den Weg mit oder ohne Hilfe zurücklegen.

Möglichkeiten im Freien oder im Zimmer:
Ein kleines Planschbecken mit Wasser füllen, sich drumherum setzen und die Füße ins Becken stellen (kann gut in der Gruppe ausgeführt werden), mit den Füßen patschen („Wellen erzeugen").

Gruppenaktivität: mit anderen gemeinsam das Material erkunden, Freude am gemeinsamen Tun haben

Durch das Planschbecken gehen, hierbei auch den Untergrund verändern, indem man ihn mit Bademattenen, Handtüchern etc. auslegt, Eindrücke variieren durch die Zugabe von Schaumbad, Lebensmittelfarbe, Fußba-

Über die Füße unterschiedliche taktile Eindrücke gewinnen, die mit Wasser in Verbindung stehen

WASSER

desalz, Sand, Kieselsteinen und Glasmurmeln (diese lassen sich mit den Füßen hin- und herbewegen).

Einen auf dem Wasser schwimmenden Ball oder Luftballon mit den Füßen wegstoßen (eignet sich gut als Gruppenaktivität), eine größere Anzahl schwimmender Gegenstände durch Strampeln mit den Füßen in Bewegung versetzen. Einen Ball mit den Füßen unter Wasser drücken.

Große Schwämme in flaches Wasser legen, mit den Füßen darauf steigen und sie ausdrücken (kann im Sitzen oder Stehen durchgeführt werden).

Wasser über die Füße laufen lassen (aus unterschiedlichen Gefäßen oder aus dem Gartenschlauch), Füße und Beine mit einem nassen Schwamm, Waschlappen, Massagehandschuh, Bürste etc. abreiben.

Für die Arbeit mit einzelnen Schülern eignet sich eine kleine Plastikwanne (z. B. Fußbadewanne), in welche die Füße gestellt werden können. Die Übungen lassen sich dann wie beschrieben ausführen.

Auge-Fuß-Koordination herstellen
Reaktionsvermögen schulen oder anbahnen

Mit den Füßen Druck ausüben und dabei Kraft einsetzen
Die eigenen Füße bewusster erleben
Auge-Fuß-Koordination herstellen

Das Nasse in Verbindung mit unterschiedlichen Materialien oder Gegenständen erleben

Mit Augen und Ohren

Alle Veränderungen des optischen Eindrucks der Wasseroberfläche durch Farbzusätze oder schwimmende Gegenstände (siehe unten) sprechen den visuellen Wahrnehmungsbereich an, ebenso Situationen, bei denen Wasser aus unterschiedlichen Öffnungen rinnt (Gießkanne, Lochbrett, Lochdose, Sieb, Duschkopf, Gartenschlauch) und dann über verschiedenartige Oberflächen läuft. Sehr schön ist hier eine selbst hergestellte Rinne oder schiefe Ebene, deren Boden mit unterschiedlichen Materialien bedeckt ist: Glasmurmeln, Kachelstückchen, Muscheln, Metallfolie, Waschbrett, Flaschenböden etc. Das darüberrinnende Wasser erzeugt so verschiedenste optische Eindrücke und Geräusche. Durchsichtige Gefäße und Schläuche können mit gefärbtem Wasser gefüllt und bewegt werden, dies bietet in der Regel einen Anreiz zum gezielten Hinschauen.

Die optische Veränderung einer Wasseroberfläche wahrnehmen und selbst herbeiführen
Die Bewegung des Wassers über unterschiedliche Oberflächen mit den Augen verfolgen
Die Bewegung des Wassers in durchsichtigen Gefäßen beobachten
Freude am Spiel haben

Lernangebote mit Wasser bieten Gelegenheit, unterschiedliche akustische Erfahrungen zu machen. Wichtig ist hierbei, dass die Lehrkraft die verschiedensten Wassergeräusche für den Schüler verbalisiert und sie somit bewusster macht.

Zur besonderen Erfahrung im akustischen Bereich bietet sich ein Regenschirm an: mit aufgespanntem Schirm unter der Dusche sitzen oder stehen, auf das prasselnde Geräusch lauschen, mit dem Schirm im Becken oder auf der Treppe ins Becken sitzen, Wasser auf den Schirm gießen, das durch den Schirm verstärkte Geräusch des laufenden Wassers wahrnehmen.

Bei allen Tätigkeiten mit Wasser dessen spezifische Geräusche wahrnehmen und darauf lauschen, z. B. auch im Freizeitbereich (das Plätschern eines Springbrunnens etc.)
Freude an den verschiedenen Höreindrücken gewinnen
Selbst unterschiedliche Wassergeräusche erzeugen

Alle Vorschläge zum Umgang mit Wasser können unter besonderer Beachtung der jeweiligen Geräuscherfahrungen durchgeführt werden.

Unterschiedliche Wassergeräusche in unterschiedlichen Situationen kennen lernen: Das Wasser rauscht, plätschert, tröpfelt, prasselt, gurgelt etc.

Aktivitäten	Lerninhalte Möglicher Lerngewinn

Gießen und Schütten

Um diese Handfertigkeit zu erarbeiten, eignen sich Gefäße aller Art: Becher, Flaschen (z. B. Spülmittelflaschen etc.), Kannen, kleine Eimer, Trichter, Siebe, verschieden große Plastikwannen oder -schüsseln, aber auch leere Dosen (darauf achten, dass keine scharfen Ränder bestehen!), deren Boden mit Löchern versehen ist. Die möglichen Aktivitäten lassen sich in zwei Gruppen einteilen und sind je nach Wunsch im Zimmer, im Schwimmbad oder im Freien durchführbar.

Handfertigkeit „Schütten" erwerben: Kippbewegung von Hand und Unterarm durchführen, dabei Gefäß festhalten und dessen Öffnung nach unten bewegen

Schütten in verschiedenen Situationen üben und einsetzen

1. *Wir gießen ein kleineres Gefäß in ein größeres aus* – dies erfordert zwar eine gezielte Schüttbewegung, kann jedoch in der Schwierigkeit reduziert werden, wenn das aufnehmende Gefäß groß genug ist: unterschiedliche, gut zu greifende Gefäße z.B. in eine große Schüssel entleeren. Am leichtesten ist das Ausschütten im Schwimmbecken durchführbar, hier kann man sich ganz auf das Gießen konzentrieren und muss nicht darauf achten, dass gezielt ausgeleert wird.

Es ist günstig, die Behälter so zu wählen, dass der Schüler sie gut festhalten und auch durch Eintauchen selbst wieder füllen kann. Hierzu eignen sich besonders Becher und Flaschen mit Henkel, deren Öffnung nicht zu klein sein darf.

Durchsichtige Gefäße bieten einen anderen Reiz als undurchsichtige. Durch Färben des Wassers (Lebensmittelfarbe, im Wasser aufgelöstes Krepp-Papier, Fingerfarbe, Pigment) wird der Schüttvorgang sichtbarer gemacht, Badeschaum kann als zusätzlicher Reiz eingesetzt werden.

Gefülltes Gefäß durch Kippbewegung des Unterarms ausleeren

Schulung der Auge-Hand-Koordination

Begriffe durch das eigene Tun erleben: voll - leer, schwer - leicht, hinein - hinaus

Gezieltes Festhalten durch Umfassen des ganzen Gefäßes/des Henkels mit der ganzen Hand, dabei sind Finger und Daumen opponiert

Um ein beidhändiges Schütten zu üben, verwendet man größere Behälter, die mit beiden Händen gefasst werden müssen (kleine Eimer, größere Dosen, unterschiedliche Behälter, wie sie z.B. für das Einfrieren von Lebensmitteln verwendet werden).

Bei Gruppenaktivitäten sollte man eine oder mehrere genügend große Wannen sowie eine ausreichende Anzahl kleiner Gefäße zum Hantieren anbieten.

Der Schwerpunkt liegt beliebig auf dem ein- oder beidhändigen Arbeiten. Das einhändige Gießen kann der Schüler mit der linken oder der rechten Hand durchführen, die mögliche Vernachlässigung im Gebrauch einer Hand lässt sich so auf spielerische Weise für eine Weile umgehen.

Bei all diesen Tätigkeiten liegt das Hauptaugenmerk auf dem Ausschütten und eventuell auf dem Füllen durch Eintauchen in eine große Menge Flüssigkeit. Füllen und Leeren finden am gleichen Ort statt. Die Schüler sitzen oder stehen um das größere Gefäß herum.

Beidhandkoordination: gleichgerichtete Tätigkeit beider Hände durchführen

Beim beidhändigen Schütten das Gefäß vom Körper weg kippen

Bei allen Übungen zum Schütten: Integration mehrerer Sinne (Auge-Ohr-Hand-Koordination)

Variation:
Ein beliebiges Gefäß füllen (oder füllen lassen) und damit einen Weg zurücklegen, um es dann auszugießen – hierbei lassen sich das ein- und beidhändige Tragen und Schütten üben.

Man sollte darauf achten, dass der Behälter nicht zu klein und nicht zu sehr gefüllt ist, um ein Verschütten zu vermeiden. Gut geeignet sind kleinere Eimer, Gießkannen und Henkelflaschen. Das beidhändige Tragen ist schwieriger als das einhändige.

Beim Ausschütten kann ebenfalls variiert werden: Das aufnehmende Gefäß kann auf dem Boden oder z. B. auf einem Tisch stehen. So muss je nach Situation im Sitzen oder im Stehen, in gestreckter oder in gebückter Haltung gearbeitet werden.

Tragen mit einer oder mit beiden Händen
Beidhandkoordination
Einen Weg zurücklegen, dabei ein Ziel im Auge haben
Unterschiedliche Raumebenen für die eigene Tätigkeit nutzen

2. *Wir gießen gezielt aus* – je nach Fähigkeit und Lernerfolg der Schüler kann der Schwierigkeitsgrad nun gesteigert werden. Das aufnehmende Gefäß verkleinert sich, so wird ein gezielteres Schütten notwendig.

Möglichkeiten:
Mit der Kanne oder Flasche Becher, Röhren und andere kleinere Behälter füllen. Mit verschiedenen Gefäßen in einen Trichter gießen, dieser lässt sich auf unterschiedlichsten Vorrichtungen anbringen: Gefäße mit enger Öffnung, Wasserrad, durchsichtiger Schlauch, durch den das Wasser hindurchrinnen kann. Hier wirkt gefärbtes Wasser sehr gut!

In eine schräg angebrachte, offene Dachrinne gießen und das Fließen des Wassers beobachten, in durchsichtige Röhren unterschiedlicher Größe gießen, Wasserbahn aus Dachrinne und unterschiedlichen Röhren benutzen.

Große Blechdosen oder -eimer mit dem Boden nach oben aufstellen und gezielt darauf gießen, dies ergibt einen sehr schönen Springbrunnen-Effekt!

Platte aus Plexiglas mit Löchern versehen, waagerecht aufhängen und Wasser darauf gießen – das Wasser rinnt durch die Löcher auf den Boden oder in eine darunter stehende Wanne.

Mehrere Regenschirme aufgespannt auf den Boden stellen (Griff in Lochstein o. Ä. stecken), Wasser gezielt auf den Schirm gießen und beobachten, wie es an den Seiten hinunter rinnt.

Angestrebtes Endziel kann bei allen Lernangeboten zum gezielten Gießen sein, dass der Schüler erlernt, sich selbst ein Getränk einzuschenken. Hilfreich sind hierbei durchsichtige 0,3-l-Flaschen, diese lassen sich gut festhalten und durch die kleine Öffnung auch leicht gezielt ausgießen. Man sollte zunächst nur so viel Inhalt in die Flasche geben, wie der zu füllende Becher fassen kann. Das dosierte Einschenken fällt den Schülern erfahrungsgemäß schwer. Da die Flaschen durchsichtig sind, kann gut festgestellt werden, ob der gesamte Inhalt ausgegossen wurde.

Verfeinern der Auge-Hand-Koordination durch Anwenden der Schüttbewegung in verschiedenen Situationen
Beim Schütten unterschiedliche Ziele treffen
Bewegung des Wassers mit den Augen verfolgen
Freude am eigenen Tun entwickeln
Ein Mehr an Handgeschicklichkeit aufbauen
Unterschiedliche Schütt-Situationen auskosten

Gezielt ausschütten
Effekt beobachten und selbst herbeiführen
Freude an dieser Möglichkeit haben

Bereich Selbstversorgung:
Sich selbst ein Getränk einschenken, dabei zunächst nur das Ausgießen, später auch dosiertes Eingießen erlernen und üben
Sich aus unterschiedlichen Gefäßen einschenken

TIPP: Baumärkte, Haushaltswarengeschäfte und Dekoläden sind eine gute Fundgrube für Dinge, die zum Bereich „Schütten" eingesetzt werden können.

Schwimmen-Lassen

Hier bietet sich zunächst einmal das Schwimmbad als Lernort an, aber auch eine genügend große Wanne ist dafür geeignet. Je größer die Wasserfläche, desto größer können auch die Dinge sein, die man schwimmen lassen will. Bei Übungen im Schwimmbad befindet sich der Schüler ebenfalls im Wasser, dies verleiht den Lernangeboten einen anderen Charakter.

Bewegungen der veränderten Wasseroberfläche mit den Augen verfolgen
Bewegte Gegenstände mit den Augen verfolgen
Gezieltes Greifen und Festhalten unterschiedlicher Gegenstände

Geeignete Gegenstände:
Bälle aller Art und Größe, Kugelbadbällchen in verschiedenen Farben, verschiedenes, auch aufblasbares Schwimmspielzeug (Boote, Schwimmtiere), Plastikwannen, Holzstückchen (es sieht gut aus, wenn das Holz in lauter Würfel oder Scheiben zersägt ist), Luftballons, Styroporstücke, unterschiedliche Schwämme (auch aus dem Haushaltsbereich, diese lassen sich gut greifen und festhalten, da sie der Bewegung der Hand nachgeben), Softbälle (saugen sich voll und ergeben einen Schwamm-Effekt), Gummiringe, Korken, Schwungtuch (im Schwimmbecken), kleine Tücher.

Schulung der Auge-Hand-Koordination: einen schwimmenden, sich bewegenden Gegenstand greifen
Erleben, dass gewisse Dinge auf dem Wasser schwimmen, mit diesem Phänomen spielen
Sich dabei im Wasser oder außerhalb des Wassers befinden, je nach Situation unterschiedliche Körperbewegungen einsetzen

Um einen guten Eindruck der veränderten Wasseroberfläche zu schaffen, sollte die Anzahl der schwimmenden Dinge groß genug sein. Eine größere Menge gleicher Dinge (z. B. lauter Luftballons, Wasserbälle, Schwimmtiere etc.) bewirkt einen intensiveren Flächeneindruck als eine Anzahl unterschiedlicher Gegenstände.

Möglichkeiten:
Die Gegenstände nach und nach ins Wasser werfen bzw. sie hineinfallen lassen (z. B. kleine Bälle aus Eimer holen und in eine Wanne werfen oder fallen lassen) – es werden immer mehr schwimmende Dinge, die Wasseroberfläche verändert ihr Aussehen. Dies kann vielfältig variiert werden:

Gezieltes Greifen, Loslassen und Ablegen erlernen, üben und anwenden
*Begriffe durch eigenes Tun erleben: Es werden immer **mehr** Dinge auf dem Wasser, es schwimmen Dinge auf dem Wasser, es werden immer **weniger** Dinge im Behälter*

- Wechseln der Dinge, die man schwimmen lassen möchte
- Wechseln der Behälter, aus denen diese geholt werden
- Wechseln des Lernorts: Schwimmbecken, große Wanne, im Zimmer, im Freien, Planschbecken etc.
- Wechseln der Art und Weise, wie die Dinge ins Wasser gebracht werden, man kann Bälle sehr gut über eine schiefe Ebene oder Rinne bzw. durch eine Röhre ins Wasser rollen lassen.

Um einen plötzlichen Effekt zu erzielen, ist es günstig, eine große Anzahl der Gegenstände, mit denen gespielt werden soll, aus einem Behälter ins Wasser zu kippen bzw. durch einen Schüler hineinkippen zu lassen.

Rollenden Gegenstand mit den Augen verfolgen
Optische Veränderung einer Fläche beobachten

WASSER

Schwimmende Dinge einsammeln und versuchen, sie im Wasser zu greifen und in einen Behälter zu werfen, dieser kann sich außerhalb des Wassers befinden oder selbst schwimmen (z. B. Plastikwanne). Die Lernaufgabe ist dadurch für den Schüler jeweils unterschiedlich gestaltet: Ein schwimmender, sich bewegender Behälter ist schwieriger zu füllen als ein feststehender.

Schwimmende Dinge einsammeln und einen Weg mit ihnen zurücklegen, d. h. sie zu einem Behälter tragen, dieser kann auf dem Boden oder auf dem Tisch stehen.

Sich strecken und die eingesammelten Dinge in ein Netz oder einen durchsichtigen Plastiksack werfen, der über dem Wasser angebracht ist. Hierzu einen Reifen aufhängen, an diesem wird das Netz (Ballnetz) oder ein Plastiksack (Wäschesack, Müllsack) befestigt. Sind Sack oder Netz groß genug, entspricht die Weite der Öffnung dem Durchmesser des Reifens.

Schwimmende Dinge in einen großen Schwimmreifen (auch Fahrrad- oder Autoschlauch), der sich im Wasser befindet, werfen, somit ein bewegliches Ziel treffen. Durch Anheben des Schlauchs können die Gegenstände wieder über die Wasseroberfläche verteilt werden, die Handlung wird wiederholt.

Gezieltes Greifen bewegter Gegenstände
Gezieltes Loslassen, Fallenlassen, Ablegen oder Werfen
Ein bewegliches Ziel treffen
Unterschiedliche Raumebenen für die eigene Tätigkeit nutzen

In Augenhöhe oder darüber eine motorische Tätigkeit ausführen
In unterschiedlichen Körperhaltungen handeln: im Sitzen, im Stand, gestreckt oder gebückt, unter seitlicher Drehung von Kopf, Oberkörper und Armen
Im Schwimmbad: im Wasser sitzend oder stehend handeln

Spritzen

Der **Gartenschlauch** ist geeignet, um im Bereich „Spritzen" verschiedene Aktivitäten anzubieten und die Schüler hier zum spielerischen Umgang mit Wasser anzuregen. Ziel ist nicht, den sachgerechten Umgang mit dem Gartenschlauch zu erwerben. (Breitinger/Fischer 1993, 230)

Möglichkeiten:
Den zusammengerollten Schlauch anfassen, ihn auseinanderrollen, ihn in seiner Länge durch die Hände gleiten lassen, ihn auslegen und an ihm entlanggehen, erleben, wie das Wasser auf- und abgedreht wird: Das Wasser kommt, das Wasser geht.

Den geöffneten Schlauch selbst festhalten (mit Hilfe, ohne Hilfe), zunächst ungezielt spritzen, später auf ein Ziel spritzen (dies sollte groß genug sein, z. B. ein Planschbecken). Größere Behälter mit dem Schlauch füllen.

Sich nassspritzen: mit dem Wasserstrahl einen Mitschüler treffen, sich selbst unter den Wasserstrahl stellen, unter dem Wasserstrahl hindurchlaufen, mit den Füßen auf den Wasserstrahl treten (wenn dieser knapp über den Boden gehalten wird), Füße oder Hände in den Wasserstrahl halten, auf einer Schwimm-Matte oder im Gras liegen und sich mit dem Schlauch nassspritzen lassen, unterschiedliche Sprühstärken erleben. Es ist selbstverständlich, den Strahl hierbei nicht zu hart einzustellen und eventuelle Ängstlichkeiten und Abneigungen der Schüler zu respektieren.

Unterschiedliche Spritzerlebnisse haben, Wasser in neuer Erscheinungsform erleben
Objekt mehrsinnig erfassen (in diesem Fall „Gartenschlauch")
Bei allen Übungen zum Spritzen:
Mit dem Wasserstrahl ein Ziel treffen, die Auge-Hand-Koordination schulen und einsetzen

Freude am Spiel mit dem Schlauch haben
Keine Scheu vor dem Wasser haben
Ausgelassen sein können
Wasser als Wasserstrahl erleben

Im kleinen Rahmen kann das Spritzen auch mit handelsüblichen **Blumenspritzen** durchgeführt werden, deren Handhabung jedoch nicht ganz einfach ist, da der Spritzhebel nach dem Ziehen losgelassen werden muss, bevor er erneut gezogen werden kann. Dies fällt den Schülern oft schwer. Wäschesprüher zum Drücken sind leichter zu handhaben, bieten allerdings ein weniger intensives Spritzerlebnis.

Möglichkeiten:
Mehrere, bereits gefüllte Spritzen werden angeboten, wir spritzen auf unsere Hände, auf die Füße, auf den Körper (im Schwimmbad oder im Freien). Können die Schüler die Spritze nicht bedienen, so kann die Lehrkraft den aktiven Teil übernehmen und den Schülern unterschiedliche Spritzerlebnisse anbieten: Die Hände werden nass, die Füße werden nass, der Bauch wird nass … Hierbei ist die sprachliche Begleitung wichtig.

In eine mit gefärbtem Wasser gefüllte Wanne spritzen und dadurch die Wasseroberfläche in Bewegung bringen. Der Effekt wird noch gesteigert, wenn die Wasseroberfläche mit kleinen schwimmenden Gegenständen bedeckt ist.

Durch gezieltes Spritzen einen auf dem Wasser schwimmenden Gegenstand treffen, z. B. einen Luftballon, dieser gerät durch das Anspritzen in Bewegung.

Durch gezieltes Spritzen (mit dem Schlauch oder der Blumenspritze) einen aufgehängten Gegenstand treffen: Luftballon, Mobile aus Muschelplättchen oder kleinen Dosen, Glöckchen etc. Beobachten, wie der getroffene Gegenstand in Bewegung gerät, das dabei entstehende Geräusch wahrnehmen. Mehrere Angebote in einer Reihe aufhängen und versuchen, sie nacheinander zu treffen.

Freier Umgang mit dem Material

Im Schwimmbad, aber auch im Zimmer oder im Freien kann den Schülern Gelegenheit gegeben werden, sich selbst in spielerischer und erkundender Weise mit Wasser zu beschäftigen. Um eine möglichst breite Handlungspalette zu schaffen, sollte Verschiedenes zur Materialerfahrung und zu den einzelnen Aktivitäten bereits erarbeitet worden sein. Viele Kinder haben besondere Freude an Wasserspielen und lassen sich hierdurch zum Tun anregen.

Von der Gestaltung der Lernsituation hängt es ab, in welcher Weise die Schüler aktiv werden. Je nach zusätzlichem Angebot von Dingen zum Schütten, Schwimmen-Lassen und Spritzen entstehen vielfältige Spielmöglichkeiten. Die Lehrkraft greift nur ein, um Spielanlässe zu schaffen, einen Impuls zu setzen und individuelle Hilfe zu geben. Selbstverständlich muss stets auf die nötige Sicherheit geachtet werden.

Handfunktion „Drücken" erwerben, üben und einsetzen

Die einzelnen Körperteile bewusster erleben

Unterschiedliche Wassertemperaturen wahrnehmen

Schulung der Auge-Hand-Koordination: ein Ziel treffen

Unterschiedliche Ziele treffen

Freude am Spiel haben

Differenzierte Auge-Hand-Koordination

Seh- und Höreindrücke miteinander verbinden

Zusammenhang erfassen: Wenn ich den Gegenstand treffe, dann entsteht ein bestimmtes Geräusch, diesen Effekt selbst herbeiführen

Eigene Fähigkeiten und Handlungsmöglichkeiten einsetzen

Eigene Ideen ausprobieren und dabei neue Erfahrungen machen

Selbst kreativ sein, sich im Spiel entspannen, sich dabei wohl fühlen

Freude am eigenen Tun haben

Allein oder mit anderen zusammen spielen

Beobachtungshilfen

Materialerfahrung

- mag Wasser: im Schwimmbad, unter der Dusche, in der Badewanne, im Planschbecken, aus dem Gartenschlauch, unter dem Rasensprenger, in der Wanne
- mag Wasser am ganzen Körper – nur an bestimmten Körperteilen
- mag nur warmes Wasser
- hat Scheu vor Wasser (in welcher Situation?), lehnt Wasser vollkommen ab
- hat überhaupt keine Scheu vor dem Wasser, entspannt sich darin
- mag voll gespritzt werden
- liegt, sitzt oder watet im flachen Wasser (mit Hilfe, ohne Hilfe)
- geht auch in tieferes Wasser – bis zu welcher Tiefe?
- geht an beiden Händen geführt durch das Wasser, an einer Hand geführt, verbal geführt, allein
- lässt sich durchs Schwimmbecken ziehen – in Bauchlage, in Rückenlage, lässt hierbei auch lebhaftere Bewegungen zu
- traut sich, in den Armen der Lehrkraft im Wasser zu hüpfen
- strampelt, wenn gehalten, in Bauch- oder Rückenlage mit den Beinen
- entwickelt Eigeninitiative im Wasser
- führt Bewegungen der Gliedmaßen ohne Hilfe aus (bei Schülern, die dies sonst nicht tun)
- beobachtet schwimmende Dinge im Wasser, beobachtet Veränderung der Wasserfarbe, beobachtet das Fließen des Wassers z. B. über eine Wasserbahn mit unterschiedlichen Oberflächen, beobachtet sprühendes Wasser z. B. aus dem Gartenschlauch oder der Gießkanne
- lauscht auf das Geräusch fließenden Wassers und empfindet dies als angenehm (z. B. bei den Regenschirm-Übungen)
- watet durch knöcheltiefes Wasser, patscht mit den Füßen darin, hat Freude daran
- mag gern auf dem Wasser gefahren oder geschaukelt werden
- bewegt die Hände im Wasser, hantiert mit nassen Dingen
- drückt weiche Dinge aus: Schwamm, Softball

Schütten und Gießen

- leert kleineren Behälter in größeren aus bzw. leert überhaupt aus (z. B. im Schwimmbecken)
- leert Behälter ohne Hilfe aus (welche?)
- kann Behälter durch Eintauchen selbst wieder füllen (welche?)
- trägt halbgefüllten Eimer, halbgefüllte Gießkanne, leert diese aus
- kann gezielt ausgießen, z. B. in eine größere Wanne
- kann sehr gezielt gießen: z. B. in einen Trichter, auf ein Wasserrad, in eine Tasse etc.
- kann größeren, gefüllten Behälter mit beiden Händen tragen und ausgießen
- kann sich selbst zu trinken einschenken: aus Kanne, aus kleiner Flasche, in Trinkbecher, in Tasse

Schwimmen-Lassen
- beobachtet schwimmende Gegenstände
- versucht, nach schwimmenden Gegenständen zu greifen (welche?)
- spielt mit schwimmenden Gegenständen, hantiert mit ihnen, greift danach
- lässt schwimmende Gegenstände ins Wasser fallen bzw. wirft sie hinein

Spritzen
- mag voll gespritzt werden (am ganzen Körper, nur an bestimmten Körperteilen)
- spritzt selbst gern (mit Gartenschlauch, mit Blumenspritze, mit der Hand)
- trifft Ziel mit Gartenschlauch oder Blumenspritze

Freier Umgang mit dem Material
- hat Freude an Wasserspielen, zeigt hier eigene Aktivitäten
- zeigt beim Umgang mit Wasser große Ausdauer
- zeigt Vorlieben für bestimmte Aktivitäten mit Wasser (für welche?)
- ergreift noch keine Eigeninitiative, geht jedoch auf Spielangebot durch die Lehrkraft ein und bleibt eine Weile dabei
- Verhalten im Schwimmbad: ....
- Verhalten unter der Dusche: ....

Unterrichtsbeispiele

1. Wir füllen unser Wasserbecken (Lernort: Klassenzimmer, im Freien)

Ausgangssituation: Wir sitzen um das noch leere Wasserbecken (Wasser-Sand-Tisch, große Wanne etc.), berühren das Innere mit den Händen: Das Becken ist noch leer, es ist trocken, kein Wasser ist darin.

Wir füllen das Becken: Jeder Schüler bekommt einen kleinen Eimer, trägt diesen zum Waschbecken, füllt ihn zur Hälfte (mit individueller Hilfe), trägt ihn zum Becken zurück und leert ihn aus – das Becken wird immer voller. Es sollte immer ein Schüler nach dem anderen Wasser holen, um ein Durcheinander zu vermeiden. Wir holen so lange Wasser, bis unser Becken genügend gefüllt ist.

Mögliche *Variante* bei häufigerer Durchführung des Lernvorhabens: Wir sitzen um das leere Becken, die Lehrkraft verteilt die Eimer und wartet, ob einer der Schüler auf die

„Lösung" kommt: leeren Eimer nehmen und in geübter Weise Wasser damit holen. Beim Bedienen des Wasserhahns kann dann Hilfestellung gegeben werden.

Wir sitzen um das nun gefüllte Becken, fassen mit den Händen hinein und stellen fest: Das Becken ist voll, es ist Wasser darin, wir können unsere Hände hineintauchen und im Wasser bewegen, die Hände werden nass.

Der Umgang mit Wasser geschieht nun nach Lust und Laune: Es kann sich eine Einheit zur Materialerfahrung mit den Händen anschließen oder zu einer der verschiedenen Aktivitäten (schwimmen lassen, gießen, Aussehen des Wassers verändern etc.). Das Lernvorhaben lässt sich bei mehrmaliger Durchführung jeweils geringfügig verändern.

Variationen:
- Statt mit Eimern füllen wir das Becken mit kleinen Gießkannen.
- Wir geben Schaumbad dazu und machen mit den Händen tüchtig Schaum. Dies kann auch gut mit handbetriebenen Sahnequirlen geschehen, hierzu müssen die Schüler allerdings kurbeln können.
- Wir lassen jedesmal andere Dinge schwimmen bzw. lassen schwere Dinge ins Wasser plumpsen (Kieselsteine, Glasmurmeln) und holen sie wieder heraus.
- Wir färben das Wasser und gießen es dann in durchsichtige Gefäße, durch Röhren und Schläuche.
- Wir lassen einen kleineren Ball schwimmen und schubsen uns diesen gegenseitig zu.

Das Füllen des Beckens geschieht dabei jedesmal durch die Schüler selbst, d.h., Beginn und Abschluss des Lernvorhabens bleiben unverändert. *Abschluss* sollte stets sein: die Hände abtrocknen, eincremen und mit Duftöl einreiben (mit Hilfe, ohne Hilfe). Dadurch werden die Hände nochmals in den Mittelpunkt gestellt, der Schüler erfährt: Mit den Händen habe ich unterschiedliche Dinge berührt und bewegt (das Wasser, das Spielzeug, das Handtuch, die Creme).

2. Wir gießen Wasser in eine Dachrinne (Lernort: im Freien)

Ausgangssituation: Die Dachrinne (aus Kunststoff) wird auf zwei Böcken unterschiedlicher Höhe aufgestellt, so dass sich eine Schräge ergibt. Die Schüler sitzen/stehen auf beiden Seiten entlang der Rinne.

Wir halten die Hände in die Rinne und spüren erst die trockene Rinne, dann das hindurchfließende Wasser. Hier kann zunächst die Lehrkraft das Gießen übernehmen, damit die Schüler sich ganz auf den taktilen Eindruck konzentrieren können: Es ist kein Wasser in der Rinne – jetzt fließt Wasser hindurch, und die Hände werden nass.

Durch Eintauchen in einen Eimer füllen die Schüler selbst kleinere Gefäße und gießen diese in die Rinne aus. Hierzu sind z.B. Spülmittelflaschen geeignet, da sich diese gut festhalten lassen und durch ihre enge Öffnung ein gezielteres Gießen erfordern. Am Ende der Rinne kann das Wasser in einer Wanne aufgefangen werden.

Wir bringen durch das fließende Wasser ein Wasserrad in Bewegung. Die Dachrinne sollte hierbei aus Kunststoff sein, so kann auf beiden Seiten ein Loch zum Befestigen des Wasserrades gebohrt werden. Das Wasserrad muss passend hergestellt werden, z. B. aus dünnem Sperrholz. Ist die Dachrinne lang genug, können mehrere Wasserräder eingebaut werden.

Variation: Wir sitzen im Halbkreis am Ende der Rinne, je ein Schüler übernimmt das Gießen am anderen Ende. Wir beobachten das Fließen des Wassers, halten unsere Hände unter den Strahl: Jetzt kommt das Wasser, jetzt hört es auf zu fließen. Das Wasser wird am Ende der Rinne in einem großen Becken aufgefangen.

Im Auffangbecken wird ein Blecheimer mit dem Boden nach oben so aufgestellt, dass der Wasserstrahl genau darauf trifft. Wir beobachten den „Springbrunnen", halten die Hände in das sprühende Wasser. In Abwandlung kann statt des Blecheimers auch ein aufgespannter Regenschirm aufgestellt werden.

Abschluss kann sein: Wir räumen gemeinsam alle Wasserspielsachen auf, trocknen uns die Hände ab und cremen sie ein.

3. Wir erleben Wasser mit unseren Füßen
   (Lernort: im Freien oder Klassenzimmer)

Ausgangssituation: Wir sitzen im Kreis um ein noch ungefülltes Planschbecken, die Stühle/Rollstühle außen, die Füße innen. Wir bewegen die bloßen Füße über die trockene Oberfläche: Das Becken ist noch leer. Eimerweise wird nun Wasser über die Füße gegossen (dies kann nur durch die Lehrkraft oder auch mit Hilfe der Schüler geschehen). Verbale Begleitung: Die Füße werden nass, immer mehr Wasser befindet sich im Becken. Das Wasser kann unterschiedliche Temperaturen aufweisen: Mal ist warmes Wasser im Eimer, mal kaltes. Auch dies soll für die Schüler verbalisiert werden. Ist das Becken gefüllt, schließen sich die einzelnen Aktivitäten an.

Wir bewegen die Füße im Wasser hin und her, waten durch das Becken (je ein Schüler, mit Hilfe, wo nötig), achten beim Gehen auf unsere Füße, patschen mit jedem Schritt fest ins Wasser, nehmen das Spritzen und das entstehende Geräusch wahr.

Im Sitzen: Wir geben Schaumbad ins Wasser und erzeugen durch Strampeln mit den Beinen sehr viel Schaum, verstecken die Füße darin, heben sie (schaumbedeckt) hoch, streifen den Schaum mit den Händen ab bzw. spülen ihn durch Begießen ab, verstecken die Füße erneut.

Variation:
- Wir schütten Glasmurmeln aus einem Behälter ins Wasser (dies kann auch von den Schülern übernommen werden) und schieben sie mit den Füßen auf dem Beckenboden hin und her.
- Wir lassen einen Ball schwimmen und stoßen ihn uns gegenseitig zu (Gruppenaktivität). Hier kann beliebig aus dem Bereich „Materialerfahrung mit den Füßen" ausgewählt werden.

Abschluss kann stets sein: Füße abtrocknen und eincremen, Strümpfe und Schuhe anziehen (mit und ohne Hilfe). Das Lernvorhaben kann auch mit einem gemeinsamen Fußbad oder einer gründlichen Fußmassage für jeden Schüler abgeschlossen werden. Dies steigert das körperliche Wohlbefinden und lenkt die Aufmerksamkeit nochmals auf die eigenen Füße.

4. Wir lassen Bälle schwimmen
   (Lernort: Schwimm- oder Therapiebecken, Wasserhöhe: knietief)

Ausgangssituation: Wir sitzen im Becken, eine durchsichtige Tüte (z. B. Wäschesack), die mit Kugelbadbällen gefüllt ist, wird ins Wasser gebracht. Wir lassen die Tüte schwimmen, greifen danach, halten sie fest, drücken sie unter Wasser, werfen oder schieben sie uns gegenseitig zu, spielen eine Weile damit.

Die Tüte wird geöffnet: Alle Bälle kommen heraus, die Wasseroberfläche bedeckt sich und verändert ihr Aussehen (es sollten genügend Bälle in der Tüte sein). Wir hantieren mit den Bällen: greifen, festhalten, loslassen, werfen, fallenlassen, unter Wasser drücken. Wir legen uns mit Bauch oder Rücken in das ballbedeckte Wasser, erleben, dass wir die Bälle mit unserem Körper verdrängen. Wir strampeln mit den Beinen: Die Wasseroberfläche bewegt sich, und die Bälle bewegen sich mit ihr.

Wir sammeln alle Bälle in eine auf dem Wasser schwimmende Plastikwanne und gießen diese dann über einem Schüler aus („Bällchendusche"), sammeln sie wieder ein, gießen sie über einem anderen Schüler aus. Dies kann ruhig mehrmals bzw. mit mehreren Schülern gleichzeitig durchgeführt werden.

Variation: Statt der Kugelbadbälle z. B. kleine Softbälle oder Schwämme in genügend großer Anzahl anbieten. Da diese sich mit Wasser vollsaugen, ergibt sich eine völlig andere Umgangsqualität: Das Greifen und Festhalten fühlt sich anders an. Hinzu kommt die Möglichkeit, sich durch Ausdrücken gegenseitig mit Wasser zu berieseln oder sich mit den weichen Bällen und Schwämmen zu bewerfen. Hier sollte man die Schüler zum ausgelassenen Spiel ermutigen.

Wir stellen eine Regenrinne so auf, dass sie vom Beckenrand ins Wasser führt, lassen die Bälle hinunter ins Wasser rollen. Hierbei üben die Schüler das gezielte Greifen und Loslassen sowie das Verfolgen einer Bewegung mit den Augen. Die Bälle können vom Kind außen stehend oder im Wasser stehend in die Rinne gelegt werden. Mit diesem Spiel lassen sich auch Schüler einbeziehen, die sich noch nicht ins Becken trauen.

Abschluss: Alle Bälle werden wieder in die Tüte gesammelt, hierzu müssen die Schüler ein bewegliches (in diesem Fall schwimmendes) Objekt greifen und festhalten können. Die Tüte wird wieder verschlossen. Wir nehmen die gefüllte Tüte mit ins Klassenzimmer.

SAND

Sand ist ein Material, das einen starken taktilen Eindruck vermittelt und – vor allem in großen Mengen – einen starken optischen. In diesem Fall werden dem Sand Beschreibungen zugeordnet, die wir zunächst mit dem Wasser in Verbindung bringen (Sandmeer etc.). Die Beschaffenheit des Sandes ist unterschiedlich: Er kann grob oder fein sein, nass oder trocken, kalt oder warm, seine Farbe kann variieren, dennoch hat diese Beschaffenheit auch etwas Gleichbleibendes. Dem Sand ist das Lose, das Körnige, das Rieselnde und Veränderliche eigen, er erscheint nachgiebig und weich und ist dennoch fest. Aktivitäten mit dem Material beinhalten immer auch ein fließendes Moment. Sand zeigt keine haltbare Form, obwohl er für begrenzte Zeit in eine solche gepresst werden kann, dies vor allem in Verbindung mit Wasser. Jederzeit ist jedoch das ursprüngliche Erscheinungsbild wieder herstellbar. Im Umgang mit Sand liegt immer die Möglichkeit des Herstellens und Zerstörens von räumlichen Gebilden, des Gestaltens von Fläche.

Viele Aktivitäten, die mit Wasser möglich sind, können auch auf den Sand übertragen werden, sie erhalten dadurch jedoch einen anderen Charakter. Sand lässt sich gut ganzkörperlich erfahren, dies wird oft als angenehm und wohltuend empfunden (wer liegt nicht gerne am Strand?). So lassen sich besonders Angebote im Bereich der taktilen und der Körperwahrnehmung gut mit Sand durchführen.

| Materialerfahrung | Lerninhalte | Möglicher Lerngewinn |

Ganzkörperlich

Ganzkörperliche Materialerfahrung ist entweder im Freien (z. B. auf dem Spiel- oder Sportplatz, am Strand) oder in einem speziellen Raum (z. B. Nassraum) durchführbar.

Die Schüler sollten hierzu Badekleidung tragen. Es ist ganz besonders darauf zu achten, dass die Lernsituation nicht als unangenehm empfunden wird. So muss das Anbieten des Materials vorsichtig und dosiert geschehen, vor allem bei empfindlichen Schülern. Das Liegen im Sand kann in diesem Fall durch das Unterlegen einer dünnen Decke o. Ä. abgewandelt werden, das spezifische „Sandgefühl" bleibt dennoch erhalten und wird in der Regel so als angenehm erlebt. Ganz wichtig ist die verbale Begleitung durch die Lehrkraft.

Das Material und seine Eigenschaften mit dem ganzen Körper erleben und sich dabei des eigenen Körpers bewusster werden

Die Materialbeschaffenheit über die Haut wahrnehmen: warm, kühl, trocken, feucht, körnig, grob, weich, schwer etc.

Neue taktile Erfahrungen machen

Somatische Anregung erfahren

Möglichkeiten:

Im Sand liegen oder sitzen (allein oder an die Bezugsperson gelehnt), vorsichtig etwas Sand auf Arme und Beine, auf den Bauch rieseln lassen, mit den Händen darüber streichen.

Die Gliedmaßen völlig mit Sand bedecken (Füße, Beine, Hände, Arme verstecken) und wieder aus dem Sand herauszuziehen.

Mit den eigenen Händen über die sandbedeckten Gliedmaßen fahren und das körnige Gefühl auf der Haut wahrnehmen.

Sich im Sand liegend leicht hin und her bewegen (lassen), den ganzen Körper mit wenig Sand vorsichtig abreiben, es sich zum Liegen im Sand bequem machen, die Situation genießen.

Von oder mit der Bezugsperson eine Kuhle im Sand graben (lassen) und sich hineinlegen. Sich völlig mit Sand bedecken lassen, bis nur noch der Kopf heraus schaut. Durch die Eigenbewegung den Sand zum Rutschen bringen, im Sand wühlen, sich darin wälzen.

Neuartiges Sitz- und Liegegefühl kennen lernen, den eigenen Körper dabei in veränderter Weise spüren

Lageveränderungen wahrnehmen und selbst durchführen bzw. zulassen

Sich entspannen und sich wohl fühlen

Das Kühle und Schwere des Sandes mit dem ganzen Körper wahrnehmen

Die eigene Körperoberfläche bewusster erleben

Mit den Händen

Materialerfahrung mit den Händen ist im Freien gut möglich, da hier in der Regel eine größere Sandfläche zur Verfügung steht und ungehemmter gearbeitet werden kann. Im Zimmer kann der Sand in einer großen Wanne, in einem speziellen Tisch für Wasser-Sand-Spiele, einem fahrbaren Sandkasten oder in größeren Mengen auch im Nassraum angeboten werden.

Wird mit mehreren Schülern gleichzeitig gearbeitet, empfiehlt es sich, im Kreis um das Material zu sitzen. Der Sandbehälter sollte dann entsprechend groß sein, um allen Schülern Gelegenheit zum Tätigsein zu bieten.

Das Material und dessen Eigenschaften mit den Händen erkunden und sich dabei seiner Hände bewusster werden

Sand in unterschiedlichen Räumen kennen lernen: im Klassenzimmer, im Nassraum, im Freien

Bei allen Angeboten zur Materialerfahrung mit den Händen muss darauf geachtet werden, sie zeitlich nicht zu lang auszudehnen, da der andauernde taktile Eindruck nach einer Weile als unangenehm empfunden werden kann – hier ist ein sensibles Vorgehen notwendig. Die Sandqualität kann den Vorlieben oder Abneigungen der Schüler gemäß ausgewählt werden – sehr feiner Sand wird in der Regel von allen Schülern akzeptiert.

Möglichkeiten:
Sand aus verschiedenen Behältern und durch Siebe über Arme und Hände rieseln lassen, das Wandern des Sandstrahls wahrnehmen, die Hände unter den Sandstrahl halten und wieder wegziehen.

Mit der flachen Hand über den Sand streichen, mit der Hand in den Sand greifen und ihn durch die Finger rieseln lassen. Mit den Fingern Löcher in den Sand bohren.

Den Tasteindruck durch Zugabe von Wasser verändern, feuchten Sand greifen und sein Gewicht in der Hand spüren, feuchten Sand mit einer oder mit beiden Händen festklopfen.

Die Hände im Sand vergraben und wieder herausziehen. Die Hände ganz plötzlich bedecken, indem man eine größere Menge Sand darauf schüttet. Mit beiden Händen in den Sand greifen und ihn zu einem Berg zusammenschieben, dessen Höhe ertasten.

Sand unterschiedlicher Qualität anbieten (grob oder fein, vom Kies bis zum Vogelsand) und so das haptische Erlebnis variieren.

Zwei unterschiedliche Sandsorten im Wechsel anbieten, die Hände darin bewegen.

Durch die Zugabe von sehr viel Wasser ein Gemisch herstellen und die Hände darin bewegen.

Den feuchten Sand von Armen und Händen abstreifen (lassen), sich gegenseitig die Hände mit Sand bedecken und den Sand wieder abstreifen.

Mit dem Finger Spuren in den feuchten Sand ziehen und diese durch Darüberstreichen mit der flachen Hand wieder verschwinden lassen. Werden die Spuren von links nach rechts oder umgekehrt gezogen, so ist dies eine gute Übung zum Überkreuzen der Körpermitte.

Etwas vor den Schülern im Sand verstecken (ein attraktives Spielzeug, einen kleinen Behälter mit Süßigkeiten) – mit den Händen im Sand wühlen, um den versteckten Gegenstand wieder herauszuholen.

Mit den Füßen

Beim Arbeiten im Zimmer bietet sich ein Planschbecken an, das mit Sand gefüllt wird und um das die Schüler sitzen können, die Stühle außen und die Füße innen.

Ideal ist allerdings ein Vorgehen im Freien. Fehlt ein Sandkasten, so kann man z. B. auf der Terrasse einen Sandhaufen in der gewünschten Größe

Die Hand als Tastorgan erleben und einsetzen

Mit der Handinnenfläche Reize aufnehmen

Mit der ganzen Hand greifen

Die einzelnen Finger bewusster wahrnehmen und bewegen

Unterschiedliche Sandqualitäten kennen lernen, dabei Unterschiede bemerken: sehr fein, weich, körnig, grob

Schulung der Handmotorik, der Auge-Hand-Koordination und der Beidhandkoordination

In Verbindung mit Sand unterschiedliche taktile Erfahrungen machen: nass, trocken, weich, grob, körnig, kühl, feucht, heiß

Unterschiede bemerken

Wischbewegung mit einer Hand durchführen

Differenzierte Handmotorik: Hand oder einzelnen Finger gezielt bewegen

Auge-Hand-Koordination

Objektpermanenz anbahnen, üben, einsetzen

Gezieltes Greifen üben

Das Material und dessen Eigenschaften mit den Füßen wahrnehmen und erkunden, sich dabei der eigenen Füße bewusster werden

Neuartige Steh- und Laufeindrücke gewinnen

aufschütten. Das Sitzen ist im Sand selbst möglich oder auch auf Stühlen/im Rollstuhl, wobei eben nur die Füße mit dem Material in Berührung kommen.

Möglichkeiten:
Mit bloßen Füßen im Sand laufen (trockener Sand vermittelt einen anderen Laufeindruck als nasser), eine dünne Schicht Sand auf den Boden streuen und mit bloßen Füßen darüberlaufen, eine „Sandstraße" entlanggehen. Unterschiedlichen Sand verwenden.

Sand über die Beine und Füße rieseln lassen und den wandernden taktilen Eindruck wahrnehmen, Beine und Füße vorsichtig mit Sand abreiben.

Im Sand sitzen und die Füße darin bewegen, die Füße vollständig mit Sand bedecken und sie wieder herausziehen. Im Sand sitzend beide Füße in ein knietiefes Loch stellen, das im Sand gegraben wurde, und dieses dann mit trockenem oder nassem Sand füllen.

Mit einem Eimer eine größere Menge feuchten Sand auf die Füße kippen, dies ergibt den plötzlichen Eindruck von Schwere – wichtig ist hier die verbale Begleitung, um den Schüler nicht zu erschrecken! Die Füße herausziehen und Übung wiederholen.

Durch die Zugabe von viel Wasser einen Brei herstellen, die Füße darin bewegen, sie herausziehen und wieder eintauchen, den feuchten Sand mit der Hand von Beinen und Füßen streifen (lassen).

Alle Angebote mit trockenem oder feuchtem Sand durchführen, die jeweilige Aufgabe wird dadurch entsprechend variiert.

Einen „Sand-Parcours" anlegen: große, abwechselnd mit feuchtem, trockenem, sehr nassem Sand gefüllte Wannen aufstellen und von einer Wanne in die nächste steigen.

Mit Augen und Ohren

Für den Bereich der **visuellen Wahrnehmung** bieten sich Lernangebote an, bei denen Sand in Bewegung gebracht wird.

Möglichkeiten:
Rieselbewegung des Sandes in der Sandmühle, beim Rinnen durch einen Trichter oder durch ein Sieb beobachten.

Eine mit Sand gefüllte durchsichtige Röhre (an beiden Enden verschlossen) hin und her bewegen und das Rutschen des Sandes mit den Augen verfolgen, das Rutschen des Sandes über eine schiefe Ebene verfolgen.

Ein größeres Sieb in Augenhöhe aufhängen und mit Sand füllen. Das Rieseln kann so über einen längeren Zeitraum verfolgt werden: Jetzt rinnt der Sand durch das Sieb, jetzt hört er auf, wir schütten Sand nach, er rieselt wieder durch das Sieb. Durch Pendeln des Siebes wandert auch der

Koordination von Auge und Fuß

Die Füße bewusst bewegen
Die Bewegung der Füße mit den Augen verfolgen

Eigenschaften des Sandes isoliert kennen lernen: die Schwere, die Kühle, die Nässe, das Körnige, das Feste

Beim Steigen Auge-Fuß-Koordination herstellen, die Körperkoordination schulen, Raumbegriffe durch eigenes Tun erleben: innen – außen, hinein – hinaus
Die Eigenschaften trocken – feucht – nass erleben, in Bezug darauf Abneigung oder Vorliebe zeigen

Eine Bewegung mit den Augen verfolgen: von oben nach unten, von links nach rechts, vom eigenen Körper weg, zum eigenen Körper hin
Die beobachtete Bewegung des Sandes selbst auslösen, sie nach ihrem Beenden erneut auslösen
Zusammenhang erkennen: Wenn sich Sand in dem Sieb befindet, rieselt er hindurch etc., wenn ich Sand in die Sandmühle schütte, dann dreht sie sich

Sandstrahl (dieser kann in einer großen Wanne aufgefangen werden) und ist so besser zu beobachten.

Da Sand keine lauten Geräusche verursacht, sind die hiermit verbundenen **akustischen Angebote** auch für empfindliche Schüler geeignet. Hierzu siehe auch das Kapitel GERÄUSCHE + KLÄNGE.

Möglichkeiten:
Geräusche, die rieselnder Sand verursacht, wahrnehmen: Sand auf eine große Trommel (je nach Größe ergeben sich verschiedene Effekte), auf eine Blechdose (mit dem Boden nach oben), über ein Waschbrett, auf einen Bogen Papier rieseln lassen. Unterschiedliche Papiere ergeben unterschiedliche Geräusche. Um das Papier zu spannen, kann man es über einem Rahmen in der gewünschten Größe befestigen.

Sand in einen Karton, eine Pappröhre oder eine Dose rieseln lassen, diese dann schütteln oder kippen und auf das entsprechende Geräusch lauschen. Auf diese Weise unterschiedliche Sandrasseln herstellen.

Sand durch das Pendelsieb (s. o.) auf die unterschiedlichen Oberflächen rieseln lassen, durch Bewegung des Sandstrahls bewegt sich das entstehende Geräusch ebenfalls und verändert sich dabei. Verschiedene Sandsorten ergeben unterschiedliche Höreindrücke, feiner Kies klingt z. B. auf der großen Trommel anders als sehr feiner Quarzsand.

Unterschiedliche, leise Geräusche wahrnehmen (Figur-Grund-Wahrnehmung)

Gezieltes Hinhören üben

Selbst Sandgeräusche erzeugen und Freude daran haben

Ein wanderndes Geräusch wahrnehmen

Für alle Angebote im Bereich der Materialerfahrung mit Augen und Ohren:

Hör- und Seheindrücke miteinander verbinden

Hör-, Seh- und Tasteindrücke miteinander verbinden

Aktivitäten	Lerninhalte	Möglicher Lerngewinn

Schütten

Hier kann mit den verschiedensten Behältern gearbeitet werden. Diese sollten stabil und gut zu greifen sein: kleine Eimer, Blechdosen unterschiedlicher Größe, Töpfe und andere Gefäße aus dem Haushalt. Das Schütten kann (wie beim Material WASSER) ein- und beidhändig, ungezielt und gezielt geschehen. Im Zimmer sind die Aktivitäten auf einen kleineren Rahmen beschränkt, aber ohne weiteres durchführbar.

Möglichkeiten:
Behälter durch Eintauchen füllen und durch Umkippen ausleeren, das Fallen des Sandes wahrnehmen, dabei im Sand sitzen oder stehen. Der Schwerpunkt liegt hier auf dem Ausschütten; feuchten, trockenen, groben oder feinen Sand anbieten, so dass die Eindrücke variiert werden.

Handfertigkeit „Schütten" erlernen:
Kippbewegung von Hand und Unterarm unter gleichzeitigem Festhalten des Gefäßes, Öffnung dabei nach unten kippen

Unterschiedliche Behälter mit der ganzen Hand greifen und festhalten

Unterschiedliche Behälter selbst ausschütten und Freude daran haben

Kleinere Behälter in größere ausleeren, z. B. Sand in eine Wanne, eine Kiste, in den Spieltisch füllen, an einer bestimmten Stelle zu einem Haufen aufschütten. Dies kann im Sitzen oder Stehen geschehen. Sand auf ein größeres, schräg gestelltes Brett schütten und beobachten, wie er hinunter in eine Kiste rutscht.

Mit dem gefüllten Behälter einen Weg zurücklegen, d. h. den Sand über eine kurze Strecke transportieren, den Behälter mit einer oder mit beiden Händen tragen. Das Gewicht wahrnehmen, den Behälter an der bezeichneten Stelle durch Umkippen ausleeren, beobachten: Der Sand z. B. in der Wanne wird mehr, der Sandberg wird immer größer, der Behälter in der Hand leert sich und wird leicht.

Gezielter schütten (dies lässt sich eher mit trockenem Sand durchführen): Sand aus einem kleinen Behälter (z. B. Spülmittelflaschen, Becher) in einen Trichter schütten. Dieser kann z. B. über einem Sandrad oder einem durchsichtigen Schlauch befestigt werden.

Sand in eine schräggestellte Rinne schütten und das Rutschen des Sandes beobachten.

Wenig trockenen Sand vorsichtig auf eine große Trommel oder ein gespanntes Papier schütten und das entstehende Geräusch wahrnehmen. Trockenen und feinen Sand mit der Gießkanne auf die Trommel oder das Papier schütten.

Im Stehen oder im Sitzen Sand in das Pendelsieb schütten und so einen Berg anhäufen oder ein Gefäß füllen. Das Sieb kann in der gewünschten Höhe aufgehängt werden.

Feuchten Sand zu einem Berg aufschütten (je nachdem, ob im Freien oder im Zimmer, wird die Größe unterschiedlich sein), den Berg mit der flachen Hand festklopfen, etwas hineinstecken: Kiesel- oder Muggelsteine, Muscheln, selbstgefertigte Fähnchen, Papierblumen, Windräder, kleine Bälle. Hier kann der Umgang mit einem Material gut mit einer Übung zur Handfertigkeit „Einstecken" verbunden werden.

Größere Blumentöpfe durch Schütten mit feuchtem Sand füllen und an Rundhölzern (Länge: 50 cm oder mehr) befestigte Windräder, Fähnchen, Papierblumen etc. einstecken. Das Einstecken kann zunächst an einer größeren Fläche, z. B. im Sandkasten, geübt werden, um es dann auf den kleinen Sandberg, den Blumentopf etc. zu übertragen. Größere Fähnchen lassen sich besser im Stand einstecken. Je nach Fähigkeiten der Schüler lässt sich das Einstecken im Sitzen, im Stand und auch in der Bewegung anwenden.

Schaufeln

Hier können Handschaufeln aller Art verwendet werden. Bei größeren Schülern erweisen sich die handelsüblichen Spielzeugschaufeln oft als ungeeignet, Gartengeräte bieten hier eine gute Ausweichmöglichkeit.

Gewicht des Sandes im Behälter spüren: Der gefüllte Behälter ist schwer, durch das Ausschütten wird er leicht

Begriffe durch das eigene Tun erleben: voll – leer, hinein – hinaus

Körperkoordination beim Tragen mit einer oder mit beiden Händen, hierbei auch Kraft einsetzen

Das gezielte Schütten *erlernen und dabei die Koordination von Auge und Hand verbessern*

Freude am spielerischen Tun gewinnen

Die Handfertigkeit „Schütten" in unterschiedlichen Situationen einsetzen und erproben, dabei unterschiedliche Behälter greifen und festhalten lernen

Zusammenhang erfassen: Wenn ich die Hand kippe, rieselt der Sand aus meinem Behälter, der Behälter leert sich, er wird leicht

Handfertigkeit „Einstecken" üben und dabei unterschiedliche Griffarten einsetzen:
Palmargriff, Dreifingergriff

Sich an den geschmückten Werken freuen

Gezieltes Schütten

Begriffe durch das eigene Tun erleben: leer – voll, hinein

Handfertigkeit „Schaufeln" erwerben und einsetzen:
Schaufel in Sand schieben, heben, kippen

Zunächst wird das *ungezielte Schaufeln* durchgeführt: Schaufel festhalten, in den Sand schieben, Sand damit transportieren und die Schaufel durch Kippen entleeren. Je nach Lernerfolg und Fähigkeit der Schüler wird die Aufgabe dann abgewandelt. Feuchter Sand ist leichter zu schaufeln als trockener.

Beherrscht der Schüler das ungezielte Schaufeln, kann diese Fähigkeit *gezielt* eingesetzt werden: Durch Schaufeln lassen sich verschiedenste Behälter mit Sand füllen.

Es kann im Sitzen oder im Stand gearbeitet werden, Letzteres erfordert das Sich-Bücken und ist für die Schüler entsprechend schwieriger.

Hat der Schüler noch Schwierigkeiten beim Umgang mit der Schaufel, kann die Lehrkraft die Hand des Kindes leicht umfassen und so die gewünschte Bewegung mit ihm gemeinsam durchführen. Der Schüler sollte auf jeden Fall bereits in der Lage sein, ein Objekt zu halten und auch das Tun seiner Hände mit den Augen zu verfolgen.

Schaufel gezielt bewegen
Auge-Hand-Koordination

Möglichkeiten:
Den Sand zu einem Berg schaufeln (mit diesem dann verfahren, wie oben dargestellt), unterschiedliche größere Behälter (Wanne, Karton, Kiste, großen Eimer) durch Schaufeln füllen.

Im Sand sitzen und sich diesen über die eigenen Beine schaufeln, im Sand liegen und sich durch Schaufeln mit Sand bedecken lassen. Sich gegenseitig Sand auf den Körper schaufeln.

Gezielter schaufeln: in einen kleinen Behälter, in eine schräge Rinne, in einen Trichter, auf die Sandmühle, in das Pendelsieb.

Kleine Dosen oder Schachteln durch Schaufeln mit ein wenig Sand füllen, sie verschließen und als Rasseln verwenden.

Trockenen Sand mit der Schaufel transportieren, mit der Schaufel einen kleinen Eimer füllen, diesen dann über eine kurze Strecke transportieren und dort ausleeren; so können Schaufeln und Schütten miteinander kombiniert werden.

Durchsichtige Röhren mit der Öffnung nach oben aufstellen (z. B. in den Sandkasten stecken) und diese durch Schaufeln füllen. Durch Anheben rutscht der Sand dann nach unten heraus, und es kann erneut mit dem Füllen begonnen werden. Die Röhren können auch auf einem Brett befestigt werden; um sie zu leeren, müssen sie umgedreht werden.

Feuchten Sand in Förmchen, kleine Eimer oder Plastikgefäße aus dem Haushalt schaufeln, diese dann (mit Hilfe) stürzen, auf diese Weise unterschiedliche Sandkuchen herstellen (z. B. im Sandkasten, auf dem Tisch), die fertigen Formen können mit Wimpeln, Windrädern etc. geschmückt werden.

Mit einer Gießkanne Wasser auf die Sandkuchen schütten, sie dadurch zerstören, neue Sandkuchen aufbauen.

Begriffe im Tun erleben und erproben: voll, leer, hinein, hinaus
Räumliche Gebilde herstellen

Verfeinerung der Auge-Hand-Koordination
Einen Weg gezielt zurücklegen, dabei etwas tragen
Freude am eigenen Können haben

Begriffe durch eigenes Handeln erfahren: leer, voll, wenig, mehr, hinein, hinaus, hinunter

Räumliche Gebilde herstellen und verändern, sie zerstören und neu herstellen
Freude an dieser Möglichkeit haben

Fertige Sandformen mit einer oder mit beiden Händen flachklopfen, neue Sandkuchen aufbauen.

Wasser-Sand-Spiele

Hier können die oben aufgeführten Möglichkeiten nach Wunsch eingesetzt und durch das zusätzliche Angebot von Wasser erweitert werden. Wasser-Aktivitäten werden mit Sand-Aktivitäten kombiniert. Ein Vorgehen im Freien bietet sich an, um den Schülern möglichst viel Spielraum zu gewähren.

Möglichkeiten:
Im Sand sitzen, diesen schaufeln oder schütten, dazu genügend Wasser in einer Wanne anbieten, Wasser mit einem Gefäß schöpfen und den Sand nach Belieben anfeuchten. Wasser mit der Gießkanne in den Sand gießen und so Spuren erzeugen.

Die Veränderung von Sand durch die Zugabe von Wasser wahrnehmen und durch Ausprobieren selbst herstellen
Spuren erzeugen

In einer Wanne Sand anbieten und aus unterschiedlichen Gefäßen so viel Wasser dazugießen, bis ein Wasser-Sand-Brei entstanden ist, mit den Händen darin wühlen, das Gemisch durch die Finger rinnen lassen. Der taktile Eindruck kann durch das Hinzufügen von Kies, wie er z. B. für Aquarien gebraucht wird, noch weiter verändert werden. Unterschiedliche Sandsorten verwenden.

Unterschiedliche taktile Eindrücke gewinnen: fest, körnig, trocken, nass, kühl
Freude am Ausprobieren haben

Die gleiche Übung in einer sehr großen Wanne (oder am Strand) durchführen. Sich in das Wasser-Sand-Gemisch hineinsetzen, den ganzen Körper damit bedecken.

Mit dem ganzen Körper Reize aufnehmen und dadurch den eigenen Körper besser spüren

In einer Wanne mit klarem Wasser den Sand von den Händen spülen, den Gegensatz spüren: Wasser in Verbindung mit Sand, Wasser ohne Sand; diese Übung kann auch mit den Füßen ausgeführt werden.

Zusammenhänge erkennen
Effekte wahrnehmen und selbst herbeiführen

Eine schräggestellte Rinne durch Schütten oder Schaufeln der Länge nach mit Sand füllen, dann aus dem Gartenschlauch oder mit der Gießkanne am oberen Ende Wasser einlaufen lassen, mit den Händen spüren, wie sich der Tasteindruck verändert, mit den Augen verfolgen, wie der Sand weggeschwemmt wird.

Zusammenhang erfassen: Wenn ich Wasser in die Rinne gieße, schwimmt der Sand fort

An der Längsseite der mit Sand gefüllten Rinne sitzen und gleichzeitig aus verschiedenen Behältern Wasser in die Rinne gießen, beobachten, wie der Sand wegschwimmt, sich verändert.

Ein Bauwerk aus Sand mit Wasser begießen und es so zerstören: Es löst sich langsam auf und verschwindet. Dies kann sehr schön mit dem Gartenschlauch durchgeführt werden: Sandkuchen der Reihe nach aufstellen und mit dem Wasserstrahl treffen.

Räumliche Gebilde zerstören oder verändern
Freude an dieser Möglichkeit haben

Im Sandkasten mit den Schülern oder für diese eine Rinne oder größere Löcher graben, diese dann mit Wasser füllen (mit dem Eimer, mit der Gießkanne, mit dem Schlauch), mit den Füßen hineinsteigen, darin stehen oder gehen. Erleben, wie das Wasser versickert, neues Wasser nachgießen.

Unterschiedliche Geh- und Steheindrücke gewinnen
Körperkoordination und Körperwahrnehmung werden angesprochen

Wasser und Sand in der Natur erleben: Unterrichtsgang zum See oder ans Meer.

Im Freien: Tischplatte mit Plastikdecke abdecken. Wasser-Sand-Gemisch mit den Händen aus einer Wanne auf den Tisch schöpfen, es mit den Händen verstreichen, mit dem Finger Spuren darin ziehen und diese wieder verwischen. Die gleiche Übung mit unterschiedlichem Sand durchführen. Die Tischoberfläche variieren: mit Spiegelfolie oder Wellblech bedecken.

Über die Handinnenfläche Reize aufnehmen
Streichen mit der flachen Hand
Beidhandkoordination beim Schöpfen und beim Streichen
Gezieltes Bewegen einzelner Finger
Kreuzen der Mittellinie

Freier Umgang mit dem Material

Diese Möglichkeit bietet sich vor allem im Freien oder im Nassraum an, wo die Schüler uneingeschränkt aktiv sein können. Sandspielzeug sollte in allen Variationen vorhanden sein. Sind die Schüler bereits mit den unterschiedlichen Aktivitäten vertraut, wird es ihnen eher gelingen, diese auch von sich aus einzusetzen.

Der Lehrkraft kommt die Aufgabe zu, Hilfestellung zu geben und Spielanlässe zu schaffen (siehe WASSER). Die Phase des freien Umgangs bietet ausreichend Gelegenheit zur Schülerbeobachtung und kann somit auch als Instrument der Förderdiagnose eingesetzt werden. (Fischer 1999, 136)

Im Spiel eigene Fähigkeiten und Handlungsmöglichkeiten einsetzen, sie variieren und erproben, neue Erfahrungen machen
Allein oder mit anderen spielen
Freude am freien Umgang mit dem Material haben
Sich durch das Material zum Tun anregen lassen

Beobachtungshilfen

Materialerfahrung

- ➢ mag Sand am ganzen Körper, an den Gliedmaßen, nur an bestimmten Körperteilen
- ➢ lehnt den Umgang mit Sand vollkommen ab
- ➢ bevorzugt eine bestimmte Beschaffenheit des Sandes (welche?)
- ➢ genießt das Sitzen oder Liegen im Sand, benötigt eine Unterlage, benötigt keine Unterlage
- ➢ lässt zu, dass bestimmte Körperteile vollkommen mit Sand bedeckt werden
- ➢ lässt zu, dass der ganze Körper mit Sand bedeckt wird, wühlt gern darin
- ➢ lehnt die Materialerfahrung mit den Händen ab
- ➢ beteiligt sich an den Übungen zur Materialerfahrung mit den Füßen, wird hier selbst aktiv, zeigt Vorlieben (welche?)
- ➢ lehnt die Materialerfahrung mit den Füßen ab
- ➢ geht gern barfuß im Sand – lehnt das Laufen im Sand ab
- ➢ läuft im tieferen Sand
- ➢ läuft über eine mit wenig Sand bedeckte Fläche

- nimmt durch den Sand verursachte Geräusche wahr, lauscht darauf, hat Freude daran, zeigt bestimmte Vorlieben (welche?)
- verfolgt die Bewegung von Sand mit den Augen: betrachtet sich drehende Sandmühle, rieselnden Sand etc.

Schütten

- hält ein mit Sand gefülltes Gefäß fest (mit einer Hand, mit beiden Händen) und leert dieses durch Umkippen aus, beobachtet das Fallen des Sandes
- hat Freude am Schütten, füllt das Gefäß (welches?) selbst und leert es wieder aus
- kann einen größeren Behälter durch Schütten füllen
- kann gezielt schütten (in Trichter, in Rinne, in Sieb etc.)
- hält ein Gefäß in jeder Hand und schüttet von einem in das andere

Schaufeln

- hält Handschaufel fest und schiebt sie in den Sand (mit Hilfe/ohne Hilfe)
- hebt mit Sand gefüllte Schaufel hoch
- leert Schaufel durch Umkippen
- transportiert mit der Schaufel Sand, hat Freude daran, zeigt bestimmte Vorlieben
- füllt Behälter (welche?) durch Schaufeln
- kann gezielt schaufeln (in Trichter, Sieb, Rinne, kleinen Behälter)
- schaufelt, ohne etwas zu verschütten
- schaufelt trockenen Sand – schaufelt nassen Sand

Wasser-Sand-Spiele

- hat Freude an Wasser-Sand-Spielen, zeigt hier eigene Initiative
- lehnt Sand in Verbindung mit Wasser ab
- erkundet Wasser-Sand-Gemisch mit dem ganzen Körper
- nimmt die Veränderung des Sandes durch Wasser wahr, führt diese durch Gießen selbst herbei
- kann mit dem Schlauch gezielt einen Sandkuchen treffen
- stellt selbst Sandkuchen her, benötigt dabei noch Hilfe

Freier Umgang mit dem Material

- hat Freude an Sandspielen und beschäftigt sich hier eine Weile selbst (wie?)
- zeigt eindeutige Vorlieben, wenn aus mehreren Möglichkeiten ausgewählt werden kann: Schaufeln, Schütten, Wasser-Sand-Spiele etc.
- ergreift noch keine Eigeninitiative, geht jedoch auf Spielangebot durch die Lehrkraft ein und bleibt auch eine Weile dabei
- spielt mit anderen zusammen – beschäftigt sich lieber allein

Unterrichtsbeispiele

**1. Wir erleben Sand mit den Füßen
(Lernort: großer Sandkasten, Sprunggrube auf dem Sportplatz)**

Ausgangssituation: Im Sand ist bereits ein größeres, knietiefes Loch gegraben. Wir steigen barfuß hinein und hinaus (individuelle Hilfestellung), setzen uns in das Loch (je ein Schüler), erleben die Tiefe, den Höhenunterschied (beim Steigen).

Wir setzen uns im Kreis um das Loch und hängen die Beine hinein. Ist der Schüler noch nicht in der Lage, frei zu sitzen, muss die Lehrkraft hinter ihm sitzen und ihm so die notwendige Stütze geben. Wir bewegen die Füße im Sand, schieben Sand hin und her, berühren dabei auch die Füße der anderen. Mit einem Eimer oder einer Dose schütten wir Sand auf die Füße, hier können auch die Schüler aktiv werden. Wir bedecken uns gegenseitig die Füße mit Sand, bis sie völlig verschwunden sind, ziehen sie wieder hervor, schütten sie wieder zu. Dies kann mehrmals wiederholt werden.

Wir gießen genügend Wasser in das Sandloch, lassen z. B. aus dem Gartenschlauch Wasser hineinlaufen, bewegen die Beine in dem Wasser-Sand-Gemisch, bohren die Füße hinein, ziehen sie wieder heraus, streifen den anhaftenden, nassen Sand von den Beinen, wiederholen die Übung mehrmals. Statt den Sand mit der Hand abzustreifen, kann man auch Wasser über die sandbedeckten Beine gießen und den Gegensatz erleben: Der nasse Sand bleibt an den Beinen haften, der Wasserstrahl spült den Sand wieder ab; tauche ich die Füße in das Wasser-Sand-Gemisch, so werden sie wieder voller Sand.

Wir schütten so viel Sand in das Loch, bis unsere Beine knietief eingegraben sind, bleiben eine Weile so sitzen und empfinden das Kühle und Schwere, „befreien" uns dann. Hier muss entsprechend vorsichtig vorgegangen werden, um Angst bei den Schülern zu vermeiden. Es ist möglich, das Lernvorhaben öfter durchzuführen und die Schüler so schrittweise an das völlige Zuschütten des Lochs zu gewöhnen: Zunächst sind nur die Füße mit Sand bedeckt, dann reicht der Sand bis zu den Waden, dann stecken unsere Beine bis zu den Knien im Sand.

Abschluss kann sein: Wir säubern unsere Beine und Füße unter dem Gartenschlauch, trocknen uns ab, cremen die Füße ein, massieren sie, ziehen Strümpfe und Schuhe an, üben dabei das selbstständige Ankleiden.

2. Wir hören und erzeugen Sandgeräusche (Lernort: Klassenzimmer)

Ausgangssituation: Wir sitzen im Kreis, eine verschlossene, mit Sand gefüllte Schachtel wird von Schüler zu Schüler gereicht. Wir schütteln und kippen die Schachtel, lauschen auf das entstehende Geräusch, spüren das Gewicht. Je näher die Schachtel am Ohr bewegt wird, desto intensiver wird der Höreindruck. Dies sollte man zunächst bei sich selbst ausprobieren, um sich eine Vorstellung von der Lautstärke machen zu können.

Die Schachtel wird geöffnet, jeder darf mit den Händen hineinfassen und die Hände im Sand bewegen. Wir stellen fest: In der Schachtel befindet sich Sand, er ist weich oder grob, er ist körnig, er rieselt durch die Finger. Wir schütten den Sand aus der Schachtel in eine große Wanne, diese kann ebenfalls bereits Sand enthalten.

Die gefüllte Wanne steht in der Kreismitte, darüber wird ein großes Sieb aufgehängt. Die Wanne wird zur Hälfte mit einem Rahmen bedeckt, der mit Papier bespannt ist. Das Sieb sollte über dem Papier hängen.

Wir schütten ein wenig Sand in das Sieb, beobachten das Rieseln und nehmen das entstehende Geräusch wahr: Es rieselt und raschelt. Zur Unterstützung des Eindrucks halten wir die Handinnenfläche unter den Sandstrahl. Das Schütten kann zunächst von der Lehrkraft durchgeführt werden, anschließend von je einem Schüler. Um ein schönes Rieselgeräusch zu erzielen, sollte nur wenig Sand in das Sieb geschüttet werden. Die Schüler üben dabei nicht nur das gezielte Schütten und Hören, sondern auch das Sich-Bücken und Sich-Aufrichten in Verbindung mit einer Tätigkeit. Wir bringen das Sieb in eine Pendelbewegung: Der Sandstrahl wandert und das Geräusch ebenfalls.

Variation: An dem Sieb wird ein großes Becken befestigt. Der Sand rinnt durch das Sieb auf das Instrument und von da in die darunter stehende Wanne. Je größer das hängende Becken ist, desto klingender ist das durch den Sand verursachte Geräusch. Der Sand kann auch ohne Sieb direkt auf das Becken geschüttet werden. Rieselt er jedoch langsam, so ergibt sich ein länger anhaltender Höreindruck.

Abschluss: Wir räumen die benötigten Gegenstände auf, verschließen die große Wanne mit einem Deckel und schieben sie in die Ecke. Eventuell: Hände waschen und eincremen.

3. Wir schaufeln (Lernort: Tisch im Freien)

Ausgangssituation: Am besten eignet sich ein Tisch, der ringsum mit einer Leiste versehen ist bzw. ein spezieller Tisch für Wasser-Sand-Spiele. Wir sitzen um diesen Tisch herum. Für Schüler, die im Rollstuhl sitzen, ist es günstig, wenn der Tisch mit einer entsprechenden Einbuchtung versehen wird. Hier sind auch Spezialtische für Rollstuhlfahrer geeignet.

In der Tischmitte steht eine mit feuchtem Sand gefüllte Wanne. Wir befühlen den Sand mit den Händen, nehmen das Feuchte und Kühle wahr, greifen in den Sand, fassen ihn mit den Händen, vergraben die Hände darin, ziehen sie wieder heraus.

Die Handschaufeln werden in einem Korb angeboten, jeder Schüler wählt eine aus. Wir schaufeln den gesamten Sand aus der Wanne auf die Tischplatte, die leere Wanne wird entfernt. Wir schaufeln den Sand zu einem Berg (oder zu mehreren, wenn der Tisch groß genug ist): Schaufel in den Sand schieben, die gefüllte Schaufel bewegen und am richtigen Ort durch Umkippen entleeren. Hier kann die Lehrkraft individuelle Hilfe geben.

Wir legen die Schaufeln weg und klopfen mit der flachen Hand alle Berge wieder flach, bis sie nicht mehr zu sehen sind. Hier kann mit einer Hand oder mit beiden Händen gleichgerichtet gearbeitet werden. Dabei müssen die Schüler entsprechend Kraft anwenden. Sind alle Berge verschwunden, kann das Schaufeln erneut beginnen. Dies wird mehrmals wiederholt: Der Berg wächst, er wird zerstört, ich lasse ihn wieder wachsen.

Abschluss kann sein: Wir stellen einen oder mehrere Berge her, klopfen sie fest und stecken kleine Wimpel hinein (Holzspieße mit Transparentpapier). So wird die Tätigkeit „Schaufeln" mit der Handfertigkeit „Einstecken" verbunden. Haben die Schüler mit den kleinen Wimpeln Schwierigkeiten, kann die Größe der einzusteckenden Gegenstände entsprechend verändert werden, so dass statt des Dreifingergriffs der Palmargriff eingesetzt wird. Wir räumen die Schaufeln in ihren Behälter, die fertigen Berge lassen wir stehen.

4. Wir spielen mit Sand und dem Gartenschlauch (Lernort: im Freien)

Ausgangssituation: Wir befinden uns im Freien (Sportplatz, Wiese, Terrasse), tragen Badekleidung. Wir sitzen zunächst im Kreis, der Gartenschlauch befindet sich zusammengerollt in einer großen Kiste, in einem Korb etc. Wir heben den Behälter, stellen fest: Er ist schwer, es befindet sich etwas darin. Wir holen den Schlauch heraus, fassen ihn an, lassen ihn durch die Hände gleiten, geben ihn weiter: Der Schlauch ist glatt, er ist rund, er ist aus Kunststoff, hat eine bestimmte Farbe.

Wir schließen den Schlauch an, öffnen ihn ein wenig: Wasser kommt heraus. Das Öffnen und Schließen kann mehrmals und mit jedem Schüler einzeln wiederholt werden: Durch Drehen an der Spritze öffnet oder schließt sich der Schlauch, es kommt Wasser heraus oder es hört auf zu fließen. Mit der Hand versuchen wir, den Schlauch zuzuhalten: Das Wasser rinnt zwischen den Fingern hindurch, unsere Hände werden nass.

Spielerischer Umgang mit dem Schlauch: Der Schlauch wird so eingestellt, dass eine größere Menge Wasser herauskommt. Wir probieren aus: sich gegenseitig nassspritzen, nur auf die Füße spritzen, den Schlauch so halten, dass der Wasserstrahl in die Luft gerichtet wird, sich darunter stellen. Hier kann je nach Situation gehandelt werden. Schüler, die auf den Rollstuhl angewiesen sind, können auf einer Bademente gelagert und so vorsichtig nassgespritzt werden. Hierbei ist wichtig, dass der Schüler bemerkt, woher das Wasser kommt. In der Bauchlage (z. B. über einem Keil) können zunächst nur die Hände benetzt werden bzw. es wird der Schlauch so gehalten, dass der Schüler das Geschehen sehen und hören kann, ohne zunächst selbst nass zu werden.

Wir füllen Behälter mit dem Schlauch: mehrere große Wannen aufstellen und diese mit dem Schlauch füllen. Hier können die Schüler je nach ihren Fähigkeiten mit und ohne Hilfe aktiv sein, es kann im Sitzen, im Stehen und im Gehen gearbeitet werden. Jeder Schüler sollte Gelegenheit bekommen, den Schlauch zu halten, für die anderen ergeben sich jeweils genügend Möglichkeiten zum Aktiv-Sein und Erleben mit den verschiedenen Wasserbehältern: hinein- und hinaussteigen, sich hineinsetzen, spritzen, mit den Händen darin planschen.

Sind die Behälter zur Hälfte gefüllt, geben wir Sand dazu. Dieser kann von den Schülern in kleinen Eimern herbeigetragen und in die Wannen gekippt werden. Wir stellen fest: Das Wasser verändert sich, es entsteht eine Wasser-Sand-Mischung. Wir gießen genügend Sand hinein, in jeder Wanne befinden sich nun eine Menge Wasser und Sand.

Wir steigen mit den Füßen in die Wannen, erkunden den veränderten Inhalt, setzen uns hinein, bedecken uns mit dem nassen Sand, bewegen die Hände darin, schöpfen das Wasser-Sand-Gemisch mit den Händen oder einem kleinen Gefäß von einer Wanne in die nächste, auf unsere Beine, auf den ganzen Körper, auf unsere Mitschüler. Mit dem Schlauch spülen wir den Sand an unserem Körper wieder ab. Dies kann beliebig oft und lange wiederholt werden.

Abschluss kann sein: Wir duschen uns unter dem Gartenschlauch, trocknen uns ab, ziehen uns an. Voraussetzung für das gesamte Lernvorhaben sind natürlich sommerliche Temperaturen sowie Schüler und Lehrkräfte, die Freude an Wasserspielen haben!

TON

Ton ist zunächst weich und beliebig formbar, erstarrt jedoch mit der Zeit und behält dann die ihm gegebene Gestalt. Diese kann durch den Prozess des Brennens erhalten werden. Im Umgang mit Ton liegen die Möglichkeiten des Aufbauens, Formens und Veränderns. Der Ton braucht die menschliche Hand und ihre Geschicklichkeit. Die Auseinandersetzung mit dem Material geschieht in der Regel direkt über die Hand. Die verschiedenen Aktivitäten und deren Ergebnisse hängen von den Fähigkeiten desjenigen ab, der mit dem Material arbeitet.

Ton lässt sich auf vielfältige Weise verwenden und bietet eine Fülle von Gestaltungsmöglichkeiten, die einen sehr unterschiedlichen Schwierigkeitsgrad aufweisen können. Man kann Flächen herstellen und strukturieren, Spuren hinterlassen, übergangslos den Weg von der Fläche zum räumlichen Gebilde und wieder zurück zur Fläche gehen. Die räumlichen Gebilde können willkürlich sein oder etwas darstellen (eine Figur, ein Gefäß). Alle entstandenen Werke lassen sich leicht in den ungeformten, ursprünglichen Zustand zurückversetzen und können beliebig verändert werden. Das Tun der Hand hat unmittelbare und sichtbare Auswirkungen auf das weiche Material.

Ton regt zum Experimentieren, zum kreativen Tun und zum Spiel mit den Händen an. Ein Schwerpunkt im Umgang mit diesem Material liegt im Erkunden seiner spezifischen Eigenschaften durch die Hand, ein weiterer im Bereich der verschiedensten Handfertigkeiten und der Schulung von Auge-Hand-Koordination.

| Materialerfahrung | Lerninhalte | Möglicher Lerngewinn |

Ganzkörperlich

Das Material Ton eignet sich nicht besonders gut zur ganzkörperlichen Materialerfahrung im Rahmen des Unterrichts. Eine Ausnahme besteht dann, wenn man über einen Nassraum verfügt, in dem Ton in größeren Mengen angeboten werden kann und wo die Schüler ungehemmt agieren können. Empfindet ein Kind Freude daran, Ton mit dem ganzen Körper zu erleben, sollte man dem nachgeben und hier entsprechend Spielraum gewähren. Alle Lernvorhaben im Umgang mit Ton sind mit gewissen Säuberungsarbeiten verbunden, dies darf jedoch dem Ganzen keinen Abbruch tun!

Das Material und seine Eigenschaften mit dem ganzen Körper erleben und sich dabei des eigenen Körpers bewusster werden

Freude am Experimentieren haben

Optische Veränderung des eigenen Körpers erleben und selbst herstellen

Somatische Anregung erfahren

Neue taktile Eindrücke gewinnen

Mit den Händen

Da der Ton stets direkt mit der Hand verarbeitet wird (außer beim Modellieren), bietet sich die Materialerfahrung mit den Händen geradezu an. Einige Übungen in diesem Bereich sind auch mit Heilerde möglich, die von vielen Schülern als angenehmerer taktiler Eindruck empfunden wird. Wenn man nicht über einen speziellen Tonraum verfügt, lassen sich die Lernangebote hierzu auch im Klassenzimmer durchführen. Es ist günstig, den Tisch hierbei mit einer großen Wachstuchdecke o. Ä. abzudecken und den Schülern Malkittel o. Ä. anzuziehen. Sehr weicher Ton oder Tonbrei kann in einer großen Wanne angeboten werden, die genügend Spielraum zum Hantieren bietet.

Das Material und seine Eigenschaften mit den Händen erkunden und sich dabei der eigenen Hände bewusster werden

Reize über die Hand aufnehmen

Optische Veränderung der eigenen Hände wahrnehmen und selbst herbeiführen

Möglichkeiten:
Mit den Händen selbst Tonmehl, Schamotte und Wasser zu einem Brei („Schlicker") verrühren, die Hände darin bewegen. Sie herausziehen und erleben, wie sie mit einer dünnen Schicht bezogen sind. Den starken taktilen Eindruck wahrnehmen, der von manchen Schülern allerdings als unangenehm empfunden wird, da der Tonbrei stark anzieht – in diesem Fall sollte die Übung nicht durchgeführt werden.

Die einzelnen Finger in den Tonbrei tauchen, dabei spüren und beobachten, wie sie mit Ton überzogen werden. Hände und Arme mit dem flüssigen Ton bestreichen und als Gegensatz dazu in einer Wanne mit Wasser abspülen. Im Vordergrund steht das Erleben von flüssigem Ton; das Herstellen einer knetfähigen Masse aus Schamotte, Tonmehl und Wasser ist in diesem Zusammenhang zu aufwendig. Schlicker kann auch hergestellt werden, indem bereits knetfertige Tonmasse mit genügend Wasser versetzt wird.

Unterschiedliche taktil-kinästhetische Erfahrungen mit den Händen machen: Der Ton ist weich, fest oder flüssig, er ist geschmeidig, kühl und feucht, er gibt der Bewegung der Hand nach, lässt sich verformen

Sich der eigenen Finger bewusster werden

Den Gegensatz Ton – Wasser wahrnehmen, den Wechsel selbst herbeiführen

Ton unterschiedlicher Beschaffenheit mit den Händen erkunden: große Stücke festeren Tons in der Hand halten (je nach Größe in einer oder mit beiden Händen), das Gewicht spüren, versuchen, den festen Ton durch Druck mit beiden Händen zu verformen.

Eine ganze Stange Ton mit beiden Händen festhalten und versuchen, sie hochzuheben. Eine größere Menge Ton (in der Wanne oder als Stück) zum Arbeitsplatz tragen und dabei Kraft einsetzen.

Die Tonmasse allein oder zu zweit tragen.

Handgroße Stücke weicheren Tons greifen und festhalten, die Hände darum schließen (lassen) und den Ton mit Druck zwischen den Fingern hindurchpressen.

Die Hand innen und außen mit sehr weichem Ton bestreichen lassen, auch die Arme mit sehr weichem Ton einstreichen. Mit den Händen die eigenen Hände oder die der Mitschüler/Lehrkraft mit Ton einstreichen und spüren, sich die tonbeschmierten Hände reichen und dabei das glitschige Gefühl wahrnehmen.

Einen weichen/festen und handgroßen Tonklumpen von einer Hand in die andere geben.

Größere Klumpen weichen Tons auf dem Tisch anbieten und diese durch Druck mit der flachen Hand verformen bzw. mit der Faust darauf schlagen, dabei auch Schwung und Kraft einsetzen.

Die Finger einzeln hineinbohren und wieder herausziehen, viele kleine und weiche Tonklumpen auf dem Tisch verteilen und diese mit dem Finger jeweils einmal „anbohren".

Sehr weichen Ton (Schlicker) über eine größere und glatte Fläche verstreichen, dazu mit einer Hand oder gleichgerichtet mit beiden Händen arbeiten (im Kreis streichen, hin und her streichen), anschließend mit dem Finger Spuren in die Oberfläche ziehen. Beim Spurenziehen von links nach rechts und umgekehrt kann sehr gut das Überkreuzen der Körpermitte geübt werden.

Einen Tonklumpen in der Hand halten und mit Schwung auf die Tischplatte werfen bzw. fallen lassen, ihn wieder greifen und das Ganze mehrmals wiederholen, hierbei Kraft einsetzen. Versuchen, die Tonklumpen alle auf die gleiche Stelle zu werfen bzw. fallen zu lassen, so dass z. B. ein Berg entsteht, diesen dann mit der flachen Hand plattklopfen.

Mit der ganzen Hand in einen sehr großen Klumpen weichen Tons hineingreifen und versuchen, ein Stück davon abzureißen.

Die Hände auf die Tischplatte legen und sie mit weichem Ton bedecken (lassen), die ganze Hand mit Ton einpacken, versuchen, die tonbedeckte Hand zu bewegen. Das Gewicht und den besonderen taktilen Eindruck spüren – als Gegensatz hierzu kann man die Hände dann in eine Wanne mit Wasser tauchen, um sie zu waschen.

Gezielt greifen und festhalten bzw. in die Hand gelegtes Objekt festhalten

Gewicht spüren, mit der Hand Druck ausüben

Mit beiden Händen/Armen Gewicht übernehmen, etwas Schweres tragen, Krafteinsatz und Muskelspannung spüren und kontrollieren

Hand bewusst öffnen und schließen, dabei auch Druck ausüben

Durch den Ton im Aussehen veränderte Hände/Arme wahrnehmen

Über die Haut Reize aufnehmen, den besonderen taktilen Eindruck spüren

Objekt von einer Hand in die andere wechseln

Ziel mit der Hand treffen

Unbewegtes Objekt mit Schwung treffen, dabei den ganzen Arm in die Bewegung miteinbeziehen

Ziel mit dem Finger treffen, dabei die Finger bewusst bewegen

Beim Verstreichen Arme in die Bewegung miteinbeziehen

Objekt fallen lassen bzw. mit Schwung gezielt werfen

Gezieltes Werfen bzw. gezieltes Loslassen üben

Gezieltes Greifen und Festhalten im Palmargriff

Mit der Hand unterschiedliche Eigenschaften des Tons wahrnehmen: das Schwere, das Kühle, das Feuchte, im Gegensatz dazu die Wärme der eigenen Hand spüren

Gemeinsam alle Hände in eine große Wanne mit sehr weichem Ton tauchen und die Hände der anderen in der Masse berühren, sich gegenseitig Ton auf die Hände packen und wieder abstreifen.

Ausgerollte Tonplatte mit den Händen erspüren, die Hände in Tonplatten einwickeln, sie darunter verstecken und wieder hervorziehen.

Handabdrücke herstellen: Hände mit Druck auf die nicht zu feste Tonplatte pressen. Dies eignet sich gut für Gemeinschaftsarbeiten.

Die eigenen Hände und die der anderen in der Tonmasse ertasten und spüren

Die Veränderung erleben, sich dadurch der eigenen Hände bewusster werden

Mit einer oder mit beiden Handinnenflächen Druck nach unten ausüben

Spuren erzeugen

Mit den Füßen

Die folgenden Lernvorhaben sollten im Sitzen ausgeführt werden, da die Rutschgefahr im Stehen zu groß ist. Je nachdem, ob weicher, festerer oder flüssiger Ton verwendet wird, ändert sich der Charakter der jeweiligen Übung und ermöglicht einen anderen Lerngewinn.

Das Material und seine Eigenschaften mit den Füßen erkunden und dabei die eigenen Füße bewusster wahrnehmen

Schulung der Auge-Fuß-Koordination

Möglichkeiten:

Tonbrei oder sehr weichen Ton in einer großen Wanne anbieten und mit den Füßen hineinsteigen, die Füße darin bewegen, sie herausziehen und das Antrocknen des Tonbreis auf der Haut wahrnehmen.

Die Füße vollkommen mit weichem Ton bedecken, versuchen, sie dann zu bewegen, beim Bewegen der Füße das Gewicht und den besonderen taktilen Eindruck spüren, sich selbst oder anderen mit den Füßen den Ton abstreifen.

Langsam die Füße in die Tonmasse senken und wahrnehmen, wie der Ton zwischen den Zehen hervorquillt. Dies lässt sich sehr gut im Sitzen durchführen – die Füße entweder abwechselnd oder gleichzeitig heben und senken, als Gegensatz dazu eine Wanne mit Wasser anbieten; die Füße können dann abwechselnd in den Ton und ins Wasser gestellt werden.

Größere Klumpen weichen Tons mit den Füßen treffen und sie so plattdrücken, weichen Ton mit den Füßen zu einer Fläche verteilen und mit den Füßen darübergleiten. Dabei die Füße in unterschiedliche Richtungen bewegen.

Füße mit etwas Druck auf Tonplatten stellen (hierzu z.B. aufstehen) und so Fußabdrücke anfertigen. Die Füße in Tonplatten einwickeln, so bewegen und sie wieder herausziehen.

Alle Angebote zur Materialerfahrung sollten mit einem gründlichen Waschen, Eincremen (wichtig, da der Ton die Haut sehr austrocknet) und Massieren der betroffenen Körperteile abgeschlossen werden. Dies vertieft den jeweils gewonnenen Eindruck und rückt Hände, Füße etc. noch einmal in den Mittelpunkt der Aufmerksamkeit.

Füße bewegen und diese Bewegung mit den Augen steuern

Über die Füße Reize aufnehmen: das Gewicht, die Kühle, das Feuchte, die Glätte der Tonmasse

Füße gezielt bewegen

Die eigenen Zehen bewusster wahrnehmen

Den Gegensatz Wasser – Ton erleben und selbst herstellen

Den Kopf senken und beim Tun nach unten schauen

Füße gezielt bewegen, optisch-motorische Koordination festigen

Spuren erzeugen

Mit den Füßen Druck ausüben

Mit den Füßen Gewicht spüren

Körperteile als Teile des eigenen Körpers wahrnehmen

Aufbau von Körperschema

Mit den Augen

Der visuelle Bereich wird insofern angesprochen, als der Schüler bei allen Übungen zum Umgang mit dem Material Folgendes beobachten kann:

Den taktilen Eindruck (wie fühlt sich der Ton auf der Haut an?) mit dem

Flächen werden verändert und strukturiert, aus einer Fläche wird ein räumliches Gebilde, aus diesem kann wieder eine Fläche werden. Die räumlichen Gebilde können eine bestimmte Form haben (offen, geschlossen) und in die Höhe oder Breite wachsen. Die Bewegung der eigenen Hände bewirkt eine sofortige Veränderung der Tonmasse, die sich gut beobachten lässt.

Durch Bedecken mit Ton und Bewegen in weicher Tonmasse wird das Aussehen z. B. der Hände, der Füße verändert, dies lässt sich gleichzeitig sehr gut fühlen. Sehgeschädigte und blinde Kinder können die gleichen Erkenntnisse über den Tastsinn gewinnen.

optischen Eindruck in Verbindung bringen

Das Tun der Hände mit dem optischen Eindruck in Verbindung bringen

Den Übergang von Fläche zu räumlichem Gebilde und umgekehrt sehen und ertasten

Aktivitäten	Lerninhalte	Möglicher Lerngewinn

Abzupfen

Um das Abzupfen zu üben, sollte der Ton gut durchgeknetet sein; je fester er ist, desto schwieriger wird die Tätigkeit für den Schüler. Das Abzupfen lässt sich in zwei Variationen durchführen:

1. Der Ton wird zu einer größeren Wurst gerollt (Durchmesser: circa 5 cm) und für den Schüler so gehalten, dass dieser mit der ganzen Hand ein Stück greifen und abreißen kann. Man kann den Schüler auch den Ton mit der einen Hand selbst halten und mit der anderen abzupfen lassen. Dies ist jedoch schwieriger, da es den Einsatz von Halte- und Aktionshand voraussetzt.

Gezieltes Greifen, Festhalten, Abreißen und Loslassen mit der ganzen Hand

Zusammenspiel von Haltehand und Aktionshand

2. Der Ton wird als Klumpen angeboten, so dass der Schüler hineingreifen und kleinere Stücke im Dreifingergriff abreißen kann. Die abgezupften Tonstücke können dann in unterschiedlicher Weise weiterverarbeitet werden.

Gezieltes Greifen, Festhalten, Abreißen und Loslassen im Dreifingergriff

Möglichkeiten:
Alle abgezupften Stücke werden wahllos auf die Arbeitsfläche gelegt, je nach Größe im Dreifinger- oder im Palmargriff, bis der Ton in lauter Stücke „zerzupft" ist, anschließend kann man die Stücke in einen Behälter einsammeln lassen.

Gezieltes Greifen, Festhalten und Ablegen im Palmar- oder Dreifingergriff

Die abgezupften Stücke werden aufgeschichtet: zu einem Berg, zu einer Mauer, zu einem Turm. Auf diese Weise lassen sich unterschiedliche Objekte in beliebiger Größe und Anzahl herstellen, es können Gemeinschaftsarbeiten oder Einzelarbeiten entstehen.

Die fertigen Objekte können dann noch gestaltet werden, indem man

Das Entstehen räumlicher Gebilde beobachten, ertasten und selbst bewirken

Handfertigkeit „Einstecken" im Palmar- oder Dreifingergriff

Sich am fertigen Werk freuen: Das habe ich gemacht!

etwas hineinsteckt: Kiesel, Muggelsteine, kleine Fähnchen, bunte Holzstäbchen, Windräder etc. (siehe auch Kapitel SAND). So lässt sich die Handfertigkeit „Einstecken" mit dem Tonen verbinden. Durch Trocknen bleiben die Objekte erhalten.

Reizvoll ist es für die Schüler auch, einen fertigen Berg, Turm etc. durch Flachklopfen mit der Faust oder offenen Hand wieder zu zerstören, um etwas Neues herzustellen. Man sollte den Kindern ausreichend Gelegenheit geben, hier selbst auszuprobieren.

Ein räumliches Gebilde aufbauen und zerstören: vom räumlichen Gebilde zur Fläche gehen
Freude an diesem Spiel haben

Auswalzen

Diese Fertigkeit ist bereits etwas anspruchsvoller, da sie den Gebrauch von Werkzeug und das gezielte Zusammenspiel beider Hände erfordert. Am besten verwendet man hierzu ein Nudelholz. Das Auswalzen kann auch mit Handführung geschehen, vorausgesetzt der Schüler ist in der Lage, seine Hände um die Griffe zu legen und die Bewegung seiner Hände mit den Augen zu verfolgen. Die Bewegung des Rollens (vom Körper weg und wieder zurück) kann auch zunächst ohne Ton geübt werden. Hierzu steht die Lehrkraft am besten hinter dem Schüler, legt ihre Hände auf die des Schülers, löst so die Bewegung aus und führt sie. Die hergestellten Platten lassen sich dann vielfältig weiterverwenden.

Werkzeug mit beiden Händen greifen, festhalten und in gewünschter Weise bewegen, dabei genügend Druck ausüben
Mit den Händen gleichgerichtete Tätigkeit durchführen: vom Körper weg – zum Körper hin

Können sich die Schüler an den folgenden Vorschlägen beteiligen, sind jedoch noch nicht in der Lage, selbst durch Auswalzen Platten herzustellen, fertigt die Lehrkraft eine Anzahl Tonplatten im Voraus an und bearbeitet sie dann mit den Kindern weiter.

Möglichkeiten:
Mit der flachen Hand über die Tonplatte streichen, die Glätte der Oberfläche spüren. Dieser Eindruck kann durch die Zugabe von etwas Wasser variiert werden, das Darüberstreichen lässt sich auch mit nassen Händen durchführen.

Mit den Fingern viele Löcher in die Platte bohren.

Die Platte mit einem Messer oder Teigrad zerschneiden, sie mit beiden Händen fassen, hochheben und auseinander reißen. Eine größere Platte in mehrere kleine Stücke reißen.

Beschaffenheit der Tonplatte mit den Händen erkunden: kühl, glatt, feucht, nachgiebig, weich
Mit der Handinnenfläche Reize aufnehmen, sich dabei der Hände bewusster werden
Einzelne Finger gezielt bewegen

Etwas in die Fläche hineinstecken und sie somit optisch und im Tasteindruck verändern: viele kleine Gegenstände hineinstecken lassen, z. B. Muggelsteine, Holzstückchen, Murmeln etc. Mit der Hand über die nun veränderte Oberfläche streichen, den taktilen Eindruck aufnehmen.

Durch das Hineindrücken (und Entfernen des jeweiligen Gegenstandes) lassen sich unterschiedliche Muster gestalten. Die Platten können gebrannt und glasiert als Reliefkacheln verwendet werden, dies eignet sich gut für größere Gemeinschaftsarbeiten.

Möglice Muster: mit kleinen Steinen Vertiefungen eindrücken, große

Veränderung der Oberfläche wahrnehmen und selbst herbeiführen
Handfertigkeit „Einstecken" erlernen oder anwenden

Die Handfertigkeit „Einstecken" wird in Richtung „Stempeln" abgewandelt:
Das jeweilige Objekt in die Platte drücken und wieder herausziehen, so dass ein Abdruck zurück bleibt

Buchstaben-, Zahlen- oder Bilderstempel eindrücken, mit einem Holzstäbchen oder Spatel Linien ziehen, Fuß-, Hand- und Fingerabdrücke machen, Blätter einwalzen und wieder abziehen, dicke Schnur oder Seil einwalzen und wieder abziehen etc. Der Phantasie sind hier keine Grenzen gesetzt.

Selbst verschiedene Muster herstellen, ausprobieren

Mit Plätzchenformen in verschiedenen Größen lassen sich unterschiedliche Motive ausstechen und zu Anhängern verarbeiten: Weihnachtsbäume oder Sterne als Christbaumschmuck, beliebige Motive für Mobiles, Windspiele oder bewegliche Objekte.

Handfertigkeit „Ausstechen" erlernen und einsetzen

Formen

Die gestalterischen Ergebnisse hängen hier von den Kompetenzen der Schüler ab. Es soll jedoch nicht darum gehen, ein Gebrauchsobjekt anzufertigen, sondern einfache Formen selbst herzustellen, wie dies bereits beim Abzupfen und Aufschichten der Fall war. Wichtig ist immer, dass der Schüler selbst im Rahmen seiner Möglichkeiten in der gewünschten Weise aktiv wird. Handführung durch die Lehrkraft sollte hier nur begleitenden Charakter haben.

Formerfahrungen machen
Selbst einfache Formen herstellen
Kugel: *Leicht geöffnete Hand bewegt sich kreisend über Tischoberfläche bzw. in gegenläufiger Bewegung über der anderen leicht geöffneten Hand*
Walze: *Beide Hände bewegen sich gleichgerichtet vom Körper weg und wieder zurück, die Bewegung sollte auch hier aus der Schulter kommen*
Dosierter Krafteinsatz

Zwei Grundformen bilden die **Kugel** und die **Walze**. Die dritte elementare Form, der **Fladen,** wurde bereits beim Auswalzen erwähnt. Kugel und Walze sind nicht ganz leicht herzustellen, da eine gute Koordination der Hände erforderlich ist. In der Regel wird die Lehrkraft die Dreh- und Rollbewegung zunächst mit dem Schüler gemeinsam ausführen. Der Ton darf hierbei nicht zu weich sein, damit er sich bei zu viel Druck nicht zu schnell verformt.

Mit einer Holzkugel oder -walze lassen sich die Vorübungen zu den jeweiligen Bewegungsabläufen durchführen. So können die Handhaltung (geöffnete, fast flache Hand) und die entsprechende Armbewegung (Kreisen bzw. Bewegung vom Körper weg und wieder zurück bei paralleler Handhaltung) angebahnt werden.

Bei Kugel und Walze:
Differenziertes Zusammenspiel beider Hände unter angemessenem Krafteinsatz

Der nächste Schritt besteht dann in der Wiederholung des Bewegungsablaufs mit bereits vorgefertigter Tonkugel oder -walze. Erst dann sollte vom noch ungeformten Tonklumpen ausgegangen werden. Das Rollen der Kugel kann zunächst unter Einsatz nur einer Hand auf der Tischplatte durchgeführt werden. Schwieriger ist das Rollen der Kugel mit beiden Händen.

Beim Rollen in der eigenen Hand:
Differenziertes Zusammenspiel beider Hände, gegenläufige Kreisbewegung
Handfertigkeit „Formen" auf anderes Material übertragen

Das Herstellen von Kugel und Walze lässt sich auch gut mit Knete üben, die allerdings *geschmeidig* genug sein muss. Sehr gut geeignet ist selbst hergestellte Knete (Rezept siehe Kapitelende). Auch die Übungen zum Abzupfen und Aufschichten können begleitend mit Knete durchgeführt werden.

Walzen („Tonwürste") und Kugeln unterschiedlicher Größe lassen sich dann weiterverarbeiten. Ist den Schülern die Weiterverarbeitung möglich, das Herstellen der Formen jedoch noch nicht, so kann die Lehrkraft eine Anzahl Formen anfertigen, mit denen dann die folgenden Tätigkeiten ausgeführt werden. In diesem Fall liegt der Schwerpunkt nicht auf dem Herstellen der Formen, sondern auf dem Umgang damit.

Möglichkeiten:
Viele Kugeln zu einem beliebigen Gebilde auftürmen oder zu einer Mauer aneinanderreihen. Das Bauwerk in der Länge und Höhe mit den Händen abtasten.

Viele Kugeln zu einer Fläche aneinander setzen, die kugelige Oberfläche mit den Händen abtasten, in jede Kugel etwas hineinstecken.

Mit dem Finger oder einem Holzstäbchen ein Loch in die Kugel bohren. Diese kann als Kerzenständer verwendet werden, die Kugel darf allerdings nicht zu groß sein, da sie sonst beim Brennen reißt.

Aus den Walzen lassen sich Kringel, Kreise, Schlangen oder Kreuze legen, man kann dem Schüler eine Form vorgeben und diese dann nachlegen lassen. Kringel oder Kreise kann man sehr schön zu Bergen aufeinander legen.

Viele Walzen zu einer langen Schlange aneinander legen und diese mit den Fingern nachfahren.

Einzelne Walzen an einem Ende durchbohren und so brennen; aus den gebrannten Stäben können Windspiele hergestellt werden.

Die Walzen zu einer Mauer aufschlichten oder kreuzweise übereinander legen. Das Aufbauen einfacher Gefäße aus den Walzen ist erfahrungsgemäß sehr schwierig, kann jedoch – je nach Fähigkeiten der Schüler – versucht werden.

Walzen oder Kugeln zur Herstellung von Reliefkacheln auf eine Tonplatte drücken, so beliebige Gestaltungsmöglichkeiten durchspielen. Die Tonplatte muss an der entsprechenden Stelle etwas angerauht werden.

Gezieltes Greifen und Ablegen
Aufbau räumlicher Gebilde, nach Plan oder als Zufallsprodukt
Raumerfahrungen machen: die räumliche Ausdehnung eines Gebildes selbst herstellen und mit den Händen ertasten
Auge-Hand-Koordination
Einzelne Finger gezielt bewegen

Nach Vorgabe verschiedene Formen durch Nachlegen wiedergeben, diese mit dem Finger nachspüren
Einfache Formen kennen lernen

Differenzierter Wechsel von Halte- und Aktionshand, genaues Arbeiten, Arbeiten nach einem inneren Plan

Gezieltes Greifen und Festhalten
Ablegen unter leichtem Druck

Freier Umgang mit dem Material

Der völlig freie, gestaltende Umgang mit Ton wird sich dann ergeben, wenn die Schüler die Möglichkeit des Herstellens und Formens für sich entdeckt haben und diese spielerisch ausnutzen können. Dies gelingt dann, wenn der Schüler in der Lage ist, einen inneren Plan, eine Idee in die Tat umzusetzen.

Eher möglich wird ein relativ freier Umgang, vor allem im Bereich der *Materialerfahrung,* sein: Hier bietet die Lehrkraft eine Tätigkeit an, geht jedoch auf Handlungsimpulse der Schüler ein und greift diese auf. Die Auseinandersetzung mit dem Material ist damit in gewisser Weise schülergesteuert. Die Lehrkraft gibt Hilfestellung und hält die Aktion in Gang, wo nötig.

Eigene Fähigkeiten und Ideen im Umgang mit dem Material einbringen
Sich spielerisch mit dem Material auseinander setzen
Freude am Gestalten und Ausprobieren haben
Allein oder mit anderen zusammen spielen
Sich durch das Material zum eigenen Tun anregen lassen

Selbstversorgung

Im Zusammenhang mit dem Tonen kann auch der Bereich der Selbstversorgung gut angesprochen werden: Die Schüler lernen ihren Arbeitsplatz

Sich im Klassenraum, im Tonraum etc. orientieren

herzurichten und die benötigten Dinge zu holen, sie wissen, wo sich die Arbeitskittel befinden, und lernen, diese selbst anzuziehen.

Tätigkeiten wie das Händewaschen und -abtrocknen, das Eincremen der Hände (nach dem Umgang mit Ton sehr wichtig!), das Aufräumen der Arbeitsmaterialien und das Abwischen der Tische können erlernt und geübt werden. Es sollte stets darauf geachtet werden, die Schüler so weit als möglich an den Vorbereitungs- und Aufräummaßnahmen zu beteiligen, um ihnen hier ein Mehr an Selbstständigkeit zu vermitteln.

Wissen, wo sich die benötigten Dinge befinden

Herrichten und Aufräumen des Arbeitsplatzes

Hände waschen, abtrocknen, eincremen

Anziehen und Ausziehen der Arbeitskittel

Tätigkeit: „Tische abwischen"

Rezept „Knete"

Zutaten für eine Portion: 400 ml Mehl, 200 ml Salz, 400 ml Wasser, 15 g Weinsteinsäure (in der Apotheke erhältlich), 2 EL Öl, 1 Tütchen Lebensmittelfarbe nach Wunsch.

Die Zutaten mit dem Handmixer gut durchmischen. In einem Topf bei kleiner bis mittlerer Hitze so lange rühren, bis die Masse sich vom Topfboden löst und die Beschaffenheit von Knetteig annimmt. Man muss aufpassen, dass nichts anbrennt. Knetmasse etwas abkühlen lassen, herausnehmen und gut durchkneten. In einem verschlossenen Behälter aufbewahrt, hält sich die Knetmasse einige Wochen.

Beobachtungshilfen

Materialerfahrung

- möchte von sich aus Ton mit dem ganzen Körper erleben, hat Freude daran
- lehnt den Umgang mit Ton vollkommen ab
- mag nur Ton in bestimmter Beschaffenheit (fest, weich, flüssig)
- bewegt die Hände in Tonbrei oder weichem Ton, matscht damit
- zieht Heilerde dem Ton vor
- nimmt den taktilen Eindruck des Tons wahr – empfindet dies als angenehm/unangenehm
- lässt zu, dass die Hände vollkommen mit Ton bedeckt werden, beteiligt sich daran
- hält ein größeres Stück Ton fest, versucht es zu tragen
- hält ein Stück Ton in der Hand, kann es durch Druck verformen
- wechselt Tonklumpen von einer Hand in die andere
- bohrt mit dem Finger Loch in Tonklumpen
- kann Tonklumpen flachklopfen, setzt hier eine Hand oder beide Hände ein
- zieht mit dem Finger Spuren in tonbeschmierte Oberfläche
- hilft mit beim Schlagen des Tons, setzt hierbei Kraft ein

- steigt mit den Füßen in weichen oder flüssigen Ton, bewegt die Füße darin
- hat Freude daran, den Ton mit den Füßen zu erkunden

Abzupfen
- reißt mit der ganzen Hand Stücke von einer Tonwalze ab
- zupft im Dreifingergriff kleinere Stücke von einem Klumpen Ton ab
- arbeitet hier mit Hilfe/ohne Hilfe
- schichtet die Stücke aufeinander: zu einem Berg, einem Turm, einer Mauer etc.
- hat Freude daran, die entstandenen Gebilde zu zerstören

Auswalzen
- hält Nudelholz mit beiden Händen fest und führt die entsprechende Bewegung des Rollens durch (mit Hilfe/ohne Hilfe)
- übt beim Walzen selbst genügend Druck aus
- beteiligt sich an der Gestaltung der Platten (wie?) – zeigt Vorliebe für bestimmte Gestaltungsideen
- hat Freude an der Veränderung der Tonplatten, beobachtet dies
- kann mit Plätzchenform Ton ausstechen

Formen
- führt an Holzkugel und -walze die entsprechenden Hand- und Armbewegungen durch
- führt an vorgefertigter Tonkugel oder -walze die entsprechenden Hand- und Armbewegungen durch
- rollt aus ungeformtem Ton Kugel oder Walze (mit Hilfe/ohne Hilfe)
- setzt Walzen zu einem Gebilde oder Gefäß aufeinander
- legt mit den Tonwürsten vorgegebene Form nach: Kreis, Kringel, Schlange, Kreuz etc.
- legt von sich aus Formen damit, probiert selbst aus

Freier Umgang
- zeigt Vorliebe für bestimmte Aktivitäten im Umgang mit Ton, beginnt diese von sich aus (welche?)
- geht auf angebotene Aktivität ein und bleibt eine Weile dabei
- zeigt von sich aus noch kein Interesse an dem Material

Selbstversorgung
- beteiligt sich beim Herrichten des Arbeitsplatzes (wie?)
- weiß, wo sich die Kittel befinden, holt seinen Kittel selbst, zieht ihn selbst an
- wäscht sich die Hände, trocknet sie ab
- cremt sich die Hände ein (mit Hilfe/ohne Hilfe)
- beteiligt sich beim Aufräumen, wischt z. B. die Tische ab

Unterrichtsbeispiele

1. Wir erkunden Ton mit den Händen (Lernort: Klassenzimmer, Tonraum)

Ausgangssituation: Wir sitzen um den Tisch, der Ton befindet sich in der Mitte in einer großen Wanne. Man muss darauf achten, dass die Schüler im Sitzen gut in die Wanne hineingreifen und auch sehen können, was sie tun (niedriger Tisch, flacher Wannenrand, Spezialtisch für Rollstuhlfahrer). Der angebotene Ton soll sehr weich sein, fast schon flüssig („Schlicker").

Einzelarbeit: Je ein Schüler taucht seine Hände in den Ton, bewegt sie darin, bedeckt sie völlig mit der Tonmasse, zieht sie heraus, bewegt die tonbeschmierten Finger, quetscht Ton zwischen den Fingern hindurch, lässt sich den Ton abstreifen oder streift ihn selbst ab. Wir nehmen die Eigenschaften des Materials wahr: Der Ton ist weich, feucht, kühl, glitschig, angenehm oder unangenehm, er fühlt sich auf der Haut besonders an, er hat Gewicht, er bleibt an den Händen haften. Wichtig ist, dass die Lehrkraft das Wahrgenommene für oder mit dem Schüler verbalisiert (handlungsbegleitendes Sprechen). In einer Wanne mit Wasser werden die Hände dann abgespült und mit einem weichen Schwamm gereinigt. Dies für den Schüler tun oder ihn selbst tun lassen.

Gruppenarbeit: Wenn alle an der Reihe waren, tauchen wir unsere Hände in den Tonbrei. Gemeinsam bewegen wir die Hände darin, berühren andere Hände (auch die einzelnen Finger), versuchen sie zu fassen und festzuhalten, nehmen den veränderten taktilen Eindruck wahr: Die Hände fühlen sich im Tonbrei anders an als sonst. Gegenseitig bestreichen wir uns die Arme mit der weichen Masse, erleben das eigenartige Gefühl auf der Haut und das veränderte Aussehen. Im Anschluss waschen wir uns Arme und Hände in der Wanne mit Wasser ab.

Variation: Mit den Händen verstreichen wir die Tonmasse auf der Tischplatte. Diese sollte zweckmäßigerweise mit einer Plastikplane, Wachstuchdecke etc. abgedeckt sein. Wir geben etwas Tonbrei auf den Tisch und verteilen die Masse mit Streichbewegungen über die gesamte Fläche. Hier kann mit einer Hand oder (gleichgerichtet) mit beiden Händen gearbeitet werden. Das Überkreuzen der Mittellinie lässt sich auf diese Weise besonders gut üben. Die Schüler sollten auch die Arme in die Streichbewegung miteinbeziehen und, wenn möglich, aus der Schulter heraus arbeiten. Wir erfahren: Der Ton ist weich und lässt sich leicht verstreichen, er verteilt sich über die gesamte Oberfläche und verändert deren Aussehen.

Abschluss: Waschen, Abtrocknen und Eincremen der Hände, Aufräumen der benötigten Arbeitsmaterialien, Ausziehen der Arbeitskittel, Säubern des Arbeitsplatzes.

2. Wir zupfen Ton ab und schichten ihn zu einem Berg auf (Gemeinschaftsarbeit)

Ausgangssituation: Bei diesem Lernvorhaben sitzen wir wieder um den Tisch. Der Ton befindet sich, bereits zu Würsten gerollt, in einer Wanne (bzw. in mehreren kleinen Wannen). Man kann die Schüler beim Herbeiholen des Tons miteinbeziehen: zu zweit eine größere Wanne tragen lassen bzw. einen Schüler allein eine kleine Wanne zum Tisch tragen lassen. Vorsichtig holen wir die Tonwalzen einzeln heraus und legen sie auf den Tisch, befühlen sie mit den Händen, halten sie mit beiden Händen und nehmen so ihre Form wahr.

Nun erfolgt das Abzupfen bzw. Abreißen: Entweder hält die Lehrkraft das Material für den Schüler, dieser greift danach und reißt ein Stück ab, oder der Schüler hält selbst mit der einen Hand und arbeitet mit der anderen. Alle abgerissenen Stückchen setzen wir zu einem Berg aufeinander. Hierbei können mehrere Schüler gleichzeitig arbeiten. Wir sehen: Die Tonwalzen werden immer weniger und kleiner, der Berg wird immer größer, er wächst.

Wenn es für die Schüler zu schwierig ist, Ton abzureißen und diesen dann gleich an einer bestimmten Stelle zu einem Gebilde aufzubauen (mehrteilige Aufgabe!), kann man die abgezupften Tonstückchen zunächst wahllos auf der Arbeitsfläche ablegen lassen, um sie im Anschluss zum Aufbau eines Gebildes zu verwenden.

Wir nehmen unser Bauwerk auch mit den Händen wahr, ertasten dessen Höhe und Umfang, stellen fest: Das haben wir gemacht! Wir schmücken den fertigen Berg, indem wir Windrädchen hineinstecken und diese durch Blasen (Mund oder Fön) in Bewegung bringen. Das Werk kann getrocknet und so eine Weile aufbewahrt werden. Der trockene Ton lässt sich später einsumpfen und wiederverwerten.

Abschluss: Waschen, Abtrocknen und Eincremen der Hände, Aufräumen des Arbeitsplatzes.

3. Wir rollen Kugeln

Ausgangssituation: Die Sitzform ist auch hier wieder um den Arbeitstisch in Klassenzimmer oder Tonraum. Die Schüler helfen beim Herbeitragen des Tons: in einer größeren Wanne, die zu zweit getragen werden muss, in einer kleinen Wanne, die man allein tragen kann, oder in ein feuchtes Tuch eingeschlagen. Das Stück sollte dabei so groß sein, dass der Schüler es mit beiden Händen halten muss. Der Ton wird gemeinsam mit den Schülern geschlagen und geknetet, um die notwendige Konsistenz zu erreichen. Zum Schlagen bekommt der Schüler handgerechte Stücke, die er mit Schwung auf die Arbeitsfläche werfen muss.

Die *Vorübung* mit einer Holzkugel zur Erarbeitung der Rollbewegung kann vor Beginn der eigentlichen Aufgabe wiederholt werden. Sie sollte vorher bereits öfters durchgeführt worden sein, um die Schüler mit der Handbewegung vertraut zu machen: Kugel auf den Tisch legen, mit Handinnenfläche fassen und kreisen, Kugel von einer Hand in die andere wechseln, Kugel mit zwei Händen fassen und kreisen. Begleitende Lernangebote können unterschiedliche Übungen mit der Kugel sein, damit dem Schüler die runde Form bereits geläufig ist (siehe Kapitel BALL).

Das Rollen der Kugeln kann vom noch ungeformten Ton (erfahrungsgemäß sehr schwierig) oder von einer vorgeformten Tonkugel ausgehen, je nach Vermögen der Schüler. Die fertigen Kugeln setzen wir nebeneinander auf die Arbeitsfläche, betasten die kugelige Oberfläche, stellen fest: Wir haben viele Kugeln hergestellt, sie sind rund, sie fassen sich angenehm an.

Wir versuchen, die einzelnen Kugeln mit dem Finger zu treffen: In jede Kugel bohren wir ein Loch. Um die Aufgabe zu erleichtern, kann man die Kugeln so platzieren, dass ein kleiner Zwischenraum von Kugel zu Kugel besteht, dies hilft beim Finden der einzelnen Kugeln. Sollen die Kugeln zu Kerzenständern verarbeitet werden, lässt man das Loch mit einem Holzstäbchen im entsprechenden Durchmesser bohren, um die Objekte dann zu trocknen und zu brennen. Ansonsten stampfen wir sie wieder ein: Jede einzelne Tonkugel treffen wir mit der Faust und klopfen sie flach. Der Ton wird dann zu einem großen Batzen zusammengeknetet und aufbewahrt.

Abschluss wie oben: Händewaschen, Eincremen und Massieren. Aufräumen des Arbeitsplatzes.

4. Wir rollen Walzen und bauen eine Mauer damit (Lernort: Klassenzimmer, Tonraum)

Ausgangssituation: Die Sitzform ist hier ebenfalls um den Arbeitstisch im Klassenzimmer oder im Tonraum. Wir ziehen unsere Arbeitskittel an. Gemeinsam tragen wir die Tonkiste herbei, sie ist schwer, man kann sie nicht allein tragen. In der Kiste befindet sich der Ton, gut durchgeknetet und in lauter faustgroßen Batzen.

Wir schlagen den Ton: Jeder Schüler bekommt einen Tonbatzen. Wir lassen diesen auf die Arbeitsfläche fallen bzw. werfen ihn mit Schwung darauf (dies ist schon schwieriger). Dieser Vorgang wird mehrmals wiederholt. Die Übung eignet sich gut für Schüler, die noch Schwierigkeiten mit dem gezielten Werfen haben: Durch das Öffnen der Hand fällt der Ton von selbst auf die Tischplatte, wird von dort erneut gegriffen und wieder fallen gelassen.

Das Werfen mit Schwung lässt sich folgendermaßen anbahnen: Die Lehrkraft steht hinter dem Schüler, führt dessen Armbewegung (Heben des Arms) und gibt mit Druck einen kleinen Impuls nach unten, um das kurze und schnelle Senken des Arms unter gleichzeitigem Öffnen der Hand anzuregen. Dies ist jedoch nur sinnvoll, wenn der Schüler bereits willentlich loslassen kann.

Wir rollen die Batzen zu Walzen. Hier kann je nach Vermögen der Schüler eine Vorübung mit einer Holzwalze (z. B. Klanghölzer) oder bereits vorgeformten Tonwalze durchgeführt werden, bevor vom noch ungeformten Ton ausgegangen wird. Alle fertigen Tonwalzen legen wir in eine flache Wanne nebeneinander. Wir stellen fest: Die Tonwalzen sind glatt, lang und rund, sie ergeben eine bestimmte Oberfläche, diese fühlt sich angenehm an.

Wir bauen eine große Mauer aus den einzelnen Tonwalzen. Diese kann quer über den Tisch von einem Schüler zum anderen oder auch an der Tischkante entlang laufen. Hier lässt sich sehr schön mit mehreren Schülern gleichzeitig arbeiten. Wir nehmen Tonwalzen aus der Wanne und legen sie gezielt hin, eine Walze an die nächste, schlichten dann die zweite Reihe auf. Um den Schülern die Orientierung zu erleichtern, kann der Mauerverlauf optisch gekennzeichnet werden (z. B. farbige Klebefolie als Markierung anbringen oder die erste Reihe für die Schüler vorgeben). Mit den Händen erkunden wir unser fertiges Bauwerk: Es ist groß, es hat eine bestimmte Höhe, eine bestimmte Länge, einen bestimmten Verlauf.

Abschluss kann sein:
- Wir lassen die Mauer stehen, schmücken sie noch mit kleinen Objekten, die sich gut einstecken lassen (Kieselsteine, Holzstückchen), stecken Fähnchen mit unseren persönlichen Symbolen (die sich auch auf Tisch, Stuhl, Garderobe befinden) dazu.
- Oder wir zerstören unser Bauwerk wieder: mit der Faust daraufklopfen, bis von der Mauer nichts mehr übrig ist, den Ton dann zusammenschieben und in der Wanne aufbewahren.
- Anschließend wieder Hände waschen und Arbeitsplatz aufräumen.

STOFF

Stoff ist ein von Menschen hergestelltes Material, das in großer Vielfalt erscheint (Größe, Farbe, Beschaffenheit, Ursprung). So unterschiedlich es auch sein mag, lassen sich doch grundlegende Eigenschaften daran festmachen: Stoff trägt, schützt, wärmt, hüllt ein und verdeckt, schmückt und verändert das Aussehen von Personen, Räumen und Gegenständen. Daraus ergeben sich unmittelbar die möglichen Aktivitäten im Umgang mit dem Material.

Die Faszination von Stoffen liegt in der möglichen räumlichen Ausbreitung, z. B. beim Ausfalten eines großen Tuches, die auch wieder zurückgenommen werden kann (durch Zusammenfalten oder -knüllen). Die Größe von Räumen kann sichtbarer gemacht und ins Bewusstsein gerückt werden. Dies gilt auch für die Bewegung von Personen und Gegenständen, die der Einsatz unterschiedlicher Stoffe (Tücher, Bänder, bestimmte Kleidungsstücke) optisch unterstützt. In den Tätigkeiten des Versteckens, Zudeckens, Umhüllens und Verkleidens liegt immer auch das Moment der Überraschung, der Veränderung und Verwandlung, des Effekts. Dies macht den Umgang mit Stoff so reizvoll.

Da wir uns stets in hautnahem Kontakt mit dem Material befinden, ist dieses für unterschiedlichste Lernangebote gut geeignet: Es ist vertraut und mit einer Menge angenehmer Assoziationen verbunden. Das Erkunden von Stoffen kann sehr gut auch ganzkörperlich durchgeführt werden. Die im Umgang mit dem Material eingesetzten Aktivitäten sind einfach und beziehen darüber hinaus die Bewegung des Körpers mit ein.

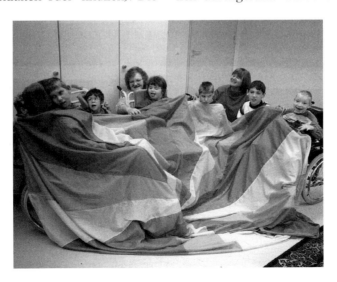

| Materialerfahrung | Lerninhalte | Möglicher Lerngewinn |

Ganzkörperlich

Die ganzkörperliche Materialerfahrung sollte stets mit Stoffen unterschiedlicher Größe und Beschaffenheit durchgeführt werden, wobei auch das Gewicht des Materials eine Rolle spielt. So werden verschiedene Eindrücke und Erfahrungen möglich. Alle Übungen lassen sich sehr gut im Klassenzimmer anbieten, natürlich auch in der Turnhalle, im Rhythmikraum etc., die Schüler sollten hierbei so wenig Kleidung wie möglich tragen. Die einzelnen Lernangebote erhalten einen völlig anderen Charakter, wenn man sie mit transparenten Stoffen (z. B. Gardinenstoffen) durchführt. Diese eignen sich auch für ängstliche Schüler, da sie den Aspekt des Verdeckens und Versteckens mindern, ohne ihn völlig aufzuheben, auch bleibt der taktile Eindruck erhalten. Je nach Stoffqualität ergeben sich unterschiedliche Lerngewinne.

Die Eigenschaften des Materials kennen lernen und sich dabei des eigenen Körpers bewusster werden

Bei allen Versteckspielen: Aufbau von Körperschema

Neue taktile Erfahrungen machen, somatische Anregung erfahren

Erleben: Stoff bedeckt, verhüllt, versteckt, wärmt und trägt

Möglichkeiten:

Auf dem Boden, auf einer Matte, im Bett etc. liegen und sich mit einem großen Tuch/einer Decke zudecken lassen, sich ganz darunter verstecken und wieder hervorkommen, gemeinsam einen Mitschüler unter dem großen Tuch verstecken, den zugedeckten Körper ertasten, den Mitschüler wieder aufdecken.

Das gleiche Angebot mit mehreren Tüchern mittlerer Größe oder vielen kleinen Tüchern durchführen, sich in einen Berg von Tüchern setzen oder legen und sich damit zudecken (lassen), sich mit anderen unter einem großen Tuch verstecken oder gemeinsam in einem Berg von Tüchern und Stoffen sitzen, sich hineinwühlen, sich darin wälzen.

Auf dem Stuhl, im Rollstuhl, auf dem Boden sitzen, einzelne Körperteile zudecken und so verstecken: die Arme, die Beine, die Füße, die Hände, den Kopf. Einzelne Körperteile mit Stoff umwickeln, die entstehende Wärme und das veränderte Körpergefühl spüren.

Das „Kuckuck-Spiel" durchführen, dabei die Schüler ermutigen, sich selbst das Tuch vom Kopf zu ziehen. Nicht nur sich selbst, sondern auch andere unter dem Tuch verstecken und es ihnen vom Kopf ziehen. Das Beherrschen des „Kuckuck-Spiels" stellt einen wichtigen Schritt in der Sozialentwicklung von Kindern dar.

Das eigene Aussehen verändern, indem man sich Tücher umhängt oder umbindet: sich im Spiegel betrachten, die Veränderung bei sich und anderen bemerken.

Ein großes Tuch senkrecht aufhängen und hindurchlaufen oder -fahren, ein großes Tuch in unterschiedlichen Höhen waagerecht aufhängen und

Keine Angst vor dem Zugedeckt-Werden haben

Neuartiges Liege- und Sitzgefühl kennen lernen, unterschiedliche Möglichkeiten ausprobieren

Bewegungserfahrungen machen

Durch die Bewegung den eigenen Körper besser spüren

Einzelne Körperteile bewusster wahrnehmen, sie als Teile des eigenen Körpers erfahren

Aufbau von Körperschema

Freude am gemeinsamen Spiel

Sich und andere im Spiegel erkennen

Unterschiedliche Raumerfahrungen machen: Es befindet sich etwas über

STOFF

darunter gehen, krabbeln, robben oder sich fahren lassen. Das Tuch sollte so hängen, dass man es beim Gehen, Krabbeln etc. mit dem Kopf oder mit den Händen berühren kann.

Mehrere große Tücher im Zimmer spannen oder aufhängen und dadurch Räume bilden, durch diese gehen oder fahren, die Tücher mit den Armen zur Seite schieben, hindurchlaufen, sich dahinter verstecken, einen versteckten Mitschüler finden und ertasten, sich durch den Stoff hindurch berühren.

Gemeinsam in einem aus Stoffbahnen gebildeten Raum sitzen und die „Wände" mit den Händen erkunden, dabei das veränderte Raumgefühl wahrnehmen.

Sich in eine große Kiste setzen oder legen und sich darin mit Tüchern, Decken oder Stoffbahnen zudecken (lassen), gemeinsam mit einem Mitschüler diese Übung durchführen, sich in den Stoffen „vergraben", sich darunter verstecken.

Sich mit Stoffen unterschiedlicher Beschaffenheit am ganzen Körper abreiben lassen und dabei die verschiedenen taktilen Eindrücke wahrnehmen.

Sich auf einer größeren Decke oder in einem Schwungtuch bewegen lassen: durch Schaukeln, Drehen, Auf- und Abbewegung oder Ziehen der Decke. In einer Hängematte liegen und sich darin bewegen (lassen).

Mit den Händen

Es bietet sich an, Stoffe unterschiedlicher, möglichst gegensätzlicher Beschaffenheit und Farbe mit den Händen zu erkunden: sie greifen, festhalten, ausbreiten, mit der Handinnenfläche darüberstreichen, damit hantieren.

Hier ist es günstig, verschiedenste Stoffe auf die gleiche Größe zu schneiden, z. B. 20 x 20 cm, und zu säumen, die Tücher können sich in ihrer Beschaffenheit oder ihrer Farbe oder in beidem voneinander unterscheiden, dadurch sind die verschiedensten Kombinationsmöglichkeiten gegeben. Je nach Größe der Tücher ergeben sich vielfältige Spielmöglichkeiten.

Möglichkeiten:
Hände auf den Tisch legen und mit einem kleinen Tuch bedecken, die Hände oder nur die Finger unter dem Tuch bewegen.

Die Hände hochheben und damit auch das Tuch hochheben. Diese Übung ergibt einen interessanten optischen Effekt, wenn jeder Schüler ein Tuch in einer anderen Farbe bekommt bzw. wenn alle identische Tücher erhalten, die Tücher festhalten und damit winken oder wedeln.

Verschiedenste Tücher in einem Korb oder einer Kiste anbieten, die Hände darin verstecken, mit den Händen darin wühlen, die Tücher einzeln herausholen, damit winken oder wedeln.

mir, vor mir, hinter mir, seitlich von mir
Erfahrungen in Bezug auf die eigene Größe und Körperhaltung machen

Räume erkunden und verändern
Raum-Lage-Begriffe erleben

Sich des eigenen Körpers bewusster werden

Unterschiedliche taktile Reize aufnehmen, somatische Anregung erfahren

Stimulation des vestibulären Systems
Bewegungserfahrungen machen
Freude an der Bewegung haben
Keine Angst vor dem Bewegt-Werden haben

Mit den Händen Reize aufnehmen und sich dabei der eigenen Hände bewusster werden
Die Hände als Teile des eigenen Körpers erfahren
Unterschiedliche Stoffqualitäten ertasten: samtig, wollig, glatt, flauschig, dünn, dick, fest, grob

Aufmerksamkeit auf die Hände lenken
Die eigenen Hände bewusst und gezielt bewegen

Gezieltes Greifen und Bewegen im Palmar- oder Dreifingergriff

Gemeinsam die Hände unter den Stoffen verstecken, sie darin bewegen, die Hände der Mitschüler in der Stoffkiste ertasten und festhalten.

Gruppenspiel

Einen für die Schüler attraktiven Gegenstand in der Stoffkiste verstecken und ihn herausholen lassen. Einen für die Schüler attraktiven Gegenstand unter einem größeren Tuch verstecken, das Tuch hochheben und den Gegenstand hervorholen lassen. Die Konturen des verdeckten Gegenstandes auch durch den Stoff hindurch betasten. Es eignen sich vertraute Objekte, die eine markante Gestalt aufweisen.

Objektpermanenz: Verstecken – Suchen – Finden

Unterschiedliche Stoffe auf einer Tastwand anbieten: Sperrholz- oder Hartfaserplatte gewünschter Größe mit Löchern versehen. Tücher oder breite Bänder durch die Löcher ziehen und das an der Rückseite heraushängende Stück verknoten, so dass es nicht durch das Loch rutschen kann. An der Vorderseite hängen die Tücher heraus und regen zum Greifen, Festhalten und Betasten an.

Die Hände als Tastorgan einsetzen
Die Beschaffenheit von Stoffen mit den Händen erkunden, Unterschiede bemerken, Vorlieben und Abneigungen zeigen

Eine Tücherschlange aus zusammengeknoteten größeren Tüchern oder Stoffresten greifen, sie durch die Hand gleiten lassen, im Kreis herumgeben, dabei die unterschiedlichen Materialien spüren. Den ganzen Körper mit der Schlange umwickeln und abtasten. Die Schlange auf den Boden legen, sich hineinsetzen, mit den Händen danach greifen. Unterschiedlichfarbige Stoffe regen zum Hinschauen an, sehr unterschiedliche Stoffqualitäten geben interessante Tasteindrücke und können die Neugier wecken.

Mit der ganzen Hand greifen und festhalten, dabei unterschiedliche Tasteindrücke gewinnen
Seh- und Tasteindruck miteinander verbinden
Freude am Spiel mit anderen

Mit den Füßen

Möglichkeiten:
Im Sitzen die Füße in einem großen Behälter (Korb, Kiste etc.) mit Stoffen bewegen, die Füße darunter verstecken und wieder hervorziehen. Versuchen, die Stoffe mit den Füßen zu greifen und zu bewegen.

Unterschiedliche Stoffe mit den Füßen erkunden und sich dabei der eigenen Füße bewusster werden

Gemeinsam die Füße in eine Stoffkiste stellen und sie darin bewegen. Der taktile Eindruck ist einprägsamer, wenn sich nur eine Sorte Stoff in der Kiste befindet, die dann gewechselt wird: z. B. nur Tücher aus Futterseide, diese fühlen sich kühl und glatt an, und dann Tücher aus Nickistoff, diese sind weich, samtig und warm. Der Charakter des Materials kann durch den Einsatz verschiedener Farben unterstrichen werden: kühle, glatte Stoffe in Blautönen, warme und samtige Stoffe in Rottönen etc.

Die Füße als Teile des eigenen Körpers erfahren
Tasteindrücke über die Füße aufnehmen
Seheindruck und Tasteindruck miteinander verbinden

Mehrere, mit unterschiedlichen Stoffen gefüllte Kisten oder Kastenteile in einer Reihe aufstellen und von einer Kiste in die nächste steigen. Die angrenzenden Kisten sollten einen möglichst gegensätzlichen Inhalt haben, um die Aufmerksamkeit der Schüler auf die Füße zu lenken.

Beim Steigen: Auge-Fuß-Koordination, Körperkontrolle, Gleichgewichtsreaktion

Eine Stoffstraße auf dem Boden auslegen und darüberlaufen: entweder nur eine Sorte Stoff verwenden oder mehrere unterschiedliche. Den Weg allein oder mit Hilfe zurücklegen.

Auge-Fuß-Koordination
Ganzkörperkoordination

Im Rhythmikraum den gesamten Boden mit Stoffen auslegen und mit den Füßen erkunden, die Stoffe mit den Füßen zu einem Berg zusammenschieben, hineinsteigen und hindurchlaufen, sich hineinsetzen.

Eine Taststraße anfertigen: Sperrholzplatten einer Größe (z. B. 50 x 50 cm) mit unterschiedlichen Stoffen bespannen, die Platten können dann beliebig aneinander gesetzt werden und eignen sich sehr gut zum Darübergehen und Betasten der Oberfläche mit den Füßen. Je nach Wunsch können verschiedenste Kombinationen hergestellt werden. Die einzelnen Elemente lassen sich auch als Tastwand an der Wand befestigen.

Stoffe in eine größere, mit Wasser gefüllte Wanne geben, mit den Füßen hineinsteigen, das nasse Material erleben, es mit den Füßen im Wasser hin- und herschieben.

Veränderung einer Fläche mit den Füßen erkunden
Neue Geh- und Steheindrücke gewinnen
Unterschiedliche Oberflächen mit den Füßen abtasten
Beim Gehen eine Begrenzung einhalten, sich an einer Begrenzung orientieren

Veränderung des Materials durch Wasser erleben
Die Füße bewusst erleben und bewegen

Mit den Augen

Dieser Bereich spielt bei vielen Lernvorhaben zum Umgang mit Stoff insofern eine Rolle, als die Schüler die Veränderung von Personen, Gegenständen und Räumen durch Stoffe wahrnehmen und selbst herstellen können. Hier sind alle Varianten des Versteckens und Bedeckens möglich.

Werden Stoffe in nur *einer* bestimmten Farbe verwendet, so lassen sich alle Übungen im Umgang mit Stoffen auch unter dem Gesichtspunkt „Farberleben" durchführen (siehe auch Kapitel FARBE + FARBEN).

Freude am spielerischen Umgang mit den Elementen des Versteckens und Veränderns

Farberfahrungen machen

Möglichkeiten:

Sich und andere mit großen Tüchern in markanten Farben verkleiden, sich im Spiegel betrachten, das veränderte Aussehen wahrnehmen.

Vertraute Dinge mit großen Tüchern behängen und die Veränderung wahrnehmen: z. B. die Stühle, den Tisch, ein bekanntes Spielzeug etc. zudecken und wieder aufdecken.

Einen vertrauten Raum durch das Aufhängen oder Auslegen von großen Stoffbahnen im Aussehen verändern: den Boden damit bedecken, die Wände damit verhängen, den Raum durch große Tücher abteilen bzw. Teile des Raums abtrennen (z. B. die Kuschelecke).

Optische Veränderungen bemerken und selbst herbeiführen: bei sich und anderen, bei Gegenständen und Räumen
Objektpermanenz: unterschiedliche Versteckspiele durchführen
Farberfahrungen machen
Farbnamen kennen lernen
Raum gestalten

Aktivitäten	Lerninhalte	Möglicher Lerngewinn

Knüllen

Das Knüllen von Stoffen ist nicht ganz einfach, da der Stoff die ihm gegebene Form nicht behält. Man kann dennoch mit kleinen Tüchern unterschiedlicher Beschaffenheit in folgender Weise vorgehen:

Tuch auf dem Tisch vor dem Schüler ausbreiten und dessen Hände darauf legen, das Tuch mit den Händen befühlen, merken: Es hat eine bestimmte Größe, eine bestimmte Beschaffenheit.

Dann das Tuch von einer Hand in die andere wechseln, dabei das Tuch so knüllen, dass es vollkommen in der Hand verschwunden ist, merken: Das Tuch wird immer kleiner, nun ist es völlig versteckt, wir können es nicht mehr sehen bzw. wir können nur noch ein kleines Stückchen sehen.

Anschließend öffnen wir die Hand und holen das Tuch wieder hervor, breiten es zu seiner ursprünglichen Größe aus, streichen es mit der flachen Hand glatt, stellen fest: Das Tuch ist wieder da, es ist so groß wie zu Beginn.

Das Knüllen lässt sich gut mit der nächsten Aktivität verbinden.

Schulung der Auge-Hand-Koordination

Wechselnder Einsatz von Halte- und Aktionshand

Freude am Spiel mit der Möglichkeit des Knüllens und Ausbreitens

Bei Führung durch die Lehrkraft: den Bewegungsablauf mitvollziehen und spüren, dann selbst nachvollziehen

Hineinstopfen

Diese Aktivität lässt sich ein- oder beidhändig durchführen und spricht besonders die Eigenschaft der Größenveränderung von Stoffen an. Tücher etc. unterschiedlicher Größe werden geknüllt und in verschiedene Behälter gestopft. Hierbei ist wichtig, dass die Behälter nur eine relativ kleine Öffnung aufweisen, so dass nur ein *geknülltes* Tuch hineingestopft werden kann.

Bei größeren Tüchern empfiehlt sich folgendes Vorgehen: Ein Teil des Tuches wird in die Öffnung gestopft, dann muss der Schüler mit einer Hand nachgreifen und einen weiteren Teil des Tuches durch die Öffnung stopfen, bis das gesamte Tuch verschwunden ist. Der Behälter kann für den Schüler gehalten werden bzw. der Schüler hält ihn selbst. Da Letzteres den Wechsel von Halte- und Aktionshand notwendig macht, ist diese Tätigkeit nicht so einfach wie das Hineinstopfen von kleinen Tüchern.

Die Behälter, in welche die Tücher hineingestopft werden sollen, können in unterschiedlicher Höhe angeboten werden: auf dem Boden oder dem Tisch stehend, in Augenhöhe oder noch höher aufgehängt oder aufgestellt.

Dies macht das Durchführen des Hineinstopfens in *drei Variationen* möglich:

Schulung der Auge-Hand-Koordination

Wechsel von Halte- und Aktionshand

Unterschiedliche taktile Erfahrungen machen

Auf unterschiedlichen Ebenen handeln: in Augenhöhe, darüber, darunter

Unterschiedliche Körperhaltungen einsetzen: sich bücken, sich strecken, sich um die körpereigene Achse drehen

Augenbewegungen gezielt einsetzen: nach oben, nach unten, zur Seite schauen

- Arbeiten in Augenhöhe und im Sitzen (oder Stehen),
- Arbeiten unter Augenhöhe – sich dabei bücken,
- Arbeiten über Augenhöhe – sich dabei strecken,

wobei die erste Möglichkeit den Schülern zunächst am leichtesten fällt.

Möglichkeiten:
Tücher in durchsichtige Kunststoffröhren unterschiedlicher Größe stopfen lassen. Dies ergibt vor allem dann einen schönen optischen Effekt, wenn Tücher gleicher Beschaffenheit, aber unterschiedlicher Farbe verwendet werden, z. B. lauter Chiffontücher, Tücher nur aus Futterseide oder Baumwolle etc., oder aber Tücher aus gleichem oder unterschiedlichem Material in ausgewählten Farben, z. B. in Blau- oder Rottönen. Abschluss einer solchen Aktivität kann sein: sich die gefüllte Röhre im Partner- oder Gruppenspiel zurollen.

Begriffe durch eigenes Tun erleben: voll, leer, hinein, hinaus, innen, außen

Freude am gemeinsamen Spiel
Einlineare Stoßbewegung beim Rollen der gefüllten Röhren

Die Röhren zum Füllen entweder mit der Öffnung nach oben aufstellen (man kann sie zur besseren Standfestigkeit auf einem Holzfuß montieren oder für den Schüler halten) bzw. sie waagerecht aufhängen oder halten. So wird jeweils eine andere Bewegung der Arme und Hände gefordert.

Die gleiche Übung im Sitzen oder im Stehen durchführen lassen, das Sich-Bücken oder Sich-Strecken als zusätzliche Variante erarbeiten.

Die Handfertigkeit „Hineinstopfen" unter veränderten Bedingungen anwenden: unterschiedliche Arbeitshöhen, unterschiedliche Körperhaltungen, flexibles Einsetzen der eigenen Bewegungen

Tücher in Lochkisten stopfen. Hierzu größere, verschlossene Kiste mit einem oder mehreren Löchern versehen, so dass der Inhalt nur durch die Löcher in die Kiste gegeben und wieder herausgeholt werden kann.

Gezielte Bewegungen mit den Händen durchführen

Die leere Kiste heben: Sie ist leicht! Dann Stoffe hineinstopfen, die Kiste wieder heben: Sie ist schwer, es ist etwas darin! Mit den Händen in die Kiste fassen und den Inhalt fühlen, ihn wieder herausziehen.

Begriffe durch eigenes Tun erleben: voll, leer, leicht, schwer, weich, glatt, hinein, hinaus, innen, außen

Herausziehen

Diese Tätigkeit lässt sich gut an das **„Hineinstopfen"** anschließen und wird in der Regel mit dieser Aktivität oder mit Übungen zur Materialerfahrung verbunden.

Man kann kleinere Tücher oder Stoffstücke verwenden, die sich mit einem Griff fassen und herausziehen lassen (dies ist für die Schüler relativ einfach), oder große Tücher, Stoffbahnen etc., die sich mit einem Griff nur ein Stück weit herausziehen lassen und dann ein Loslassen und Nachgreifen mit der gleichen Hand bzw. ein Nachgreifen mit der anderen Hand erfordern.

Letzteres macht den fließenden Wechsel von Halte- und Aktionshand nötig und ist sehr anspruchsvoll. Die Übungen zum Herausziehen können somit durch die Wahl des Materials entsprechend variiert und auf den Schüler abgestimmt werden. Mit sehr kleinen Stoffstücken lässt sich das Herausziehen im Dreifingergriff durchführen.

Schulung der Auge-Hand-Koordination
Mit Hand und Arm Bewegung zum Körper hin durchführen
Wechsel von Halte- und Aktionshand (beim Nachgreifen)
Freude am Überraschungsmoment haben: Das herausgezogene Tuch entfaltet sich, dehnt sich aus, bewegt sich, hat eine bestimmte Farbe, Beschaffenheit und Größe

STOFF

Möglichkeiten:
Tücher und Stoffe nach Wahl aus Röhren (Pappe, Kunststoff, durchsichtiger Kunststoff) und Lochkisten herausziehen, bis diese leer sind und der gesamte Inhalt sich auf dem Boden, dem Tisch etc. befindet. Dann mit den Tüchern etwas tun und sie zum Abschluss wieder in ihren Behälter stopfen.

Die Handfertigkeit „Herausziehen" (Ziehbewegung zum eigenen Körper hin) erlernen, üben, spielerisch einsetzen
Die Bewegung mit Schwung durchführen

Den Boden eines runden Behälters entfernen und am unteren Ende einen durchsichtigen Plastiksack befestigen, in diesem befinden sich die Tücher. Das Ganze so aufhängen, dass man im Stehen gut hineingreifen kann: Der Schüler soll seine Hand durch den Behälter in den Sack bewegen und ein Tuch nach dem anderen herausziehen. Da der Sack durchsichtig ist, lässt sich der Vorgang gut beobachten.

Nach oben herausziehen

Eine Menge Tücher zu einer langen Schlange zusammenknoten und diese aus verschiedenen Behältern herausziehen und weitergeben lassen. Hier wird auf jeden Fall das Nachgreifen notwendig sein. Man kann die Schlange auch mit Schellen versehen, z. B. an die einzelnen Tücher kleine Schellen nähen oder an verschiedenen Stellen ein Schellenband mit hineinknoten, dies verleiht dem Ganzen noch einen zusätzlichen akustischen Reiz.

Freude am gemeinsamen Spiel
Nachgreifen mit den Händen
Wechsel von Halte- und Aktionshand
Mit den Händen unterschiedliche Stoffqualitäten ertasten
Nachgreifen, Festhalten, Loslassen

Für sehbehinderte Kinder bietet es sich an, eine solche Tücherschlange aus möglichst unterschiedlichen Stoffen anzufertigen, um verschiedenste haptische Eindrücke zu vermitteln.

Unterschiedliche Stoffqualitäten mit den Händen erkunden: samtig, wollig, seidig, rauh, glatt, dünn, grob, fest, noppig, flauschig etc.

Aus deutlich unterschiedlichen Stoffen einen längeren Schlauch nähen und diesen mit Schaumstoff-Flocken o. Ä. füllen (Durchmesser gefüllt 5 bis 10 cm). Den Schlauch dann aus verschiedenen Behältern herausziehen, greifen und festhalten, durch die Hände gleiten lassen, weitergeben, wieder in den Behälter hineinstopfen.

Bedecken und Verstecken

Hier kann vor allem mit dem Moment der Überraschung und dem Verfügen über Objektpermanenz gearbeitet werden. Noch nicht gefestigte Objektpermanenz lässt sich durch vielfältige Versteckübungen, die eben unter anderem auch mit Stoffen durchgeführt werden können, anbahnen und erarbeiten. Es sollte zunächst vom eigenen Körper ausgegangen werden. So lassen sich der Schüler selbst, andere Personen und auch Gegenstände verstecken.

Für alle Übungen zum Bedecken und Verstecken:
Objektpermanenz anbahnen, üben, einsetzen
Spielerischer Umgang mit dem Moment der Überraschung

Möglichkeiten:
Sich unter einem großen Tuch verstecken (lassen) und sich wieder aufdecken, einen Mitschüler oder die Lehrkraft verstecken und wieder aufdecken. Das verdeckende Tuch schnell oder langsam abziehen, leichte und schwere Tücher verwenden.

Somatische Anregung
Raumerfahrung machen

Den zugedeckten Körper mit den Händen abtasten, spüren: Da ist der Kopf, da sind die Arme etc.

Aufbau von Körperschema

Einen den Schülern vertrauten Gegenstand vor ihren Augen zu- und wieder aufdecken. Dies kann zunächst auch ein größerer Gegenstand sein: ein Stuhl, der Tisch, der große Ball.

Zunächst den unverdeckten Gegenstand mit Augen und Händen erkunden, ihn dann zudecken (lassen), ihn verdeckt mit den Händen abtasten (beim Stuhl sich z. B. auch darauf setzen), dann das Tuch langsam wegziehen und beobachten, wie der Gegenstand zum Vorschein kommt.

Einen bekannten Gegenstand mit den Händen erkunden
Vorstellungen ausbilden

Ein Spielzeug, Instrument, etwas zum Essen unter einem Tuch verstecken, es mit der Hand erkunden, auch unter das Tuch fassen. Den Gegenstand langsam wieder aufdecken, ihn zunächst nur etwas herausschauen lassen und wieder zudecken, dann das Tuch ganz abziehen. Vor und nach dem Verstecken mit dem Gegenstand umgehen, um die Aufmerksamkeit auf ihn zu lenken, z. B. sich den Ball über den Tisch zurollen, ihn dann verstecken und finden lassen, das Spiel fortsetzen.

Aufbau von Spannung, Neugierde, Erwartungshaltung und Aufmerksamkeit
Spiel mit der Möglichkeit des Versteckens und Aufdeckens

Lernaufgaben zur Objektpermanenz müssen kontinuierlich und über einen längeren Zeitraum durchgeführt werden, um zum Erfolg zu führen. Viele Verstecksituationen lassen sich z. B. gut im Morgenkreis einbauen. Es ist sinnvoll, Objekte zu verwenden, die dem Schüler vertraut sind und ihn interessieren. Günstig sind Gegenstände, die auch verdeckt noch eine charakteristische Form ergeben (z. B. ein Ball) und somit gut ertastet werden können.

Fähigkeit zur Objektpermanenz erarbeiten, ausbauen, üben, einsetzen
Freude an Versteckspielen aufbauen

Man kann zunächst sehr dünne und transparente Tücher verwenden, die noch ein visuelles Wahrnehmen des Gegenstandes zulassen, und dann den Schwierigkeitsgrad allmählich steigern, indem man dickere und undurchsichtige Stoffe verwendet. Der Gegenstand sollte zu Beginn stets vor den Augen der Schüler versteckt werden.

Um die Aufmerksamkeit an das Objekt zu binden, bietet es sich an, vor dem Verstecken mit dem jeweiligen Gegenstand etwas zu tun, um ihn anschließend zu verstecken.

Das Aufdecken kann entweder sehr langsam geschehen, so dass immer mehr von dem Gegenstand sichtbar wird, oder auch sehr schnell durch ein plötzliches Wegziehen des Tuchs. Dies ist vor allem dann reizvoll, wenn man das Moment der Überraschung ausnutzen möchte, z. B. im Morgenkreis einen Gegenstand bereits versteckt anbieten, ihn betasten und dann das Tuch schnell wegziehen lassen.

Spiel mit dem Moment der Überraschung
Aufbau von Neugier und Erwartungshaltung

Je nach Fähigkeit der Schüler kann man die räumliche Distanz zwischen dem Objekt und dem Kind vergrößern: Es muss ein Weg zurückgelegt werden, um das verdeckte Objekt zu erreichen, der Vorgang des Versteckens muss aus der Entfernung betrachtet werden.

Gesteigerter Schwierigkeitsgrad bei den Versteckspielen
Tiefenwahrnehmung ausbilden

Dies ist für viele Schüler zunächst eine große Schwierigkeit, da sie gewohnt sind, nur Geschehnisse in unmittelbarer Nähe zu bemerken. Mit stei-

„Suchen" im Zusammenhang mit „Bauen" oder „Raumerfahrung" durchführen

gender Sicherheit kann man dazu übergehen, die jeweiligen Objekte auch in Behältern, unter und hinter anderen Gegenständen zu verstecken, um das Suchen zu üben. Damit wird jedoch der Bereich STOFF verlassen.

Bewegen

Hier bietet sich der Umgang mit Tüchern in unterschiedlicher Größe an, wobei dünne und farbige Stoffe besonders geeignet sind. Vor allem fließende Stoffqualitäten geben die Bewegung des Spielers sehr gut weiter. Die Stoffe dürfen nicht zu schwer sein.

Möglichkeiten:
Kleine Tücher greifen, festhalten und zur Musik schwenken, damit winken und wedeln.

Zu zweit ein kleineres Tuch festhalten und damit durch den Raum laufen, auf dem gehaltenen Tuch etwas transportieren (z. B. eine Holzkugel). Diese Übung ist allerdings sehr schwierig und eher in der Kombination Schüler–Lehrkraft möglich.

Im Kreis sitzen und gemeinsam ein größeres Tuch zur Musik auf- und abbewegen; Tücher aus Futterseide, Chiffon, Gardinenstoff oder anderem leichten Material eignen sich hier sehr gut. Bei selbst genähten Tüchern wird die Größe je nach Bedarf festgelegt. Das Tuch kann zusätzlich mit kleinen Schellen versehen werden, um die Bewegung auch akustisch zu unterstützen. Einen leichten Gegenstand (z. B. Luftballon) auf das Tuch legen und ihn mitbewegen.

Um den Schülern das Festhalten zu erleichtern, sollte das Tuch mit Haltegriffen versehen werden. Die gleiche Übung lässt sich auch mit den handelsüblichen Schwungtüchern in unterschiedlicher Größe durchführen.

Exkurs: Der Fallschirm

Ein Fallschirm bietet eine Fülle von Möglichkeiten aus allen genannten Bereichen zum Umgang mit Stoff. Durch seine Größe und das leichte Material ist der Umgang damit besonders reizvoll.

Ausrangierte Fallschirme lassen sich z. B. in Geschäften für US- und BW-Waren kostengünstig erwerben. Alternativ können handelsübliche Schwungtücher verwendet werden.

Möglichkeiten:
Einen Fallschirm im Klassenzimmer so ausbreiten und befestigen, dass er an den Seiten herunterhängt und berührt werden kann, gemeinsam darunter sitzen oder liegen, hindurchlaufen oder -fahren.

An den „Wänden" entlanggehen, -krabbeln oder gefahren werden und diese mit den Händen berühren, sich dahinter verstecken und sich gegenseitig durch den Stoff berühren, die „Wände" in Bewegung versetzen.

Sichtbar-Werden und Sichtbar-Machen der eigenen Bewegung

Kreisende, schwingende und Auf- und Abbewegungen mit Armen und Händen durchführen

Dabei unterschiedliche Ebenen im Raum nutzen: oben, unten

Die eigene Mittellinie kreuzen

Sich im Gleichklang mit dem Partner oder in der Gruppe bewegen

Freude am Spiel, Entspannung, Ausgelassenheit empfinden

Raumbegriffe und Raum-Lage-Begriffe durch eigenes Tun erleben: oben, unten, neben, eng, weit, hoch, niedrig, nah, fern, vorn, hinten

Raumerfahrungen machen und Raum-Lage-Begriffe erleben: vor mir, hinter mir, über mir, neben mir

Den Fallschirm auf den Boden legen, sich darauf setzen oder legen, sich darin einwickeln und damit zudecken, hindurchlaufen, ihn zu einem Berg zusammenschieben und hineinsteigen. Sich hineinsetzen, sich darunterlegen, sich darin wälzen.

Den Fallschirm in einer großen Kiste zusammengeknüllt anbieten, ihn mit den Händen erkunden, versuchen, die Kiste zu heben: Sie ist schwer! Den Fallschirm gemeinsam herausziehen, Stück für Stück, bis die Kiste leer ist, den Fallschirm völlig ausbreiten.

Gemeinsam im Kreis sitzen und sich mit dem Fallschirm zudecken: zunächst nur die Füße und Beine, dann den Oberkörper, bis nur noch der Kopf herausschaut, dann auch den Kopf unter den Fallschirm stecken.

Den Fallschirm völlig ausbreiten und erleben, wie er fast das gesamte Zimmer ausfüllt, ihn zusammenschieben und gemeinsam in eine große Kiste stopfen, ihn wieder herausziehen und ausbreiten.

Den Fallschirm zur Musik bewegen, hierzu sind entsprechend viele Personen und ein größerer freier Raum erforderlich. Die Bewegung des Fallschirms sichtbarer machen, indem man leichte Dinge (Luftballons oder Papierbälle) darauf legt. Da der Fallschirm konkav gearbeitet ist, lässt er sich im Gegensatz zum Schwungtuch nicht völlig eben ausbreiten, er behält stets die charakteristische Form bei. Somit ist eine größere Bewegung notwendig, um auch das Innere vom Boden wegzubringen.

Den Schirm mit vielen Luftballons benähen, diese setzen sich beim Schwingen in Bewegung, fallen aber nicht herunter. Dies ergibt einen sehr schönen optischen Eindruck, der von den Schülern gut beobachtet werden kann.

Den Fallschirm in der Turnhalle aufspannen und aufhängen, so dass man sich hineinsetzen und darin schaukeln kann (allein oder zu mehreren). Als Aufhängung Kletterseile und Karabiner verwenden.

Knoten und Schleifen lösen

Diese Aktivität lässt sich gut mit dem **„Auspacken"** (siehe PAPIER) verbinden. Ein verpackter, für die Schüler attraktiver Gegenstand wird mit einer großen Schleife aus Stoffstreifen versehen, diese sollte breit genug und farblich herausragend sein. Man kann den Gegenstand auch in einer Schachtel verpacken und die Schleife dann um die Schachtel binden. Die Schleife soll so gestaltet sein, dass sie das Kind zum Hinschauen und Anfassen motiviert.

Bevor nun die Verpackung entfernt werden kann, muss die Schleife geöffnet werden. Dies geschieht durch Anziehen an den Schleifenenden. Diese sollten zunächst nur so lang sein, dass sie sich mit einem einzigen Zug lösen lassen. Je nach Vermögen der Schüler kann dann auch mit größeren Schleifen, die ein Nachgreifen erfordern, gearbeitet werden.

Das Lösen von doppelten Knoten ist zunächst noch zu schwierig. Um

Unterschiedliche Liege-, Sitz-, Steh- und Geherfahrungen machen
Bewegungserfahrungen machen/ Bewegt-Werden zulassen

Die Möglichkeit der räumlichen Ausdehnung von Stoff erleben und damit experimentieren

Im Umgang mit Stoff den eigenen Körper bewusster erleben
Aufbau von Körperschema

Bewegung sichtbar werden lassen, selbst diese Bewegung auslösen
Raumerfahrungen machen
Freude am gemeinsamen Spiel

Stimulation des vestibulären Systems
Bewegungserfahrungen machen
Freude an der Bewegung haben

Schulung der Auge-Hand-Koordination
Ziehbewegung mit einer Hand ausführen (Bewegung zum Körper hin)
Schleifenende im Palmar- oder Dreifingergriff festhalten
Beim Lösen von Schleife und Knoten nacheinander: mehrteilige Aufgabe durchführen

dies anzubahnen, sollte erst ein entsprechend breites und gut zu greifendes Stoffband als einfacher, loser Knoten angeboten werden. Der Schüler kann diesen leicht lösen, indem er mit der Hand oder den Fingern darunterfährt und den Knoten zu sich herzieht.

Das Ziehen kann auch zunächst als **„Herausziehen"** von Stoffstreifen geübt werden (siehe oben). Es ist für die Schüler jedoch sinnvoller, die Tätigkeit etwa mit dem **„Auspacken"** zu verbinden.

Möchte man mehrere Schüler beteiligen, kann der jeweilige Gegenstand mit einer größeren Anzahl von Schleifen oder Knoten versehen werden, die alle vor dem Auspacken gelöst werden müssen.

In Verbindung mit dem Auspacken lässt sich das Lösen von Knoten und Schleifen gut zur Präsentation eines neuen Unterrichtsgegenstandes einsetzen und auf diese Weise spielerisch üben.

Bemalen und Bedrucken

Möglichkeiten hierzu finden sich unter dem Kapitel FARBE + FARBEN.

Räume herstellen und verändern

Möglichkeiten hierzu finden sich unter dem Kapitel RAUM.

Freier Umgang mit dem Material

Diese Aktivität ist sowohl im Klassenzimmer als auch in einem freien Raum (Turnhalle o. Ä.) möglich. Letzteres ist günstiger, da die Schüler hier nicht durch andere Gegenstände vom Material abgelenkt werden. Stoffe in den unterschiedlichsten Größen, Farben und Beschaffenheiten ermöglichen ein vielfältiges und phantasiereiches Spiel.

Um den Aspekt der Raumerfahrung nicht zu vernachlässigen, kann man große Tücher beliebig spannen und so zusätzliche Räume zum Erkunden, Spielen und Ausruhen schaffen. Verschiedenartige Behälter regen zum Hineinstopfen und Herausziehen von Stoffen an.

Auch hier sollte die Lehrkraft nur eingreifen, um Impulse zu setzen oder um eventuell gefährliche Situationen abzuwenden. Erfahrungsgemäß sind die Schüler zunächst einmal verunsichert, wenn sie im Rahmen einer Lernsituation tun dürfen, wozu sie Lust haben. Dies verliert sich jedoch, wenn sie öfter mit einer solchen Gelegenheit konfrontiert werden.

Im Idealfall kann die Lehrkraft sich völlig aus dem Geschehen zurückziehen und die Gestaltung der Situation den Schülern überlassen.

Eigenkreativität entwickeln und einsetzen

Frei spielen und ausprobieren

Vorhandene Handlungsmöglichkeiten anwenden

Möglichkeiten, die das Material bietet, ausschöpfen: Verstecken, Verändern, Bedecken, räumliche Ausdehnung, Verkleiden, Bewegen, Körpererfahrung, Raumerfahrung

Allein oder mit anderen zusammen spielen

Beobachtungshilfen

Materialerfahrung

- lässt sich mit großen Tüchern zudecken, hat Freude daran
- mag gern in einem Berg von Stoffen sitzen oder liegen, deckt sich damit zu
- lässt sich mit unterschiedlichen Stoffen am ganzen Körper berühren, zeigt hier Vorlieben oder Abneigungen
- lässt einzelne Körperteile zudecken
- hat Freude am „Kuckuck-Spiel" – zieht sich selbst und anderen das Tuch vom Kopf
- erkundet Räume aus großen Stoffbahnen: geht, krabbelt oder robbt hindurch
- lässt sich gern in einer Decke schaukeln oder ziehen
- setzt sich allein oder mit anderen unter ein großes Tuch, hat Freude daran
- bewegt die Hände in einer mit Stoffen gefüllten Kiste
- betastet unterschiedliche Stoffe – bemerkt Unterschiede
- zeigt Vorlieben für bestimmte Stoffqualitäten
- greift kleines Tuch, wedelt und winkt damit
- steigt mit den Füßen in einen Berg von Stoffen, bewegt die Füße darin
- bewegt mit den Füßen Tücher hin und her
- läuft über Taststraße (allein – mit Hilfe)
- nimmt mit den Füßen Unterschiede zwischen einzelnen Stoffen wahr, zeigt Vorlieben
- nimmt das veränderte Aussehen von Personen oder Gegenständen wahr, wenn diese mit Tüchern verdeckt sind
- hat Freude an Verkleidungsspielen
- erkennt sich und andere im Spiegel

Knüllen

- kann kleineres Tuch mit einer oder mit beiden Händen zusammenknüllen
- breitet geknülltes Tuch mit beiden Händen aus

Hineinstopfen

- kann mit einer Hand Tuch in Behälter stopfen
- kann die Tätigkeit beidhändig mit Nachgreifen durchführen
- hantiert in Augenhöhe
- hantiert unter Augenhöhe, bückt sich dabei
- hantiert über Augenhöhe, streckt sich dabei
- hantiert seitlich, dreht sich dabei um die eigene Achse

Herausziehen

- greift in engen Behälter, fasst Tuch und zieht es mit einem Griff heraus
- greift in engen Behälter, fasst größeres Tuch und zieht es mit Nachgreifen heraus
- zieht Tücherschlange selbst mit Nachgreifen heraus

Bedecken und Verstecken

- findet unter einem Tuch versteckten Gegenstand
- erkennt einen unter einem Tuch versteckten bekannten Gegenstand
- versteckt sich und andere unter einem großen Tuch
- hat Freude an den verschiedensten Versteckspielen mit Tüchern

Bewegen

- bewegt kleines Tuch zur Musik, wedelt oder winkt damit
- transportiert mit Partner einen Gegenstand auf Tuch
- beteiligt sich an Gruppenübung mit größerem Tuch
- beobachtet die Bewegungen eines größeren Tuchs zur Musik

Fallschirm

- hat Freude an den verschiedenen Aktivitäten mit dem Fallschirm
- bevorzugt bestimmte Aktivitäten (welche?)
- mag im Fallschirm geschaukelt werden

Knoten und Schleifen

- kann einfachen Knoten durch Ziehen lösen
- kann lose Schleife durch Ziehen lösen
- mehrteilige Aufgabe: löst erst die Schleife, dann den Knoten durch Ziehen

Freier Umgang mit dem Material

- setzt im Spiel eigene Ideen ein, wird selbst aktiv
- benötigt noch den Impuls durch die Lehrkraft, bleibt dann jedoch für eine Weile bei der Sache
- bevorzugt bestimmte Aktivitäten (welche?)
- spielt allein – spielt mit anderen zusammen
- lehnt den Umgang mit Stoffen ab

Unterrichtsbeispiele

**1. Wir erleben Stoff mit dem ganzen Körper
(Lernort: Klassenzimmer, Rhythmikraum)**

Ausgangssituation: Wir sitzen im Kreis, die Lehrkraft bietet Stoffe (Futterseide in unterschiedlichen Farben, 50 x 50 cm, mindestens ein Tuch pro Schüler) in einer großen, durchsichtigen Tüte an. Wir geben die Tüte von Kind zu Kind, heben sie hoch, halten sie fest, drücken sie, stellen fest: In der Tüte ist etwas drin, es ist weich, es gibt nach, es ist schwer, es ist bunt.

Die Tüte wird geöffnet, wir fassen hinein, befühlen den Inhalt, ziehen einzelne Tücher heraus, bis sich alle in der Kreismitte auf dem Boden befinden. Beim Herausziehen können die Farben benannt werden: Da ist ein schönes blaues Tuch, hier kommt ein knallrotes Tuch etc.

Freies Spiel mit den Tüchern: Wir knüllen sie, breiten sie aus, wedeln damit, decken uns damit zu, ziehen uns ein Tuch über den Kopf, setzen uns zu zweit darunter. Hier kann jedem Schüler individuelle Hilfe und Anregung gegeben werden.

Nun kommen alle Tücher in die Kreismitte, sie werden auf einen Haufen gelegt. Je ein Schüler darf sich hineinlegen (wird hineingelegt) und wird zugedeckt: Die Tücher sind weich, sie wärmen, man kann sich damit zudecken oder sich völlig darin verstecken. Diese Übung kann auch mit mehreren Schülern gleichzeitig durchgeführt werden. Beim Zudecken darauf achten, wie weit der Schüler dies zulässt. In der Kuschelecke kann diese Phase wiederholt und sehr ausführlich gestaltet werden.

Abschluss kann sein: Wurde das Zudecken und Wieder-Aufdecken mit jedem Schüler durchgeführt, breiten wir alle Tücher so aus, dass ein bunter Tuchteppich auf dem Boden entsteht. Hier wird das Sich-Bücken in die Aufgabe miteinbezogen. Beim Auslegen der Tücher können die verschiedenen Farben benannt werden: Das rote Tuch legen wir neben das gelbe, jetzt kommt das grüne Tuch etc. Wir betrachten die entstehende bunte Fläche. Anschließend werden die Tücher einzeln eingesammelt und in eine große Lochkiste gestopft. Man kann die Tücher auch mit den Füßen zusammenschieben und dann einsammeln lassen.

2. Wir gestalten und erleben „Raum" (Lernort: Klassenzimmer)

Ausgangssituation: Wir sitzen im Kreis, in der Mitte befindet sich eine sehr große Kiste, die mit mehreren großen Tüchern gefüllt ist (z. B. Bettlaken, Gardinen etc.). Diese sollten zusammengefaltet sein. Wir öffnen die Kiste, holen den Inhalt heraus, falten die Tücher auseinander, legen sie auf den Boden. Es entsteht ein sehr großer Stoffhaufen.

Erkundungsphase: Mit den Händen erkunden wir die Beschaffenheit der Tücher, heben sie hoch, versuchen, sie völlig auszubreiten, decken uns damit zu, legen uns hinein, setzen uns zu zweit darunter.

Nun wird ein Tuch nach dem anderen aufgehängt, so dass verschiedene, beliebig große Räume entstehen. Eine entsprechende Vorrichtung (z. B. Deckenhaken in genügender Anzahl, bereits gespannte Schnüre etc.) muss sich natürlich schon im Klassenzimmer befinden. Es ist günstig, ganz unterschiedliche Stoffräume zu schaffen: schmale, lange, weite, auch niedrige (hierzu Tücher in unterschiedlichen Höhen von der Decke abhängen). Die Schüler können am Herstellen der Räume beteiligt werden: Tücher an den gewünschten Ort tragen, halten, beobachten, was geschieht.

Wir erforschen nun die unterschiedlichen Räume, gehen, krabbeln oder fahren hindurch, verstecken uns hinter Tuchwänden, bewegen diese mit den Händen, fahren oder gehen durch eine „Wand", gehen allein oder zu zweit durch das Labyrinth, berühren uns gegenseitig durch die Stoffe hindurch etc. Wurden auch Gardinenstoffe verwendet, so ergeben sich weitere interessante Möglichkeiten, da nun ein Teil der Wände durchsichtig ist. Hier sind der Phantasie keine Grenzen gesetzt.

Ruhephase: Wir setzen uns alle in einen „Raum" und lassen das besondere Raumgefühl (man sitzt wie in einem Zelt) auf uns wirken, hören vielleicht ruhige Musik dazu.

Variation: Wir setzen uns in einer Reihe vor eine Stoffwand, je ein Schüler darf sich dahinter verstecken und wieder hervorkommen. Dies ist sehr reizvoll, wenn die Kinder Freude an Versteckspielen haben. Der Stoff kann auch so gespannt sein, dass man vom Dahinterstehenden nur den Kopf sieht.

Abschluss kann sein: Wir hängen alle „Wände" wieder ab, lassen unsere Stoffräume in der Kiste verschwinden. Ist das Klassenzimmer groß genug, so kann man das Angebot natürlich eine Zeitlang hängen lassen und den Schülern so auch Gelegenheit zum Freispiel geben.

3. Wir erkunden Stoffe mit den Füßen
   (Lernort: Klassenzimmer, Rhythmikraum, Turnhalle)

Ausgangssituation: Wir sitzen im Kreis, ziehen Schuhe und Strümpfe aus. In einer großen Kiste befinden sich Tücher unterschiedlicher Größe, Farbe und Beschaffenheit, es ist schön, hier eine möglichst breite Palette zu haben. Die Kiste ist verschlossen und mit mehreren Löchern versehen, so kann der Inhalt nur durch Hineingreifen und Herausziehen herausgeholt werden. Auf diese Weise lassen sich die Aktivitäten **„Herausziehen"** und **„Hineinstopfen"** mit dem Lernvorhaben verbinden.

Wir holen die Tücher aus der Kiste: hineingreifen, ein Tuch festhalten, Hand mit Tuch herausziehen. Hier können mehrere Schüler gleichzeitig aktiv werden. Es sollten sich viele Tücher in der Kiste befinden, um für die Erkundungsphase mit den Füßen genügend Material zu haben. Sind alle Tücher herausgeholt, heben wir die Kiste hoch, stellen fest: Nun ist sie leicht und leer, es befindet sich nichts mehr darin.

Wir legen alle Tücher zu einem Haufen auf dem Boden zusammen. Je ein Schüler (oder auch mehrere) darf nun in den Stoffhaufen steigen, versuchen, darin zu laufen, die Tücher mit den Füßen bewegen, sie auseinander schieben und wieder zu einem Haufen schieben.

Wir setzen uns in einem engen Kreis um die Tücher herum, stellen alle gleichzeitig unsere Füße hinein, bewegen sie darin, versuchen, Tücher mit dem Fuß hochzuheben, berühren die Füße der anderen in dem Stoffberg, rutschen die Tücher mit den Füßen hin und her, bemerken die unterschiedlichen Stoffqualitäten: Manche Tücher sind flauschig und weich, andere glatt und kühl, wieder andere fühlen sich wollig an und kratzen ein bißchen.

Variation: Wir sitzen im Kreis und jeder Schüler bekommt nur ein Tuch, sucht sich eines aus. Nun stellen wir beide Füße auf unser Tuch, verstecken sie darunter, heben das Tuch mit den Füßen hoch, versuchen, das Tuch mit den Füßen zusammenzuschieben (sehr schwierig).

Wir legen alle Tücher ausgebreitet auf den Boden, es entsteht ein Teppich aus lauter verschiedenen Stoffen. Dabei kann auf die unterschiedlichen Farben und Muster eingegangen werden. Wir setzen uns um die Stoff-Fläche herum. Allein oder zu zweit laufen wir nun vorsichtig darüber (hier wird Hilfe nötig sein, um ein Ausrutschen zu vermeiden!), nehmen im Darübergehen die jeweils unterschiedliche Oberfläche wahr: Mal ist sie weich, mal glatt, mal flauschig, sie ändert ihre Farbe und ihr Muster von Tuch zu Tuch.

Abschluss kann sein: Wir sammeln alle Tücher ein und stopfen sie in unsere Lochkiste, ziehen Strümpfe und Schuhe wieder an.

4. Wir spielen mit dem Fallschirm (Lernort: Turnhalle)

Ausgangssituation: Wir sitzen im Kreis auf dem Boden oder auf Matten, der Fallschirm befindet sich in der Mitte. Es ist wichtig, einen richtigen Fallschirm zu verwenden, da dieser stabil ist und die entsprechende Größe aufweist. Gerade seine Stoff-Fülle macht das Spiel damit so interessant. Der Fallschirm sollte so klein wie möglich zusammengefaltet und z. B. in einem Stoffsack (lässt sich leicht selbst nähen) verpackt sein. Wir erkunden das Päckchen: Es ist sehr schwer und fest, wir können es vielleicht heben und hin- und herrollen, uns darauf setzen, was könnte darin sein?

Wir öffnen den Sack und ziehen den Fallschirm ein Stückchen heraus. Durch wiederholtes Ziehen kommt langsam der ganze Fallschirm zum Vorschein: Immer mehr Stoff quillt aus dem kleinen Sack.

Wir breiten den Fallschirm vollkommen aus, es entsteht eine sehr große Stoff-Fläche, über die man vorsichtig laufen, auf die man sich setzen oder legen kann. Das Ausbreiten und Zusammenschieben kann mehrmals wiederholt werden: Der Fallschirm wird groß – er lässt sich zu einem Haufen zusammenschieben – lässt sich wieder ausbreiten.

Nun setzen wir uns um den ausgebreiteten Schirm herum, heben ihn an zwei Stellen ein wenig an (Lehrkraft und Zweitkraft): Wer traut sich, unter dem Stoffdach hindurchzukrabbeln? Hier kann individuelle Hilfe gegeben werden, z. B. mit dem Schüler gemeinsam hindurchkrabbeln oder -laufen. Ist der Fallschirm weiß, so lässt er genügend Licht durch, um eine Orientierung zu ermöglichen. Allerdings muss man beim Hindurchkrabbeln den Stoff mit dem Körper beiseite schieben. Bei Schülern, die hier Angst haben, führt die Lehrkraft auf jeden Fall das Spiel gemeinsam mit dem Schüler durch. Eine weitere Hilfe ist es, wenn der Fallschirm so gehalten werden kann, dass man das andere Ende des Weges auch sehen kann.

Ruhephase: Wir schieben den Fallschirm zu einem Haufen zusammen, legen uns gemeinsam hinein und hören eine Weile ruhige Musik an, ruhen uns aus, genießen das Gefühl, in einem Berg von Stoff zu liegen.

Variation: Wir bauen eine Krabbellandschaft aus Matten, Schaumstoffkeilen und -walzen auf und bedecken diese völlig mit dem Fallschirm, steigen und krabbeln darüber, setzen uns hinein, legen uns in die Vertiefungen, erkunden die verschiedenen Möglichkeiten dieser variablen Hindernisse. Der Fallschirm hält alles in loser Form zusammen. Die Einzelelemente (Matten, Keile, Walzen etc.) sollten so ausgelegt werden, dass sich Möglichkeiten zum Darübersteigen, Setzen und Rutschen ergeben, ohne die Schüler zu überfordern.

Ruhephase: Wir legen uns zusammen in eine Kuhle und hören eine Weile ruhige Musik an, ruhen uns aus.

Abschluss kann sein: Wir legen den Fallschirm wieder ganz klein zusammen und stopfen ihn in den Sack.

PAPIER

Papier bietet durch seine vielfältige Erscheinungsform eine Faszination ganz eigener Art: farbig oder nicht, rauh, glatt, glänzend, transparent, matt, weich, hauchdünn, fest, steif, mit Schrift oder Bild versehen, klein (bis zum winzigsten Papierschnipsel), sehr groß (Papierbahnen), teuer oder billig, alle diese möglichen Eigenschaften des Materials sind in vielen Variationen zu finden. So wird je nach Wahl der Papiersorte (es sind derzeit etwa 3000 Sorten im Handel) eine Fülle unterschiedlichster Sinneseindrücke möglich.

Papier ist ein Material, das zahlreichen Veränderungen ausgesetzt werden kann: Durch Reißen, Schneiden, Knüllen, Bekleben, Bemalen, Beschreiben oder Falten nimmt es andere Gestalt an, Farbe, Form und Größe sind beeinflussbar. Diese Veränderungen sind nicht mehr rückgängig zu machen, sie hinterlassen bleibende Spuren, es kann nachvollzogen werden, was mit dem Papier getan wurde.

Durch die Bearbeitung von Papier entsteht ein „Werk", dieses bleibt bestehen (z. B. ein Bild, eine Collage, ein gefaltetes Objekt) oder ist wiederum der Ausgangspunkt für neue Möglichkeiten des Umgangs mit dem nun veränderten Material.

Bestimmte Aktivitäten (z. B. Falten oder Knüllen) heben die scheinbare Zweidimensionalität von Papier deutlich in eine Dreidimensionalität auf: Aus der Fläche entsteht ein räumliches Gebilde. Im Umgang mit dem Material können solche Tätigkeiten im Mittelpunkt stehen, ebenso jedoch auch die Veränderung seiner Oberfläche (Bekleben, Bemalen etc.) oder seiner Größe (Schneiden, Reißen). Viele der Aktivitäten im Zusammenhang mit Papier erfordern bestimmte Handfertigkeiten oder den Einsatz von Werkzeug (Schere, Pinsel etc.). Zusätzlich besteht eine Fülle von elementaren Lernmöglichkeiten im Bereich der Körper- und Sinneswahrnehmung.

Materialerfahrung	Lerninhalte	Möglicher Lerngewinn

Ganzkörperlich

Lernangebote in diesem Bereich sollten mit unterschiedlichen Papiersorten durchgeführt werden, wobei es sich empfiehlt, Papier zu verwenden, das in größeren Mengen preisgünstig beschafft werden kann. Wird mit einzelnen Schülern gearbeitet, können auch teurere Papiere eingesetzt werden, da der Verbrauch geringer ist (Seidenpapier, Transparentpapier etc.). Die Situation kann im Sitzen oder im Liegen gestaltet werden, so lässt sich gut auf die individuellen Schülerbedürfnisse eingehen: Sitzen auf dem Stuhl, im Rollstuhl, auf dem Boden, Liegen auf der Matte, im Bett. Das Material ist vor allem bei Gruppenaktivitäten geeignet, da im Umgang hiermit keine so großen Sicherheitsvorkehrungen nötig sind, wie dies z. B. beim Umgang mit Wasser der Fall ist.

In der Einzelsituation oder in der Gruppe Erfahrungen mit dem Material „Papier" machen, sich dabei auch des eigenen Körpers bewusster werden

Das Material in unterschiedlichen Räumen kennen lernen

Unterschiedliche Lageerfahrungen im Zusammenhang mit Papier machen

Möglichkeiten:
Sich auf den Boden, auf eine Matte setzen oder legen, sich vollkommen mit Papier zudecken lassen, sich unter dem Papier verstecken und selbst wieder aufdecken, gemeinsam einen Mitschüler verstecken und wieder aufdecken.

Einzelne Körperteile mit Papier bedecken und wieder aufdecken. Nur den Kopf mit Papier zudecken („Kuckuck-Spiel") und wieder aufdecken.

Gemeinsam in einem Berg von Papier sitzen oder liegen, sich darin bewegen, die entstehenden Geräusche wahrnehmen.

In einem Berg aus *geknülltem* Papier sitzen oder liegen (allein, zu mehreren) und sich darin bewegen und verstecken.

Erleben: Das Papier bedeckt mich, ich kann mich darunter verstecken, es ist leicht, es raschelt, es hat einen bestimmten Geruch.

Mit den Mitschülern in der Kuschelecke sitzen und sich hier mit großen Mengen Papier (Bögen, geknüllte Bälle) zudecken, darin wühlen.

In einem großen, mit Papier gefüllten Karton oder Korb sitzen oder liegen, sich darin verstecken und bewegen.

Ganzkörperliche Erfahrungen machen, somatische Anregung erfahren

Aufbau von Körperschema

Die verschiedenen Körperteile beim Bedecken mit Papier spüren

Die Eigenschaften von Papier mit dem ganzen Körper wahrnehmen: Es ist leicht, glatt oder rauh, es hat eine Farbe, es raschelt oder knistert, es fühlt sich unterschiedlich an, es ist formbar, es hat einen bestimmten Geruch

Eine Turnmatte völlig mit Papier bedecken und sich auf der Papierfläche bewegen lassen: vom Rücken auf die Seite und wieder zurück auf den Rücken gerollt werden. Durch die Verwendung verschiedener Papiere unterschiedliche Eindrücke gewinnen.

Bewegungserfahrungen machen und dabei den eigenen Körper besser wahrnehmen

Mit den Händen

Angebote hierzu lassen sich gut am Tisch, mit einzelnen Schülern jedoch auch im Rollstuhl, auf der Liege oder im Bett durchführen.

Die Handinnenfläche als Tastorgan einsetzen

Möglichkeiten:
Die unterschiedliche Beschaffenheit verschiedener Papiere mit den Händen erkunden, mit der flachen Hand über ausgebreitetes Papier streichen (ein- oder beidhändig, im Kreis, hin und her). Unterschiedliche Papiersorten im Wechsel kennen lernen.

Papier in die Hand nehmen und frei damit hantieren, ausprobieren, was man damit tun kann: werfen, wedeln, rascheln, reißen, knüllen.

Die Hände unter Papier (ganze Bögen, Schnipsel, geknüllte Bälle) verstecken, sie darin bewegen und wieder herausziehen. Hierbei kann auf einem Tisch oder in einem größeren Behälter gearbeitet werden.

Papierschnipsel auf die Handinnenfläche legen und hochwerfen oder durch Umdrehen der Hand zu Boden rieseln lassen. Papierschnipsel aus einem Behälter greifen und in einen anderen füllen, Papierschnipsel mit beiden Händen zu einem Berg zusammenschieben und wieder ausbreiten.

Hände in einer mit Papierschnipseln gefüllten Wanne bewegen. Hier können mehrere Schüler gleichzeitig arbeiten. Die Hände der anderen unter dem Papier finden und berühren.

Fühlsäckchen mit unterschiedlichen Papieren (gerissen oder geknüllt) zum Tasten und Erkunden anbieten. In jedem Säckchen befindet sich eine andere Papiersorte.

Mit den Füßen

Möglichkeiten:
Den Boden großflächig mit Papier bedecken oder eine Bahn auslegen, mit bloßen Füßen darübergehen. Den gesamten Raum (z. B. Rhythmikraum) mit Papier auslegen und mit den Füßen erkunden. Krepp-Papier eignet sich besonders, um lange Bahnen in verschiedenen Farben zu legen.

Große Kisten mit geknülltem Papier füllen und in diese hinein- und aus ihnen heraussteigen, unterschiedlich gefüllte Kisten zu einem Parcours aufstellen und diesen mit individueller Hilfe überwinden.

Den Boden mit geknülltem Papier bedecken und hindurchlaufen, dabei das Papier auch mit den Füßen bewegen und wegschieben. Für das geknüllte Papier sollte man große Bögen nur leicht zusammenschieben.

Im Kreis sitzen (auf Stühlen, im Rollstuhl) und das Papier in der Mitte anbieten, einen größeren Papierball auf diese Weise mit den Füßen bewegen und anschubsen.

Einen größeren Behälter mit Papier füllen und gemeinsam die Füße hineinstellen, sie in dem Papier bewegen und darunter verstecken, die Füße der anderen mit den eigenen berühren.

Versuchen, einen Bogen Papier mit den Zehen zu greifen, ihn auf diese Weise bewegen oder zusammenschieben.

Die dargestellten Lernangebote durch die Verwendung verschiedenster Papiersorten variieren: Zeitungspapier, Rauhfaser, Restrollen aus der Pa-

---

Reize über die Hand wahrnehmen

Die eigenen Hände dabei bewusster wahrnehmen

Über die Hände unterschiedliche Tasteindrücke aufnehmen

Auge-Hand-Koordination anbahnen und üben

Bewegungen der Arme üben:
In der Körpersenkrechten wird versucht, die Arme über den Kopf zu heben, die seitliche Bewegung verlangt das Überkreuzen der Mittellinie

Schulung von Auge-Hand-Koordination und Beidhandkoordination

Die eigenen Hände besser spüren

Unterschiedliche Papiersorten ertasten

Mit den Händen Spürerfahrungen machen

Das Material mit den Füßen erkunden und sich dabei der eigenen Füße bewusster werden

Neuartige Laufeindrücke gewinnen, die Aufmerksamkeit wird auf die Füße gelenkt

Beim Steigen: Kontrolle der Beinbewegungen mit den Augen, Schulung der Körperkoordination

Schulung der Auge-Fuß-Koordination

Erleben: Wenn ich meine Füße bewege, geschieht etwas, es bewegt sich etwas, es entsteht ein Geräusch – diesen Effekt selbst herbeiführen

Unterschiedliche taktile Erfahrungen im Zusammenhang mit Papier machen

pierfabrik, Packpapier, Seidenpapier, Transparentpapier, Krepp-Papier etc., entweder nur eine Art von Papier oder unterschiedliche Papiere gemischt anbieten.

Mit Augen und Ohren

Durch gezielte Farbauswahl beim Umgang mit unterschiedlichen Papieren kann der spezifische Materialcharakter optisch unterstützt werden (z. B. leuchtend rotes Metallpapier, hellblaues Seidenpapier etc.). Das Auslegen größerer Flächen unterstützt den optischen Eindruck. Wird mit Papieren in nur **einer Farbe** gearbeitet, so lassen sich viele Übungen zum Umgang mit Papier unter dem Schwerpunkt des Farberlebens durchführen.

Optische Veränderung einer Fläche durch Papier mit den Augen verfolgen, die Veränderung selbst herbeiführen und rückgängig machen

Farberfahrungen sammeln

Möglichkeiten:
Eine größere Fläche (z. B. Tischoberfläche, Fußboden in Kreismitte, Boden der Turnhalle) wird mit einer Papiersorte ausgelegt, so kommt der farbliche Eindruck besser zum Ausdruck.

Papiere in einer Farbe oder einer bestimmten Auswahl von Farben oder gemischt verwenden, das Verändern der Fläche durch Bedecken mit Papier rückgängig machen und erneut vornehmen.

Eine begrenzte Fläche (z. B. flache Holzkiste) mit geknüllten Papierbällen auslegen, mit Papierschnipseln bedecken, mit großen Bögen auslegen. Hierbei bewusst Farben auswählen.

Beim Erzeugen von **Papiergeräuschen** sollte man beachten, dass diese direkt am Ohr sehr laut wahrgenommen werden, dies kann bei manchen Schülern Schreckreaktionen auslösen. Daher ist ein vorsichtiges Vorgehen angebracht.

Unterschiedliche akustische Eindrücke, die mit Papier erzeugt werden, aufnehmen (Figur-Grund-Wahrnehmung)

Freude am eigenen Ausprobieren und Erzeugen von unterschiedlichen Papiergeräuschen entwickeln

Geräusch und Material in einen Zusammenhang bringen

Möglichkeiten:
Auf Geräusche lauschen, die mit unterschiedlichen Papieren erzeugt werden: durch Knistern, Rascheln, Reißen, Wedeln, Knüllen, Trommeln mit den Fingerspitzen, Streichen mit der flachen Hand.

Geräuschgeschichten erfinden und mit den Schülern oder für diese ausführen. Fingerspiele lassen sich gut im Zusammenhang mit Papier umsetzen.

Versuchen, selbst unterschiedliche Geräusche zu erzeugen. Soll hierzu das Papier gespannt sein, empfiehlt es sich, dieses über einem Rahmen zu befestigen, dies erleichtert den Schülern Tätigkeiten wie „Streichen mit der flachen Hand", „Fingerspitzen auf dem Papier bewegen" etc.

Unterschiedliche Papiere vermitteln völlig verschiedene akustische Eindrücke, so ergeben Seiden- und Transparentpapier sehr schöne Knüll- und Raschelgeräusche, Metall- und Tonpapier eignen sich gut zum Reißen, hier muss einfach entsprechend ausprobiert werden. Ein trommelähnlicher Effekt lässt sich durch Pergamentpapier erzielen, stärkere Papiere oder dünne Pappen erzeugen beim Wedeln windähnliche Geräusche.

Unterschiedliche Bewegungen der Hände und Finger erleben und selbst nachvollziehen

Bewegung und Geräusch in Zusammenhang bringen

Freude am Ausprobieren haben

Selbst mit verschiedenen Papieren experimentieren und auf diese Weise unterschiedliche Geräusche erzeugen

Aktivitäten	Lerninhalte	Möglicher Lerngewinn

Knüllen

Hier ist die Koordination beider Hände notwendig. Es ist günstig, zu Beginn einen Bogen Papier auf den Tisch zu legen und diesen mit beiden Händen zusammenschieben zu lassen, falls nötig zunächst mit Handführung. Dann wird das nur leicht geknüllte Papier unter wenig Druck von einer Hand in die andere gegeben.

Schulung von Auge-Hand-Koordination: Beidhandkoordination mit fließendem Wechsel von Halte- und Aktionshand

Hierzu kann auch eine Vorübung mit einem Tennisball oder einer Holzkugel gemacht werden: Die Kugel wird in eine Hand gelegt und dann von einer in die andere Hand gewechselt, hierbei ist zunächst Hilfestellung notwendig. Seidenpapier ist sehr gut zum Knüllen geeignet, ebenso auch Transparentpapier, zum Üben lässt sich Zeitungspapier verwenden. Die zu knüllenden Bögen dürfen nicht zu klein sein (DIN A4 bis DIN A3), es sollen etwa faustgroße lockere Bälle entstehen, die gut in der Hand gehalten werden können. Die Papierbälle ermöglichen dann weitere Lernangebote.

Mit unterschiedlichen Papiersorten unterschiedliche taktile Erfahrungen machen

Dosierter Krafteinsatz

Möglichkeiten:

Papier zu einem größeren Ball knüllen, sich diesen über den Tisch zurollen (Partner- oder Gruppenspiel), ihn mit dem Fön anblasen, ihn mit den Füßen wegschubsen, über eine Schräge in eine Kiste oder auf den Boden rollen lassen.

Objekt mit einer Hand anschubsen: einlineare Stoßbewegung

Freude am gemeinsamen Spiel

Das gezielte Greifen und Loslassen üben und einsetzen

Viele Papierbälle in eine durchsichtige Röhre stopfen, bis diese vollkommen gefüllt ist. Das Papier wieder herausholen und erneut in die Röhre füllen.

Objektpermanenz anbahnen bzw. üben: Verstecken – Suchen – Finden

Papierbälle in eine Kiste, einen großen Korb füllen, sich hineinsetzen und sich darin bewegen. Etwas darin verstecken und herausholen (Spielzeug, Instrument, Süßigkeit, Apfel etc.).

Papierbälle in einen Sack oder Schlauch (Kissenbezug, transparenten Plastiksack, Selbstgenähtes aus Gardinenstoff o. Ä.) stopfen. Diese gefüllten Säcke eignen sich gut für Pendelspiele, da sie leicht sind und im Unterschied zum Ball träger in der Bewegung. Die Aufhängung kann Schnur oder Gummiband sein, der Pendeleffekt wird jeweils unterschiedlich ausfallen.

Greifen und Loslassen üben

Einlineare Stoßbewegung in Bezug auf ein bewegtes Objekt

Freude am Pendelspiel, Reaktionsvermögen aufbauen

Bewegtes Objekt mit den Augen verfolgen

Unterschiedliche Pendelbewegungen beobachten

Papierbälle in mehrere Säcke oder Tüten stopfen und damit eine Raschelecke einrichten, sich mit den Rascheltüten zudecken, sich darunter verstecken, sich darin bewegen.

Unterschiedliche Sitz- oder Liegeerlebnisse haben

Den Boden mit vielen unterschiedlichen Rascheltüten auslegen und sich daraufllegen. Sich die Tüten zuwerfen, mit den Füßen daraufsteigen, versuchen, darüberzulaufen.

Auf beweglicher Unterlage sitzen oder liegen

Papierbälle in einen großen Sack füllen, sich diesen zuwerfen, sich da-

Hindernisse überwinden, Schulung der Körperkoordination

bei z. B. im Kreis oder bei Partnerspiel gegenübersitzen. Den Sack mit beiden Armen fangen, festhalten und drücken.

Mit beiden Armen werfen, fangen und festhalten

Sich auf einen sehr großen, mit Papierbällen gefüllten Sack setzen. Sich bäuchlings darüberlegen: Dies kann in Absprache mit der Krankengymnastin als Lagerungs- und Bewegungsmöglichkeit für Schüler verwendet werden, die in ihren motorischen Fähigkeiten stark eingeschränkt sind. Sich unter den Papiersack legen, das Gewicht mit dem ganzen Körper spüren.

Neue Lagemöglichkeiten kennen lernen und ausprobieren
Bewegungserfahrungen machen

Eine größere Fläche (Karton o. Ä.) mit Kleister bestreichen, das geknüllte Papier darauf festdrücken und auf diese Art und Weise „Knüllcollagen" herstellen. Die so entstandene Fläche ertasten, unterschiedliche Knülloberflächen herstellen (je nach Art des verwendeten Papiers). Soll der Schüler mit dem geknüllten Papier nur eine abgegrenzte Fläche auslegen, ist es günstig, diese durch schmale Holzleisten zu markieren, um die Orientierung zu erleichtern. Papierbälle in nur einer oder in mehreren Farben verwenden.

Gezieltes Greifen und Ablegen mit Druck
Einhalten einer Begrenzung
Veränderung einer Fläche sehen und fühlen

Fest geknüllte Bälle auffädeln, auch im Wechsel mit Holzperlen, hierzu spezielle große Sticknadeln verwenden. Die aufgefädelten Papierknäuel lassen sich als bewegliche Objekte aufhängen.

Differenzierte Auge-Hand-Koordination
Wechsel von Halte- und Aktionshand

Reißen

Es ist günstig, zunächst größere Bögen mit beiden Händen zu fassen und diese dann in einer gegenläufigen Bewegung durchreißen zu lassen, dies kann mit oder ohne Hilfe geschehen. Bei der Papierauswahl muss darauf geachtet werden, gut zu reißendes Papier zu verwenden (Tonpapier, Zeitung, festeres Papier). Dies sollte vorher ausprobiert werden, da sich manche Papiere nur schlecht reißen lassen und so die Aufgabe für den Schüler unnötig erschwert wird.

Schulung der Beidhandkoordination:
Gegenläufige Bewegung durchführen, dabei das Papier im Flachzangengriff halten bzw. mit einer Hand das Papier halten und reißen, die Aktionshand führt Ziehbewegung zum Körper hin durch

Ist der Schüler noch nicht in der Lage, einen Bogen Papier mit beiden Händen im Flachzangengriff zu fassen, kann das Papier für ihn gehalten werden, so dass er nur mit einer Hand danach fassen und das Papier zu sich hin abreißen muss. Größere Bögen können in lange Streifen gerissen werden, dies ist allerdings schwieriger, als nur Schnipsel zu reißen.

Erleben: Durch das Reißen wird das Papier immer kleiner, es entstehen viele kleine Papierstücke

Mit den Papierschnipseln lassen sich weitere Lernangebote anschließen.

Möglichkeiten:

Schnipsel in Behälter (z. B. kleinen Korb) füllen, ein für die Schüler attraktives Objekt darin verstecken und finden lassen, mit den Händen darin wühlen.

Aufbau von Objektpermanenz:
Verstecken – Suchen – Finden
Taktile Stimulation der Hände

Schnipsel von einem Behälter in einen anderen schütten, die Behälter dabei mit einer oder mit beiden Händen fassen. Das Umfüllen kann auch durch Ausschütten der Behälter geschehen. Schnipsel mit der Hand in durchsichtige Röhren füllen.

Schütten erlernen und üben:
einhändig – beidhändig
Farberfahrungen machen
Blasen
Auge-Hand-Koordination beim Halten des Föns

Schnipsel in jeweils nur einer Farbe herstellen und in verschiedene Behäl-

PAPIER

ter geben. Durch Zusammenschütten mischen, so unterschiedliche Farbeffekte erzielen.

Schnipsel auf den Tisch legen, mit der flachen Hand verstreichen, zu einem Haufen zusammenschieben, wegblasen (mit dem Mund, mit dem Fön).

„Schnipselcollagen" herstellen: eine größere Fläche mit Kleister bestreichen, nacheinander große Papierschnipsel darauf legen und andrücken. Kleinere Schnipsel aus der Hand auf die Kleisterfläche rieseln. Collagen in einer oder in mehreren Farben herstellen, eine oder verschiedene Papiersorten verwenden.

Gezieltes Greifen und Loslassen im Pinzetten- und Flachzangengriff

Wahrnehmen: Eine Fläche wird optisch verändert

Auf der Waagerechten, auf der Senkrechten arbeiten

Fensterscheibe mit Kleister einstreichen und mit farbigem Transparentpapier (gerissen) bekleben, hier kann die Lehrkraft durch Auswahl der verwendeten Papiere (Beschaffenheit, Farbe) und durch Strukturieren der zu beklebenden Fläche die Gestaltung beeinflussen.

Größere, gerissene Stücke aus festem Papier (z. B. Tonpapier) können auf Metallstäbe gespießt werden, diese werden hierzu auf einem Holzfuß befestigt. Die Schüler sollen das Papier mit beiden Händen fassen und es mit einer nach unten gerichteten Bewegung auf den Stab ziehen. Hierbei ist besonders auf das Vermeiden von Verletzungsgefahr zu achten!

Gleichgerichtete Tätigkeit mit beiden Händen durchführen

Bewegung der Hände nach unten führen

Um das Aufspießen zu erleichtern, kann das Papier an der entsprechenden Stelle gelocht werden, so wird die Aufgabe in Richtung „Auffädeln" abgewandelt. Fädelt man Holzperlen und Papierstücke im Wechsel auf die Metallstäbe, lassen sich auf diese Weise interessante bewegliche Objekte herstellen.

Handfertigkeit „Auffädeln" erlernen, üben und einsetzen

Statt auf Metallstäbe können die Stücke natürlich auch auf Schnur gefädelt werden, die entstandenen Werke dienen als Mobile oder Trockendusche. Hier lassen sich durch geschickte Auswahl des Materials optisch anspruchsvolle Ergebnisse erzielen.

Erleben: Ein Werk entsteht, es bleibt im Klassenzimmer, im Schulhaus, es ist eine Gemeinschaftsarbeit, jeder hat etwas dazu beigetragen

Lange Papierstreifen zu einer Trockendusche verarbeiten: die Streifen an einem Reifen, an einem Kuchengitter befestigen, diese aufhängen. Durch Bewegen der Trockendusche ergeben sich leichte Raschelgeräusche. Der entstehende akustische Reiz ist sehr sanft, daher ist diese Möglichkeit vor allem für empfindsame Schüler geeignet, die auf lautere Geräusche schreckhaft reagieren.

Gute taktile, visuelle und auditive Anregung vor allem für empfindsame Schüler

Durch Bewegen des eigenen Körpers Geräusche erzeugen

Eine große Kiste oder einen Korb mit gerissenem Papier füllen, sich hineinsetzen oder -legen, sich darin bewegen, sich darunter verstecken. Allein oder mit anderen in der Papierkiste sitzen. Die Schnipsel durch Bewegung des eigenen Körpers aus der Kiste herauswerfen.

Erfahrungen im Bereich der Körper- und Raumwahrnehmung machen

Freude am Spiel mit den Schnipseln haben

Aufkleben

Hier ist das Arbeiten mit Kleister am geeignetsten, da dieser von den Schülern mit dem Pinsel großflächig aufgetragen werden kann (große Pinsel und große, saugfähige Unterlage verwenden). Der Kleister sollte nicht zu dünn

Veränderung einer Fläche wahrnehmen: mit dem Auge, mit der Hand

sein. Der Umgang mit Klebestiften und Tubenkleber ist in der Regel zu schwierig, kann natürlich je nach Schülerschaft angebahnt werden.

Kleister lässt sich auch gut mit der Hand auftragen. Hier können zunächst basale Angebote zum Anfassen und Spüren des Kleisters mit den Händen gemacht werden: Hände in einer Schüssel mit Kleister bewegen, die eigenen kleisterbedeckten Hände berühren, den Kleister zwischen den Fingern hindurchlaufen lassen. Beim Verstreichen auf der zu beklebenden Fläche lässt sich auf diese Weise gut der Einsatz der flachen Hand üben. Es kann ein- oder beidhändig gearbeitet werden.

Umgang mit dem Pinsel erlernen und üben: greifen, festhalten, eintauchen, auf Unterlage hin- und herbewegen, Begrenzung einhalten

Verstreichen mit der flachen Hand: hin und her, im Kreis, ein- oder beidhändig, mit Überkreuzen der Mittellinie, vom Körper weg und wieder zurück, von oben nach unten und zurück

Auf diese Weise lassen sich Knüll- und Schnipselcollagen in allen Variationen an der Senkrechten oder an der Waagerechten herstellen. Es kann auf Papier, Pappe, Stoff oder Glas gearbeitet werden, es sind Einzel- oder Gemeinschaftswerke möglich. Die Gestaltungsarbeit wird in der Regel bei der Lehrkraft liegen.

Gezieltes Greifen und Loslassen von Papier (geknüllt, gerissen), dies erfordert jeweils unterschiedliche Griffarten

Auge-Hand-Koordination

Um die zu beklebende Fläche für den Schüler deutlicher zu machen, hilft eine Begrenzung aus Holzleisten; diese ist nicht nur sichtbar, sondern auch spürbar vorhanden.

Auspacken

Das Auspacken kann methodisch gut im Morgenkreis oder zur Präsentation eines *neuen* Unterrichtsgegenstandes eingesetzt werden. Durch die Tätigkeit des Auspackens wird die Aufmerksamkeit des Schülers auf das jeweilige Objekt gelenkt, Erwartungshaltung wird aufgebaut: Was ist in dem Päckchen?

Aufbau von Spannung und Erwartungshaltung

Flachzangengriff anwenden

Handfertigkeit „Reißen" und Handfertigkeit „Ausfalten" erwerben, einsetzen und üben

Um dies zu üben, bietet man Dinge, welche die Schüler interessieren, verpackt an: ein Spielzeug, ein Instrument, eine Süßigkeit, ein Obst. Die Schüler sollen die Verpackung *aufreißen*: Langsam kommt der verpackte Gegenstand zum Vorschein.

Etwas schwieriger ist schon das gezielte *Auswickeln* eines verpackten Gegenstandes. Es bedeutet eine Hilfe, wenn der gewählte Gegenstand nicht zu klein ist und beim Einpacken darauf geachtet wurde, das Papier gut zu falzen und über den Gegenstand zu schlagen. Die Verpackung sollte groß genug sein, um beim Ausfalten genügend Spielraum zum Greifen und Hantieren zu lassen.

Um die Spannung zu erhöhen, kann man den Gegenstand mehrmals einpacken (z. B. in Papier unterschiedlicher Beschaffenheit oder Farbe), so nähert man sich beim Auspacken dem Inhalt Schicht um Schicht. Gegenstände, die eine markante Form oder Beschaffenheit haben bzw. Geräusche erzeugen, eignen sich gut für ein Ratespiel vor dem Auspacken: festhalten, drücken, heben, betasten, was könnte das sein? So lässt sich Spannung erzeugen und eine Erwartungshaltung aufbauen, bevor das eigentliche Auspacken beginnt.

Erleben und Erlernen von Objektpermanenz:

Der Vorgang des Auspackens kann mehrmals hintereinander wiederholt werden, dabei „verschwindet" der ausgepackte Gegenstand wieder in der Verpackung und wird nochmals herausgeholt

Einpacken

Da das Einpacken ein motorisch recht komplexer Vorgang ist, wird er schrittweise aufgebaut. Dabei empfiehlt sich folgendes Vorgehen:

- Papierbogen auf den Tisch legen und den zu verpackenden Gegenstand gezielt auf das Papier legen.
- Papier an einer Seite fassen und über den Gegenstand schlagen, diesen dabei mit der anderen Hand festhalten.
- Den Gegenstand loslassen und mit der nun freien Hand den Falz glattstreichen, die offenen Enden ebenfalls so einschlagen und feststreichen.

Schulung der Beidhandkoordination
Wechselnder Einsatz von Haltehand und Aktionshand
Gezieltes Greifen und Loslassen im Flachzangengriff

Die Lehrkraft kann hierbei zunächst Hilfestellung geben, indem sie einzelne Schritte übernimmt und den Schüler da beteiligt, wo es möglich ist: z. B. Gegenstand auf das Papier legen, eine Seite darüberschlagen, den fertig eingepackten Gegenstand in einen Korb legen.

Durch relativ großes Einpackpapier wird dem Schüler die Durchführung der einzelnen Schritte erleichtert. Besonders geeignet sind feste, gut faltbare Papiere (z. B. Goldpapier), die die ihnen gegebene Form behalten.

Man kann den zu verpackenden Gegenstand auch zunächst von den Schülern in eine Schachtel oder Dose legen und diese verschließen lassen. Dies fällt den Kindern oft leichter als das Verpacken in Papier. Gemeinsam wird die Schachtel dann in Papier verpackt – wobei die Schüler z. B. die Schachtel auf den Bogen Papier stellen etc.

Bei wiederholter Durchführung Aufbau von Erwartungshaltung:
Wir packen etwas ein, um es zu verschenken, der Gegenstand wird dann wieder ausgepackt, wir machen jemandem eine Freude
Wir bekommen etwas Verpacktes geschenkt, wir packen es aus, wir freuen uns darüber
Wir packen etwas ein, weil wir es mitnehmen wollen
Gezieltes Ablegen in einen kleinen Behälter

Mögliche Lernvorhaben:
- Wir verpacken unser Pausebrot für ein Picknick.
- Wir verpacken ein Geschenk für einen Mitschüler/eine andere Klasse/für jemanden in der Familie etc.

Verändern des Papiers durch Farbe

Anregungen hierzu finden sich unter dem Kapitel FARBE + FARBEN.

Schneiden

Schneiden ist erfahrungsgemäß sehr anspruchsvoll, da der Schüler gute Voraussetzungen im Bereich der Auge-Hand-Koordination mitbringen muss. Auf jeden Fall sollten geeignete Spezialscheren verwendet werden, die Auswahl hängt vom jeweiligen Schüler und dessen Fähigkeiten ab.

Ist der Schüler in der Lage, die Schere richtig zu greifen und durch Druck der Hand zu schließen, ergibt sich die Möglichkeit, längere Papierstreifen in Stücke zu schneiden. Das Schneiden wird damit in Richtung „Abschneiden" verändert. Dabei wird das Papier von der Lehrkraft gehalten und auch die Schere von ihr wieder geöffnet, der Schüler übernimmt das Schließen der Schere. Man kann auch Scheren verwenden, die sich durch die Span-

Ausdifferenzierung und Schulung von Auge-Hand-Koordination
Schließen und Öffnen der Hand beim eigenständigen Halten der Schere bzw. Greifen und Bewegen des einen Scherengriffs
Dosierter Krafteinsatz
Haltehand – Aktionshand

PAPIER

nung einer Feder selbsttätig öffnen, so dass der Schüler nur das Zusammendrücken übernehmen muss.

Es kann eine Hilfe sein, wenn man die Schere mittels einer Vorrichtung so auf dem Tisch befestigt, dass sie durch Heben und Senken des oberen Griffs mit einer Hand geöffnet und geschlossen werden kann. Das Papier wird hierbei von der Lehrkraft entsprechend gehalten, der Schüler übernimmt die Handhabung der Schere. Solche Tischscheren sind auch im Handel erhältlich. Es ist darauf zu achten, leicht zu schneidendes Papier zu verwenden (vorher selbst ausprobieren!). Mit den Schnipseln kann dann wie unter **„Reißen"** dargestellt verfahren werden.

Freier Umgang mit dem Material

Zum freien Umgang eignet sich ein leerer Raum (z. B. Turnhalle, Rhythmikraum), in welchem Papier in ausreichender Menge angeboten werden kann und der keine Ablenkung durch andere Spielangebote bietet. Die Schüler verfügen über mehr Handlungsmöglichkeiten, wenn mit ihnen bereits vielfältig zum Thema „Papier" gearbeitet wurde.

Wie stets beim freien Umgang sollte die Lehrkraft auch hier nur eingreifen, um Impulse zu setzen und das Spiel in Gang zu bringen oder zu halten. Es hängt von den Fähigkeiten der Schüler ab, inwieweit sich die Lehrkraft aus dem Geschehen zurückziehen kann, um die Situation zu einer vollkommen schülergesteuerten zu machen.

Vor allem Ideen aus dem Bereich der Materialerfahrung lassen sich in diesem Rahmen gut verwirklichen. Zusätzlich zum Material können auch noch Kartons in unterschiedlichen Größen angeboten werden, die ein Füllen und Leeren, das Sich-Hineinsetzen, das Hinein- und Hinaussteigen ermöglichen. Verschiedene Rascheltüten (verschlossen oder offen) erweitern die Spielsituation. Auch Matten zum bequemen Liegen und Sitzen sollten nicht fehlen, hier kann sich die Lehrkraft mit einem Schüler zurückziehen, um ein individuelles Angebot zu schaffen.

Der freie Umgang mit dem Material lässt sich gut zur Schülerbeobachtung nutzen.

Eigenaktivität der Schüler kann sich entfalten

Im Spiel Fertigkeiten und Handlungsmöglichkeiten einsetzen und erproben

Schülergesteuerte Situation, den eigenen Ideen kann nachgegangen werden

Den Verlauf der Spielsituation bestimmen

Neue Erfahrungen machen

Allein oder mit anderen zusammen spielen

Beobachtungshilfen

Materialerfahrung

- mag gern in einem Berg von Papier sitzen, lässt sich damit zudecken
- hantiert selbst mit dem Papier, hat Freude daran
- lässt einzelne Körperteile mit Papier bedecken, versteckt sich darunter
- befreit sich davon
- läuft mit bloßen Füßen durch einen Berg Papier
- meidet den Kontakt mit Papier
- hält einen Bogen Papier fest (mit welchem Griff?)
- lauscht auf Papiergeräusche, welche am Ohr erzeugt werden – zeigt hier Vorlieben
- erzeugt selbst Geräusche mit Papier (wie?)
- bewegt gern die Hände in einer Menge Papier (gerissen, geknüllt, ganze Bögen)
- bevorzugt eine bestimmte Papiersorte

Knüllen

- legt beide Hände auf einen Bogen Papier und schiebt diesen zusammen
- wechselt das Papier von einer Hand in die andere, knüllt es dabei leicht zusammen
- greift geknülltes Papier und legt es gezielt ab (z. B. bei „Knüllcollage")
- beteiligt sich an Pendelspiel mit Rascheltüte
- legt sich, setzt sich auf Raschelsack
- sitzt gern in einer Anzahl von Rascheltüten und hantiert damit, hat Freude an den verschiedenen Geräuschen

Reißen

- kann einen Bogen Papier mit beiden Händen halten und durchreißen
- reißt mit einer Hand ein Stück Papier von einem Bogen ab, wenn dieser gehalten wird
- greift Papierschnipsel und legt sie gezielt ab (z. B. bei „Schnipselcollage")

Aufkleben

- erkundet Kleister mit den Händen, fasst mit der ganzen Hand hinein
- verstreicht Kleister mit der flachen Hand über den Untergrund
- verstreicht Kleister mit dem Pinsel, bewegt diesen auf dem Papier hin und her
- legt Papierschnipsel oder Papierbälle auf die Kleisterfläche, übt mit der Hand ein wenig Druck dabei aus

Auspacken

- zeigt Interesse an verpacktem Gegenstand
- zieht Klebestreifen ab, reißt Verpackung auf
- öffnet Verpackung durch Auseinanderfalten des Papiers
- greift nach dem Inhalt
- kann eingewickelten Bonbon auspacken
- hat Freude am Auspacken

Einpacken

- legt zu verpackenden Gegenstand auf das Papier
- schlägt die eine Seite des Bogens darüber
- schlägt die offenen Enden darüber und streicht sie fest
- arbeitet mit Hilfe/ohne Hilfe
- legt Gegenstand in kleinere Schachtel oder Dose, verschließt diese
- erinnert sich, dass sich in dem Päckchen etwas befindet

Schneiden

- kann mit der Schere umgehen (Beschreibung des Vorgangs – welche Schere?)
- beobachtet, wenn ein Papierstreifen mit der Schere zerschnitten wird

Freier Umgang mit dem Material

- beschäftigt sich selbst mit dem Material (wie?)
- benötigt Impuls durch die Lehrkraft, beteiligt sich dann an dem Spielangebot und bleibt auch eine Weile dabei
- zeigt Vorliebe für bestimmte Aktivität im Zusammenhang mit Papier
- ist von sich aus noch nicht am Material interessiert

Unterrichtsbeispiele

1. Wir erleben Papier mit den Füßen (Lernort: Klassenzimmer)

Ausgangssituation: Wir sitzen im Kreis (auf Stuhl, im Rollstuhl), barfuß, bewegen die nackten Füße über den Boden und nehmen den taktilen Eindruck wahr. Große Bögen Zeitungspapier werden ausgebreitet, bis die Kreismitte in mehreren Lagen bedeckt ist. Wir verstecken die Füße darunter, lassen uns die Füße mit Zeitung bedecken. Durch Bewegen der Füße wird auch das Papier bewegt, es raschelt, gleitet von den Füßen herunter. Dies sollte mehrmals wiederholt werden, auch mit jedem Schüler einzeln: Meine Füße verschwinden unter der Zeitung, wenn ich mich bewege, gleitet das Papier zur Seite, und die Füße kommen wieder zum Vorschein, es entsteht ein Geräusch.

Der Reihe nach geht jeder Schüler (so weit möglich) mit bloßen Füßen durch den Papierhaufen: Das Papier fühlt sich anders an als der Boden, es gibt Geräusche, wenn man hindurch läuft. *Variation:* Wenn ich beim Gehen die Füße anhebe, bringe ich auch das Papier in Bewegung. Schülern, die auf den Rollstuhl angewiesen sind, kann das Papier in einer großen Wanne angeboten werden. Können die Kinder die Bewegung der Füße nicht selbst durchführen, so werden die Gliedmaßen für sie in dem Material bewegt.

Das Papier wird zu großen Bällen geknüllt (mit oder ohne Hilfe der Schüler, je nach deren Fähigkeiten) und in die Kreismitte gelegt. Wieder bewegen wir unsere Füße, schieben die geknüllten Bälle hin und her. Je ein Schüler geht durch das geknüllte Papier, bewegt es beim Hindurchlaufen, versucht es mit den Füßen hochzuwerfen. Das geknüllte Papier ergibt wiederum einen neuartigen Laufeindruck.

Wir rücken zu einem engen Kreis zusammen, das geknüllte Papier nehmen wir in die Mitte. Nun versuchen wir, im Sitzen mit den Füßen auf die Papierbälle zu steigen, bis sie flach gedrückt sind. Hierbei müssen die Schüler entsprechend Kraft einsetzen und ihr Tun auch genau mit den Augen verfolgen. *Variation:* Wir versuchen, die Papierbälle im Stehen flach zu drücken.

Abschluss kann sein: Das Papier wird bis auf einen größeren Ball in eine Kiste gestopft. Den übrig gebliebenen Papierball stoßen wir uns im Sitzen gegenseitig zu (Gruppenspiel). Anschließend wird auch dieses Papier in die Kiste geräumt.

2. Wir knüllen Papier für einen Raschelsack (Lernort: Klassenzimmer)

Ausgangssituation: Wir sitzen um einen Tisch, auf dem in der Mitte Transparentpapier in verschiedenen Farben liegt (mehrere Bögen übereinander, alle im Format DIN A4, das handelsübliche Format ist DIN A1).

Wir *erkunden* das Papier: die einzelnen Bögen ausbreiten, sie befühlen und anschauen, hindurchschauen, die unterschiedlichen Farben bemerken, mit dem Papier wedeln und direkt am Ohr damit knistern. Die Farben können in diesem Zusammenhang auch durch die Lehrkraft benannt werden.

Wir verändern das Aussehen der Tischoberfläche: Alle Bögen werden ausgebreitet, der Tisch wird ganz bunt. Anschließend werden die Bögen in der Tischmitte aufeinander gelegt. Jeder Schüler erhält ein Blatt Transparentpapier: Wir fahren mit der flachen Hand darüber, das Papier ist glatt, es knistert ein Bisschen beim Darüberstreichen.

Wir knüllen das Papier zu einem lockeren Ball: beide Hände auf den Bogen legen, diesen durch Zusammenführen der Hände zusammenschieben, dann das angeknüllte Papier mit etwas Druck von einer Hand in die andere geben, bis das gewünschte Ergebnis erreicht ist (Hilfestellung, wo nötig). Die fertigen Papierbälle legen wir in einem Korb auf den Tisch. So wird verfahren, bis das gesamte Papier verarbeitet ist.

Wir erkunden das geknüllte Papier: Jeder Schüler legt seine Hände in den gefüllten Korb, greift nach den Papierbällen, bewegt die Hände darin, versteckt sie darunter. Anschließend schütten wir den Korb aus (auf den Tisch). Mit den Händen schubsen wir uns die Papierbälle gegenseitig zu. *Variation:* Wir greifen je einen Papierball und werfen ihn uns zu (Sitzordnung: Kreis ohne Tisch).

Wir stellen die Rascheltüte her. Nacheinander werden die Papierbälle in eine große, durchsichtige Plastiktüte (z. B. Wäsche- oder Müllsack) geworfen bzw. fallen gelassen. Die Schüler sollen hierzu immer einen Papierball greifen und in die Tüte geben. Hierzu lässt man das Papier aus dem gefüllten Korb nehmen, was jedoch schwierig ist, da aus einer größeren Anzahl gezielt nur ein Papierball geholt werden soll. Zur Erleichterung kann man immer nur ein Objekt gut sichtbar für den Schüler auf den Tisch legen und dieses dann greifen lassen. Die Tüte wird dann von der Lehrkraft so gehalten, dass die Schüler die Papierbälle ohne Schwierigkeiten hineinwerfen können.

Abschluss: Wir spielen mit der Rascheltüte. Die Tüte wird verschlossen und mit einem Gummiband an der Decke aufgehängt. Wir setzen uns im Kreis um die Tüte und pendeln sie uns durch Anschubsen gegenseitig zu, fangen sie und halten sie eine Weile fest, drücken sie und hören das so entstehende Geräusch. Dadurch, dass Transparentpapier in unterschiedlichen Farben benutzt wurde, bietet die Rascheltüte auch einen optischen Anreiz.

3. Wir verstecken uns unter Papier, nehmen das Material mit dem ganzen Körper wahr (Lernort: Klassenzimmer, Turnhalle, Rhythmikraum)

Ausgangssituation: Wir sitzen im Kreis auf dem Stuhl/im Rollstuhl. In der Mitte steht ein großer Karton, gefüllt mit Zeitungspapier (o. Ä.). Wir schauen in den Karton, versuchen, ihn hochzuheben und zu tragen, fassen mit der Hand hinein, stellen fest: Der Karton ist voller Papier, er ist schwer.

Gemeinsam wird das Papier *Bogen für Bogen* herausgeholt und auf den Boden gelegt. Dies kann im Sitzen oder, falls möglich, im Stehen geschehen. Im Stehen ist die Aufgabe erschwert, da der Schüler sich bücken muss, um in den Karton greifen zu können. Ist dies nicht möglich, kann man das Papier auch auf einem Tisch o. Ä. anbieten. Das herausgeholte Papier wird in der Kreismitte auf dem Boden aufgehäuft und dabei ausgebreitet.

Wir verstecken uns in dem Papier: Je ein Schüler setzt oder legt sich in den Kreis (es kann z. B. auch eine Turnmatte untergelegt werden) und wird von den anderen mit Papier zugedeckt, so weit er es zulässt. Wir erleben: Das Papier deckt mich zu, es riecht, es wärmt, es knistert und raschelt, man kann sich leicht darin bewegen. Wenn wir den Mitschüler völlig mit Papier bedecken, können wir ihn nicht mehr sehen, aber durch das Papier hindurch anfassen. Das Aufdecken geschieht durch den Schüler selbst, die Mitschüler oder die Lehrkraft, je nach Handlungsmöglichkeit.

Variation: Wir setzen oder legen uns alle gemeinsam hin und verstecken uns zusammen unter dem Papier, decken uns auf und zu, verstecken einzelne Körperteile, rascheln mit dem Papier, wühlen uns hinein, bleiben eine Weile so liegen. Wir stellen fest: Das Papier ist leicht, es ist warm, es hat einen bestimmten Geruch, es raschelt und knistert, wenn ich mich darin bewege, ich kann mich mit anderen völlig in dem Papierhaufen verstecken.

Abschluss: Wir räumen zusammen auf, greifen das Papier mit beiden Händen und stopfen es in den großen Karton.

4. Wir reißen und knüllen Papier für eine Collage („Blumenwiese")

Die Auswahl des Themas, der Papiersorten und Techniken wird in der Regel durch die Lehrkraft geschehen. Eine geschickte Wahl der Papiere, der Farben und der Gestaltungsidee führt auch bei aller Einfachheit der verwendeten Mittel immer zu einem befriedigenden und bildnerisch anspruchsvollen Ergebnis. Es sollte stets darauf geachtet werden, dass die Schüler möglichst viele Schritte selbst durchführen können und dass die jeweilige Aufgabe auch den Lernvoraussetzungen entspricht. Dies ist wichtiger als ein makelloses Werk, welches letztendlich vielleicht nur unter ständiger Handführung zustande kam! Das Unterrichtsbeispiel zeigt die Kombination von Reiß- und Knülltechnik. Das Thema (eher als Arbeitstitel gedacht) kann beliebig abgewandelt werden.

Ausgangssituation: Wir sitzen um den Arbeitstisch. Das Papier wird in flachen, geschlossenen Schachteln angeboten (in einer Schachtel unterschiedliche grüne Papiere: dünnes Tonpapier, Transparentpapier, Schreibmaschinenpapier – in einer anderen Schachtel Seidenpapier in verschiedenen Rot- und Gelbtönen). Die Größe der Bögen sollte DIN A4, beim Seidenpapier DIN A5 betragen. Wir geben die Schachteln von Schüler zu Schüler: greifen sie mit beiden Händen, halten sie fest, heben sie, stellen fest: Da ist etwas drin! Wir öffnen die Schachteln und betrachten den Inhalt, fassen mit der Hand hinein, befühlen das unterschiedliche Papier.

Zunächst wird das grüne Papier verarbeitet: Bogen um Bogen holen wir es heraus und reißen es in nicht zu kleine Stücke. Hierbei ist zu beachten, dass sich Transparentpapier nicht so leicht reißen lässt, wenn es für die Schüler nicht angerissen ist (siehe **„Reißen"**). Alle grünen Schnipsel legen wir in einen Behälter (Körbchen o. Ä.). Ist das gesamte grüne Papier verarbeitet, lassen wir das Körbchen reihum gehen, erkunden die Schnipsel mit den

Händen: Sie sind klein und leicht, man kann die Hände darunter verstecken, es ist kein ungerissenes Papier mehr übrig.

Nun kommt das Seidenpapier an die Reihe: Jeder kleine Bogen wird leicht zusammengeknüllt (siehe **„Knüllen"**). Die Papierbällchen legen wir in einen zweiten Behälter, geben diesen ebenfalls reihum, befühlen das Ergebnis: Die Papierbällchen sind leicht, bunt, fühlen sich anders an als die Schnipsel, sie lassen sich leicht durch Blasen bewegen.

Jetzt schließt sich die *Gestaltung* an: Ein größerer Bogen Papier (saugfähig und nicht zu dünn) wird mit Kleister bestrichen, die grünen Schnipsel werden darauf geklebt, bis die gesamte Fläche bedeckt ist. Zwischendurch kann man die Schnipsel immer mal wieder mit einer Walze anrollen, dies lässt sich auch gut von den Schülern übernehmen. Auf diese Weise entsteht eine grüne Fläche („Wiese"), die durch die verschiedenen Papiersorten und Grüntöne strukturiert wird. Die Seidenpapierbällchen („Blumen") werden ebenfalls mit Kleister auf die grüne Fläche geklebt: je nach Wahl etwas Kleister auftragen, ein Papierbällchen darauf setzen und andrücken.

Das fertige Bild muss gut trocknen, bevor man es aufhängt. Ein Passepartout verleiht dem Ganzen noch mehr Aussage. Hierzu dürfen am Bildrand keine Blumen aufgeklebt werden, um genug Platz für den Rahmen zu lassen. Je nach Ausdauer der Schüler kann es nötig sein, das Lernvorhaben auf mehrere Unterrichtsstunden zu verteilen. In diesem Fall kann man zunächst die grünen Papiere reißen und aufkleben, in einer weiteren Einheit die Blumen hinzufügen.

Wichtiger Abschluss: Wir betrachten gemeinsam unser Werk, wir geben ihm einen Platz im Klassenzimmer. Wir erleben: Jeder hat zu dem Bild etwas beigetragen, wir haben es gemeinsam hergestellt.

BALL

Die Kugel lässt sich als vollkommene Form bezeichnen. Diese Urform des Runden verkörpert auch der Ball. Er befindet sich nie in stabiler Lage und beinhaltet somit das Element des Dynamischen und der Bewegung. Im Umgang mit Ball oder Kugel ist immer die Bewegung enthalten, und zwar nicht nur die des Objekts, sondern auch die desjenigen, der damit spielt: Ball und Kugel fordern Bewegung heraus. Da diese Bewegung nicht genau planbar ist und oft ein wenig anders verläuft als gedacht, sind Flexibilität und Spontaneität gefragt. Wer mit Kugel oder Ball umgeht, macht Bewegung sichtbar, er ist Auslösender und Beobachter zugleich.

Ball und Kugel sind Gegenstände, die für das Spiel da sind, für das Spiel allein, mit dem Partner oder in der Gruppe. Die Bewegung des Objekts und die des Spielenden bedingen sich gegenseitig und führen letztendlich nicht nur zu einer äußeren, sondern auch zu einer inneren Bewegung oder Bewegtheit, zur Freude am und Entspannung durch das Spiel. Im Umgang mit Ball und Kugel sind vielfältige Möglichkeiten in den unterschiedlichsten Schwierigkeitsgraden gegeben, so dass individuell auf die Fähigkeiten des Einzelnen eingegangen werden kann, ohne den spielerischen und entspannenden Aspekt zu verlieren.

Auch stark in ihren motorischen Fähigkeiten eingeschränkte Schüler können hier gut beteiligt werden. Ball und Kugel sind geeignete Gegenstände, um das Zusammenspiel zwischen den Händen bzw. den Füßen und den Sinnen zu üben und zu verbessern. Das Beobachten des Rollens kann beruhigenden Charakter haben, was wohl in der gleichmäßigen Bewegung begründet liegt.

Objekterfahrung	Lerninhalte	Möglicher Lerngewinn

Hinweis: Fast alle Lernangebote zum Umgang mit dem Ball können mit Bällen unterschiedlichster Art und Größe durchgeführt werden. Der Handel bietet eine sehr große Auswahl verschiedenster Bälle an, so dass eine breite Palette an Spielmöglichkeiten gegeben ist. Einige Vorschläge sind auch mit Luftballon oder Kugel möglich. Je nach Materialauswahl werden die einzelnen Übungen unterschiedlich ausfallen, ebenso auch der jeweils mögliche Lerngewinn. Jedes Lernangebot kann stets durch den Einsatz verschiedener Bälle abgewandelt werden. Die Lehrkraft muss im Einzelfall entscheiden, welche Bälle sie in welcher Lernsituation einsetzen möchte. Im Text werden nicht alle möglichen Variationen aufgeführt.

Unterschiedliche Bälle kennen lernen
Bälle in verschiedenen Räumen und Situationen kennen lernen

Ganzkörperlich

Zur ganzkörperlichen Materialerfahrung eignen sich Bälle aller Art und Größe, vom kleinen Gummiball bis zum Riesenluftballon. Die ganzkörperliche Materialerfahrung kann sehr gut im Klassenzimmer durchgeführt werden, natürlich auch in Turnhalle und Rhythmikraum, im Freien oder zu Hause.

Eigenschaften des Balls mit dem ganzen Körper wahrnehmen: Der Ball ist rund, er ist klein oder groß, leicht oder schwer, weich oder hart etc.

Möglichkeiten:
Auf dem Boden, in der Kuschelecke, auf einer Matte, im Bett liegen, sich den ganzen Körper mit einem Ball abrollen lassen: über die einzelnen Gliedmaßen, über Bauch und Rücken, am ganzen Körper entlang. Hierbei unterschiedliche Bälle verwenden: vom Medizinball bis zum Tennisball etc.

Sich auf den Rücken legen und einen Riesenluftballon über den Bauch und die Gliedmaßen bewegen, ihn mit den Händen wegstoßen oder hochheben.

Mit dem ganzen Körper Berührungs- und Druckreize aufnehmen
Den eigenen Körper bewusster wahrnehmen
Aufbau von Körperschema
Somatische Anregung

Viele Bälle mit dem Körper spüren: im Bällchenbad liegen und sich darin bewegen. In der Kuschelecke, auf der Matte, im Bett liegen und sich mit vielen Bällen bedecken lassen: Tennisbälle, Schaumstoffbälle, Wasserbälle, aber auch Luftballons, Gummibälle etc.

Eine sehr große Kiste, Wanne oder Wiegeschale mit vielen Bällen (einer Art) füllen, sich hineinsetzen oder -legen, sich darin bewegen und hineinwühlen, sich mit den Bällen bedecken (lassen). Hierzu sind eher kleinere Bälle geeignet.

Neuartiges Liege- und Sitzgefühl kennen lernen
Lageveränderung zulassen bzw. selbst vornehmen
Aufbau von Körperschema
Vestibuläre Anregung

Einen Bettbezug o. Ä. mit Luftballons, Bällen einer Art oder mit unterschiedlichen Bällen füllen und verschließen, sich darauf legen oder setzen. Sich im Sitzen oder Liegen darauf bewegen (lassen), unterschiedliche Sitz- und Liegemöglichkeiten ausprobieren und zulassen: Ein mit Luftballons

Auf unebener und beweglicher Unterlage liegen oder sitzen
Neuartige Bewegungserfahrungen machen

gefüllter Sack fühlt sich anders an als ein mit Schaumstoffbällen versehener.

Ball unter der Kleidung am Körper des Kindes verstecken, ihn herausholen (lassen), hierzu unterschiedliche Bälle verwenden.

Bälle auch in Verbindung mit Wasser anbieten: im flachen Wasser sitzen, viele Bälle schwimmen lassen, hier kann man Bälle einer Art oder viele unterschiedliche Bälle verwenden. Durch Eigenbewegung das Wasser und die Bälle zum Schaukeln bringen. Sich ins Wasser legen und dabei die Bälle mit dem Körper spüren. Dies kann auch in der Badewanne durchgeführt werden.

Keine Angst vor der ungewohnten Bewegung haben

Objektpermanenz anbahnen und einsetzen

Mit dem ganzen Körper Reize aufnehmen

Aufbau von Körperschema

Somatische Anregung

Vestibuläre Anregung

Hier eignet sich zunächst einmal ein großer Physioball. Diese Bälle sind in verschiedenen Ausführungen zu haben. Bei Unklarheiten in Bezug auf die richtige Lagerung sollte man dies stets mit der Krankengymnastin abklären.

Möglichkeiten:
Sich auf den Ball setzen (mit oder ohne Hilfe) und darauf wippen.

Sich in Bauch- oder Rückenlage auf den Ball legen, sich so hin- und herbewegen lassen. Versuchen, mit den Händen den Boden zu erreichen. Sich auf dem Ball liegend wippen lassen.

Auf dem Luftballonsack liegen und sich so bewegen lassen: von Kopf nach Fuß, hin und her, auf und ab. Sich in Bauch-, Rücken- und Seitlage bewegen lassen. Dies bietet sich besonders für sehr empfindliche und stark bewegungseingeschränkte Schüler an, da das Liegen auf dem Luftballonsack sehr angenehm ist und das Schaukeln darauf sehr vorsichtig vorgenommen werden kann. Der Bettbezug muss vollständig mit Luftballons gefüllt sein. Keine Angst – sie platzen nicht!

Mehrere nicht zu große Medizinbälle unter eine Turnmatte legen, den Schüler darauf legen, die Matte kann nun ganz leicht hin- und hergeschoben werden. Auch diese Möglichkeit ist für empfindsame und ängstliche Kinder geeignet. Die Bewegung ist in Bauch-, Rücken- oder Seitlage möglich.

Große Medizinbälle in ausreichender Menge unter Weichbodenmatte legen, darauf herumsteigen und balancieren, sich darauf setzen oder legen, sich auf der Matte schaukeln lassen.

Vestibuläre Anregung:
Wippen, Schaukeln, Drehen erleben
Im Sitzen oder im Liegen bewegt werden
Neue Bewegungserfahrungen machen, Freude an der Bewegung haben
Den eigenen Körper durch die Bewegung besser spüren

Neue Bewegungseindrücke gewinnen: leichte Schaukelbewegung in allen Richtungen
Raumerfahrungen machen
Freude am Bewegt-Werden haben

Im Liegen Bewegung erleben: von Kopf nach Fuß, seitwärts, auf und ab
Freude am Bewegt-Werden haben, dabei den eigenen Körper besser spüren

Beim Steigen: Körperkoordination, Gleichgewicht halten

Mit den Händen

Hier sind Bälle, Kugeln und Luftballons in verschiedenen Ausführungen geeignet. Es kann mit einem oder mehreren Gegenständen gearbeitet werden.

Möglichkeiten:
Einen geeigneten Behälter mit vielen Bällen füllen, hier entweder gleiche oder sehr unterschiedliche Bälle verwenden, je nachdem, wo man den Schwerpunkt setzen möchte. Die Hände in den Bällen bewegen, sie darunter verstecken und wieder herausziehen.

Die gleiche Übung mit mehreren Schülern gleichzeitig durchführen: die Hände in den Bällen bewegen, die Hände der anderen in den Bällen ertasten.

Ein Fühlsäckchen mit gleichen oder unterschiedlichen Bällen füllen und Form sowie Beschaffenheit der Bälle mit den Händen erkunden. Statt der Fühlsäckchen kann auch eine Lochkiste verwendet werden, die für jede Hand ein Loch zum Hineingreifen bietet: den Ball oder auch mehrere mit beiden Händen in der Kiste erkunden. Es ist günstig, z. B. zwei unterschiedliche Bälle in der Kiste anzubieten: Das ihnen Gemeinsame ist dann die runde Form.

Mehrere Fühlsäckchen mit jeweils unterschiedlichem Ballinhalt zum Erkunden anbieten: kleine oder größere Bälle, weiche oder feste, Stoff- oder Gummibälle. Die Unterschiede fühlen.

Fühlsäckchen mit unterschiedlichen Dingen füllen, unter anderem auch mit einem Ball, den Ball herausfinden lassen. Diese Übung zur Figur-Grund-Wahrnehmung ist bereits recht anspruchsvoll.

Es ist hier hilfreich, den Ball zunächst in einer Menge Kleinmaterial (z. B. Styroporschnipsel) anzubieten und den Schüler zu ermutigen, das Objekt herauszugreifen. Kennt der Schüler den Ball sicher, kann er im Fühlsäckchen zusammen mit anderen Dingen angeboten werden. Es sollten sich nicht zu viele andere Gegenstände darin befinden, auch müssen diese in Tastqualität deutlich vom Ball unterschieden sein.

Nur einen einzigen Ball anbieten: diesen mit beiden Händen halten, abtasten und in der Hand drehen, weitergeben. Den Ball in einem Fühlsack erkunden, unter einem Tuch verstecken und ihn unter dem Tuch berühren. Die Form abtasten, ohne das Tuch zu lüften. Anschließend das Tuch aufdecken.

Einen Tisch mit einem niedrigen Rahmen versehen (oder eine große und flache Kiste verwenden), viele kleine gleiche oder unterschiedliche Bälle hineinlegen, so dass die Fläche fast völlig mit Bällen bedeckt ist. Die flachen Hände darauf legen und mit den Bällen bewegen – dies vermittelt einen guten Eindruck der kugeligen Oberfläche. Verschiedene Bälle verwenden: Tennisbälle, Softbälle, Gummibälle, Noppenbälle, aber auch Holzkugeln, Bälle aus dem Bällchenbad etc.

Die gleiche Aktivität in abgewandelter Form durchführen: die Ballfläche mit einem sehr dünnen Tuch verdecken, der Tasteindruck wird verändert, bleibt im Wesentlichen jedoch erhalten. Beide Übungen im Wechsel durchführen.

Mit der Hand Reize aufnehmen und so die eigenen Hände bewusster erleben
Bälle und ihre Eigenschaften mit den Händen erkunden:
Form und Beschaffenheit wahrnehmen, Unterschiede bemerken

Über die Hand Reize aufnehmen
Mit der Hand tasten
Die runde Form über den Tastsinn aufnehmen

Die charakteristische Form über die Hände wahrnehmen und von anderen Formen unterscheiden

Ball mit beiden Händen erkunden, greifen, festhalten, weitergeben

Über die Handinnenfläche Reize aufnehmen
Erleben: Wenn ich meine Hand bewege, spüre ich etwas, es bewegt sich etwas
Über die Handinnenfläche Reize aufnehmen
Hand vollständig öffnen
Seh- und Tasteindruck miteinander verbinden

Bälle in einer Wanne mit Wasser oder im Schwimmbad anbieten: die schwimmenden Bälle mit der Hand greifen, sie unter Wasser drücken. Arme und Hände bewegen und dadurch auch die Bälle in Bewegung versetzen. Kleine Bälle mit einer Hand, größere mit beiden Händen greifen lassen. Diese Übung kann mit Vorschlägen zum **„Loslassen"** kombiniert werden.

Bewegte Objekte greifen und beobachten
Bälle durch unwillkürliche oder willkürliche Bewegungen der Arme und Hände bewegen
Auge-Hand-Koordination

Mit den Füßen

Auch hier kann durch den Einsatz unterschiedlichster Bälle beliebig variiert werden. Dabei sollte nicht nur auf unterschiedliche Größe, sondern auch auf unterschiedliche Oberflächenbeschaffenheit der Bälle geachtet werden. Es ist wichtig, mit bloßen Füßen zu arbeiten, um den Tasteindruck gut aufnehmen zu können.

Bälle in ihrer Form und Beschaffenheit mit den Füßen erkunden
Reize über die Füße aufnehmen und sich dadurch der eigenen Füße bewusster werden

Möglichkeiten:
Eine große Kiste oder Wanne mit Bällen füllen, die Füße hineinstellen und darin bewegen, sie unter den Bällen verstecken, sie auf die Bälle stellen. Im Sitzen oder im Stehen arbeiten. Gleiche oder gemischte Bälle anbieten.

Eine Wanne, Kiste oder flachen Rahmen nur so weit mit Bällen füllen, dass der Boden damit bedeckt ist, die Füße darauf stellen, sie mit den Bällen bewegen, die kugelige Oberfläche spüren. Gleiche oder unterschiedliche Bälle verwenden.

Füße gezielt oder ungezielt bewegen
Erleben: Wenn ich meine Füße bewege, dann geschieht etwas: Ich spüre die kugelige Oberfläche der Bälle, die Bälle bewegen sich
Bewegungen der Füße auch mit den Augen steuern

Eine ähnliche Übung in Verbindung mit Wasser durchführen: Bälle in einem Behälter mit nur wenig Wasser anbieten, die Füße darin bewegen. Versuchen, Bälle mit den Füßen zu greifen oder anzuschubsen, die Füße der anderen dabei berühren.

Statt vieler Bälle nur einen einzigen auf dem Wasser anbieten: diesen mit den Füßen anschubsen oder unter Wasser drücken. Partner- oder Gruppenspiel durchführen.

Nur mit einem Ball arbeiten, entweder ein Ball für die Gruppe oder ein Ball pro Schüler: die Füße auf den Ball stellen und etwas bewegen. Den Ball zwischen den Füßen hin- und herrollen, die Form mit den Füßen erkunden. Versuchen, den Ball mit den Füßen hochzuheben. Das Spiel mit Bällen unterschiedlicher Größe und Oberflächenbeschaffenheit durchführen. Noppenbälle vermitteln einen besonders prägnanten taktilen Eindruck.

Auge-Fuß-Koordination: die Füße gezielt bewegen
Im Sitzen oder im Stehen handeln

Im Kreis sitzen und sich einen Ball mit den Füßen zuspielen. Hier ist es zunächst einfacher, mit einem großen und weichen Ball zu arbeiten als mit einem kleinen. Je kleiner und härter der Ball, desto schneller kann er bewegt werden, desto schwieriger wird jedoch die Aufgabe für die Schüler. Um ein Wegrollen des Balles zu verhindern, kann man sich mit den Schülern um ein leeres Planschbecken setzen und das Ballspiel dann innerhalb des Beckens durchführen.

Gezieltes Bewegen der Füße
Reaktionsvermögen und Schnelligkeit
Freude am Spiel empfinden

Mit Augen und Ohren

Der Bereich der visuellen Wahrnehmung wird insofern angesprochen, als der Schüler in der Regel die Bewegungen des Balls mit den Augen verfolgen muss, um dann entsprechend auf das Objekt einwirken zu können: den zugeworfenen Ball fangen, dem rollenden Ball nachlaufen etc.

Sehgeschädigte und blinde Kinder können jedoch ebenfalls alle Angebote zur Objekterfahrung und auch viele der anderen Vorschläge durchführen, wenn die räumliche Distanz zum Objekt gering gehalten wird.

Um das Verfolgen eines bewegten Objekts mit den Augen zu schulen, können auch einige Übungen aus den Bereichen **„Rollen"** und **„Pendeln"** durchgeführt werden. Da sich Bälle jedoch recht schnell bewegen, sollte der Schüler bereits über die Fähigkeit verfügen, ein bewegtes Objekt mit den Augen zu verfolgen. Der Umgang mit dem Ball dient dann der Ausdifferenzierung dieser Fähigkeit: schnellere Bewegung wahrnehmen, entferntere Bewegung wahrnehmen, Bewegung vom Körper weg wahrnehmen, auf die Bewegung des Objekts mit Eigenbewegung antworten.

Ein bewegtes Objekt mit den Augen verfolgen:
Von links nach rechts und umgekehrt, mit oder ohne Kreuzen der Mittellinie
Zum eigenen Körper hin
Vom eigenen Körper weg
Die Bewegung über unterschiedliche Entfernungen hin wahrnehmen
Eigene Bewegung folgen lassen: Der Ball rollt weg, ich stehe auf, gehe zum Ball, hebe ihn auf ...

Wird mit Bällen in einer bestimmten Farbe gearbeitet, so lassen sich viele Tätigkeiten zum Umgang mit dem Ball auch unter dem Schwerpunkt des Farberlebens durchführen. Siehe hierzu auch das Kapitel FARBE + FARBEN.

Farberfahrungen machen

Klingelbälle vermitteln zusätzlich zum optischen Reiz (Bewegung, Farbigkeit) auch einen akustischen, können somit den Umgang mit dem Ball erleichtern und dem Schüler helfen, seine Aufmerksamkeit auf das Objekt zu richten.

Hör- und Seheindrücke in Einklang bringen

Möglichkeiten:
Einen kleinen Ball oder eine Kugel im Reifen rollen, die Bewegung mit den Augen verfolgen. Warten, bis die Bewegung aufhört, dann Ball oder Kugel erneut anschubsen bzw. sie in der Bewegung anschubsen.

Das Gleiche in einer großen Rahmentrommel durchführen, dies ergibt einen sehr deutlichen rollenden Klang. Die Bewegung wird somit hörbar gemacht: Steht die Kugel still, hört auch der Klang auf. Das Anschubsen kann hier auch durch Kippen der Trommel mit beiden Händen erfolgen. *Variation:* Glasmurmel in einer kleinen Trommel rollen lassen, es ergibt sich ein völlig anderer Klang.

Kessel- oder Drehpauke mit einem passenden Holzreifen als Begrenzung versehen und eine Kugel daran entlangrollen.

Eine Kreisbewegung mit den Augen verfolgen
Geräusch und optischen Eindruck miteinander verbinden
Reaktionsvermögen: selbst die Kugel anschubsen
Sich durch bewegten Gegenstand zur Eigenbewegung anregen lassen

Die gleichen Lernangebote mit mehreren Kugeln oder kleinen Bällen ausführen, diese mit der Hand oder durch Kippen der Trommel in Bewegung versetzen. Mit der flachen Hand über die kugelbedeckte Fläche streichen, Geräusch wahrnehmen.

Ball oder Luftballon an einer Schnur aufhängen, die Pendelbewegung

Bewegung mehrerer rollender Dinge mit den Augen verfolgen
Geräusch und Bewegung miteinander verbinden
Pendelbewegung mit den Augen verfolgen

mit den Augen verfolgen. Eine Glocke o. Ä. am Ball befestigen, so ergibt das Pendeln noch einen akustischen Reiz.

Beim Umgang mit Luftballons oder Wasserbällen diese vor dem Aufblasen mit einigen Reiskörnern, getrockneten Bohnen, kleinen Schellen etc. versehen, so entstehen im Spiel (Rollen, Pendeln, Werfen) unterschiedliche Geräusche.

Hör- und Seheindrücke in Einklang bringen

Aktivitäten	Lerninhalte Möglicher Lerngewinn

Greifen – Festhalten – Loslassen

Diese Art der handelnden Auseinandersetzung mit dem Objekt ist elementar und bietet dennoch eine Fülle unterschiedlicher Spielsituationen. Kleine Bälle ermöglichen das Greifen mit einer Hand, größere und schwerere Bälle müssen mit beiden Händen gegriffen und festgehalten werden. Letzteres fällt den Schülern erfahrungsgemäß schwerer.

Schulung der Auge-Hand-Koordination
Handfunktion „Greifen" üben und einsetzen
Kombination von Greifen – Festhalten – Loslassen erarbeiten
Bewegtes Objekt greifen

Das Greifen kann vereinfacht werden, indem man zunächst nur einen Ball in handlicher Größe auf einer festen Unterlage, die dem Druck der Hand Widerstand leistet, anbietet. Es ist wichtig, hierbei die individuellen Lernvoraussetzungen im Bereich der Handmotorik zu beachten. Einige der folgenden Vorschläge eignen sich auch zur Anbahnung des Loslassens bei Schülern, die noch nicht über diese Fertigkeit verfügen. Um das Loslassen zu erleichtern, kann man den Schüler zunächst ermutigen, den Ball auf den Tisch oder in die Hand der Lehrkraft zu legen, d. h., der Schüler soll den Ball zunächst auf einer festen Unterlage ablegen und ihn dabei durch Öffnen der Hand loslassen.

Möglichkeiten:
Dem Schüler einen Ball in die Hand bzw. einen größeren Ball in beide Hände geben, seine Hand darum schließen, den Ball für ihn in der Hand bewegen, die Oberfläche des Balles abtasten lassen.

In die Hand gelegtes Objekt festhalten

Auf den Tisch vor dem Schüler einen kleinen Ball legen, diesen soll der Schüler mit einer Hand greifen und eine Weile festhalten. Das Loslassen kann noch ungezielt geschehen: Durch Öffnen der Hand fällt der Ball wieder auf den Tisch.

Gezieltes Greifen
In der Hand gehaltenes Objekt gezielt oder ungezielt loslassen

Ball greifen und einem Partner in die Hand oder in den Schoß geben, der Partner gibt den Ball wieder zurück. Das Spiel mehrmals wiederholen, im Sitzen oder im Stehen spielen. Die Partner sitzen sich dabei gegenüber.

Freude am Spiel mit Ball und Partner
Ein- oder beidhändig arbeiten

Im Kreis sitzen und einen Ball wandern lassen: Ball greifen, festhalten

Gezielte Armbewegung üben:

und dem Nachbarn in die Hände oder in den Schoß geben. Das Weitergeben kann folgendermaßen erschwert werden: einen Reifen aufhängen und sich den Ball durch den Reifen zureichen, ein Tuch spannen und den Ball über das Tuch reichen. Hier wird jeweils das Strecken der Arme in die gewünschte Richtung gefordert. Kleine oder größere Bälle weitergeben, je nachdem, ob mit einer oder mit beiden Händen gearbeitet werden soll.

Sich strecken und einen Ball greifen: Ball in einem Regal anbieten, der Schüler muss sich strecken oder auf einen Hocker etc. steigen, um den Ball holen oder aufräumen zu können.

Bälle auf den Boden fallen lassen und beobachten, wohin sie rollen, anschließend zu den einzelnen Bällen gehen und sie einsammeln. Hierzu muss der Schüler über Objektpermanenz verfügen, um den Weg des Balles mit den Augen verfolgen zu können.

Einen Ball greifen, eine Weile festhalten und dann loslassen: ihn statt auf den Tisch auf eine Pauke fallen lassen. Hier sind kleine Gummi- oder Softbälle gut geeignet, sie ergeben beim Aufprall auf die Pauke ein markantes Geräusch.

Eine größere Anzahl kleiner Bälle auf die Pauke fallen lassen, zunächst immer nur einen Ball zum Greifen anbieten. Schwieriger ist es, aus einem Behälter mit mehreren Bällen nur einen herauszuholen. Hier kann die Anzahl der Bälle langsam gesteigert werden. Heruntergefallene Bälle einsammeln und das Spiel nochmals durchführen.

Kleine Bälle, die sich gut mit einer Hand halten lassen, je nach Fähigkeit der Schüler aus unterschiedlichen Behältern greifen und über unterschiedlichen Behältern fallen lassen. Es ist günstig, den aufnehmenden Behälter so zu wählen, dass der hineinfallende Ball ein Geräusch verursacht, z. B. große Blecheimer. Dieses Spiel kann beliebig *variiert* werden:

- Art der Bälle verändern: Tennisbälle, Noppenbälle, Softbälle, Gummibälle etc.
- Im Sitzen oder im Stehen arbeiten. Das Sich-Bücken oder Sich-Strecken miteinbeziehen, indem man die Anordnung der Behälter verändert, so dass der Schüler sich bücken oder strecken muss, um einen Ball zu holen bzw. um ihn in den richtigen Behälter zu bringen. Das Arbeiten im Sitzen und in der Mittellinie fällt erfahrungsgemäß zunächst am leichtesten.

Bälle in einen aufgehängten Behälter fallen lassen: Netz, durchsichtiger Plastiksack, selbstgenähter Sack aus transparentem oder blickdichtem Stoff, Kiste, Korb etc. Es empfiehlt sich, zunächst transparente Behälter zu wählen, damit der Schüler sieht, was mit den Bällen geschieht. Man sollte alle Behälter so aufhängen, dass die Schüler von oben hineinschauen können: Je mehr Bälle ich über der Öffnung los lasse, desto voller wird der Behälter. Auch hier kann im Sitzen oder im Stehen gearbeitet werden.

Hinreichen eines Objektes
Gezieltes Loslassen
Seitliche Drehung von Kopf und Oberkörper
Seitliche Bewegung der Arme, dabei Kreuzen der Mittellinie

Unterschiedliche Raumebenen für das eigene Tun nutzen

Spiel mit der Objektpermanenz
Bewegung auch über Entfernung hinweg verfolgen
Weg zurücklegen, dabei Ziel im Auge behalten
Durch Loslassen eines Objektes Geräusche erzeugen
Ursache und Wirkung miteinander verbinden
Den Effekt absichtlich wiederholen
Freude am Spiel haben

Gezieltes Greifen und Loslassen in Variationen üben:
Im Sitzen oder Stehen
Im Sich-Bücken oder Sich-Strecken
Mit Überkreuzen der Mittellinie
In Verbindung mit unterschiedlichen Bällen und Behältern

Sich strecken und etwas von oben in einen Behälter fallen lassen

Begriffe über das eigene Tun erleben: voll, leer, oben, unten, hinein, hinunter

Große Rahmentrommel mit der Innenseite nach oben aufhängen und kleine Bälle oder Kugeln hineinfallen lassen. Pendelspiel mit der gefüllten Rahmentrommel durchführen.

Durch Fallen-Lassen Geräusche erzeugen

Kleine Bälle in einer Lochkiste anbieten. Die Öffnung sollte nur so groß sein, dass man mit einer Hand hineingreifen und jeweils einen Ball herausholen kann, Bälle dann in unterschiedliche Behälter fallen lassen.

Gezieltes Greifen
Handbewegung durch das Auge oder durch den Tasteindruck kontrollieren

Je kleiner die Öffnung des aufnehmenden Behälters ist, desto schwieriger wird die Aufgabe, da das Loslassen nun sehr gezielt geschehen muss: Bälle in Lochkiste, durchsichtige oder andere Plastikröhren fallen lassen, diese können auf einem Brett befestigt und mit der Öffnung nach oben aufgestellt werden. Eine durchsichtige Tüte an kurzer Papprühre befestigen und diese aufhängen, Bälle durch die Röhre in die Tüte fallen lassen.

Sehr gezielte Arm- und Handbewegung durchführen, sehr gezielt loslassen
Verfeinern der Auge-Hand-Koordination

Schwieriger als das Greifen, Festhalten und Loslassen mit *einer Hand* ist das Durchführen dieser Tätigkeiten mit *beiden Händen*. Hier ist es günstig, größere und schwerere Bälle zu verwenden, die den Einsatz beider Hände erfordern.

Schulung der Beidhandkoordination, des Zusammenspiels beider Hände
In unterschiedlichen Körperstellungen arbeiten

Auch hier kann wieder beliebig variiert werden: Arbeiten im Sitzen oder im Stehen, das Sich-Bücken oder Sich-Strecken miteinbeziehen, unterschiedliche Behälter verwenden, diese auf verschiedenen Ebenen anbieten, die Öffnung der Behälter verkleinern, so dass beide Hände gezielt platziert werden müssen, um die Aufgabe richtig durchzuführen.

Schulung der Ganzkörperkoordination
Gewicht spüren und heben (schwerer Ball)
Krafteinsatz

Alle Situationen zum Festhalten und Loslassen können mit einem *Bewegungselement* verbunden werden:

Ball (mit einer Hand oder mit beiden Händen) aus einem Behälter, vom Boden oder vom Tisch holen, festhalten und zu einem anderen Behälter tragen, den Ball dort hineinfallen lassen.

Einen Gegenstand mit beiden Händen tragen
Weg zurücklegen, dabei Ziel im Auge behalten

Auf einen kleinen Hocker, ein Kastenteil etc. steigen und den Ball von *oben* in einen Behälter fallen lassen, dies erhöht den Reiz der Aufgabe, da der Ball im Fallen nun einen größeren Weg zurück legt. Ist es für den Schüler zu schwierig, den Ball mit beiden Händen zu fassen und gleichzeitig auf einen Hocker o.Ä. zu steigen (dies erfordert ein freihändiges Steigen!), sollte man das Kind zunächst hinaufsteigen lassen und ihm dann den Ball zureichen.

Einen Gegenstand mit beiden Händen tragen und damit steigen
Körperkoordination
Begriffe durch eigenes Tun erleben: oben, unten, hinein, hinunter
Tiefenwahrnehmung

Rollen

Das Rollen erfordert das Anschubsen des Balls mit einer oder mit beiden Händen oder auch mit dem Fuß. Es genügt bereits eine kleine Bewegung von Seiten des Schülers, um das Rollen hervorzurufen. Beim Partner- oder Gruppenspiel sollte die Entfernung der einzelnen Spieler voneinander zunächst nicht zu groß sein, sie kann dann allmählich gesteigert werden. Es können die unterschiedlichsten Bälle verwendet werden, je nachdem, ob auf dem Tisch oder auf dem Boden gearbeitet wird, ob mit einer oder mit beiden Händen angeschubst werden soll.

Einlineare Stoßbewegung mit Arm oder Hand durchführen, dies kann zunächst auch unwillkürlich geschehen
Stoßbewegung auf den jeweiligen Ball einstellen

Möglichkeiten:

Um einen Tisch sitzen (zu zweit, in der Gruppe) und sich einen Ball zurollen. Der Tisch kann mit einem kleinen Rahmen versehen werden, um ein Hinunterfallen des Balles zu verhindern. Bei wiederholter Durchführung der Aufgabe unterschiedliche Bälle verwenden, dies verändert das Spiel und stellt jeweils unterschiedliche Anforderungen an die Spieler: Große Bälle müssen anders festgehalten und angeschubst werden als kleine, manche Bälle rollen sehr schnell, ich kann beide Hände oder nur eine Hand einsetzen.

Reaktionsvermögen
Spiel mit dem Partner oder in der Gruppe
Freude am gemeinsamen Spiel
Über den Gegenstand Bezug zu einer anderen Person aufnehmen

Sich auf dem Boden gegenübersitzen und einen Ball zurollen. Unterschiedliche Bälle verwenden, die Entfernung zwischen den Spielern variieren: Ist die Übung für den Schüler noch sehr schwierig, soll die Distanz zu Beginn nur wenige Zentimeter betragen, so dass der Schüler das Geschehen noch gut beobachten kann.

In der Turnhalle auf dem Boden sitzen und unterschiedliche Bälle ungezielt rollen: erleben, wie weit der Ball rollen kann. Viele Bälle auf diese Weise im Raum verteilen, sie wieder einsammeln, das Spiel erneut beginnen.

Das Rollen auf unterschiedlichen Ebenen (auf dem Tisch, auf dem Boden) durchführen
Das Rollen in unterschiedlichen Räumen (im Zimmer, in der Turnhalle, in der Kuschelecke, im Freien) durchführen
Handfertigkeit „Anschubsen" mit Schwung durchführen
Weg zum Objekt zurücklegen

Kegelspiele aller Art erfordern ein gezieltes Rollen. Als Ziel können Holzkegel, leere Dosen, Papprohre, Schaumstoffbausteine, bunte Schachteln etc. verwendet werden. Auch hier zunächst nur eine geringe Entfernung zwischen Spieler und Ziel wählen und das Ziel so anbringen, dass es leicht zu treffen ist. Das Ziel sollte attraktiv und für die Schüler eindeutig sein (Dosen bemalen, Papprohre bunt bekleben etc.).

Röhrengong knapp über dem Boden oder Tisch aufhängen, diesen mit dem Ball treffen.

Einlineare Stoßbewegung gezielt einsetzen
Zusammenhang zwischen Ursache und Wirkung erkennen: Wenn ich den Ball richtig anschubse, trifft er ein Ziel und es geschieht etwas
Den Effekt selbst willentlich hervorrufen und Freude daran haben

Ball über eine ebene Bahn rollen: ein an den Längsseiten mit Leisten versehenes längeres Brett auf den Boden oder Tisch legen und dieses als Bahn verwenden oder zwei Langbänke als seitliche Begrenzung aufstellen und einen sehr großen Physioball hindurchrollen. Die seitliche Begrenzung hilft den Schülern, den Ball auf der Bahn zu halten.

Spiel mit Japan-Papierbällen: nur einen Ball vorsichtig in der Hand halten, ihn durch Kippbewegung von der Hand rollen lassen, ihn mit der Hand leicht anschubsen. Viele Papierbälle auf den Tisch legen, mit der Hand anschubsen und in Bewegung halten.

Einen sehr großen Ball oder Riesenluftballon mit beiden Händen wegstoßen, diesen zunächst auf einen Hocker legen und ihn vom Hocker hinunterstoßen lassen. Später dann auf dem Boden rollen. Ball im Sitzen oder im Stehen anschubsen.

Rollbewegung bis zum Ende mit den Augen verfolgen
Großen Ball im Stand oder im Gehen anschubsen
Partnerspiel über einige Entfernung hinweg durchführen
Einlineare Stoßbewegung mit sehr wenig Krafteinsatz durchführen
Vorsichtige Bewegung ausführen
Stoßbewegung mit beiden Händen durchführen
Partner- oder Gruppenspiel durchführen

Der Einsatz der **schiefen Ebene** ermöglicht eine Kombination von Loslassen und Rollen: Der Ball wird gezielt auf die Schräge gelegt und rollt nun – je nach Gefälle – mehr oder minder schnell. Bei sehr geringer Schrä-

Ball gezielt ablegen
Bewegung über die Bahn mit den Augen verfolgen

ge wird ein mehrmaliges Anschubsen notwendig, um den Ball in Bewegung zu halten. Spielangebote mit der Schräge eignen sich besonders für Schüler, die zwar gezielt loslassen bzw. ablegen können, mit dem Anschubsen jedoch noch Schwierigkeiten haben. Auch kann das Verfolgen bewegter Gegenstände mit den Augen auf diese Weise geübt werden. Hierbei muss beachtet werden, dass die Bälle nicht zu klein sind, nicht zu schnell rollen und sich nicht zu weit entfernen. In der Kombination von Schrägen, Regenrinnen und Röhren lassen sich Kugelbahnen in allen Variationen bauen.

Zusammenhang zwischen Ursache und Wirkung erfassen: Lege ich den Ball ab, so rollt er die Bahn hinunter
Selbst diesen Effekt hervorrufen
Freude am Spiel haben

Möglichkeiten:
Kleine Bälle in einer schräg aufgestellten, offenen Regenrinne rollen lassen, am Ende der Rinne fallen sie in eine Kiste. Statt der Regenrinne durchsichtige Röhren verwenden. *Undurchsichtige* Röhren fordern die Neugierde heraus: Ob der Ball am anderen Ende wohl wieder heraus kommt? Allerdings muss der Schüler hier über die Fähigkeit zur Objektpermanenz verfügen.

Spiel mit der Objektpermanenz

Brett mit Leisten an der Längsseite als Schräge verwenden, je nach Größe des Brettes kann man kleine oder größere Bälle rollen lassen. Es ist hilfreich, den Ausgangspunkt farbig zu markieren, um den Schülern die Orientierung zu erleichtern: Wo soll ich den Ball ablegen?

Gezieltes Ablegen und Beobachten der Rollbewegung in allen Variationen üben und festigen

Mit einem größeren Brett dieser Art lässt sich sehr schön in der Turnhalle arbeiten: Schräge in gewünschter Höhe an der Sprossenwand befestigen und unterschiedlichste Bälle hinunterrollen. Wenn sich alle Bälle in der Halle verteilt haben, diese in einen Korb etc. einsammeln und das Spiel fortsetzen. Hierbei können sehr gut das Aufheben und Tragen unterschiedlicher Bälle sowie das Sich-Bücken und Sich-Aufrichten geübt werden.

Rollbewegung auch über größere Distanz hinweg beobachten
Sich zur Eigenbewegung anregen lassen

Das Brett mit Querrillen, Querleisten, kleinen Hindernissen versehen und Holzkugeln darüberrollen lassen, es entsteht ein zusätzlicher akustischer Reiz. Hier ist die seitliche Begrenzung der Bahn wichtig, um das Herausfallen der Kugeln zu verhindern. Man kann das Ganze in einer Art Kasten in beliebiger Größe anbringen, dessen Boden diagonal vom oberen zum unteren Rand verläuft.

Optischen und akustischen Reiz miteinander in Verbindung setzen
Bemerken: Wenn ich einen Ball oder eine Kugel loslasse, so bewegt er/sie sich und verursacht ein Geräusch
Den Effekt selbst hervorrufen und Freude daran haben

Eine Schräge so aufbauen, dass sich an deren unterem Ende ein Ziel befindet, das der rollende Ball sicher trifft: Röhrengong, Turm aus Dosen oder bunten Schachteln, an einer Leiste befestigte Papierstreifen, Glockentuch etc. Dies regt die Schüler an, die Bewegung des Balles aufmerksam zu beobachten: Ob der rollende Ball den Dosenturm wohl umwirft?

Erwartungshaltung
Spielfreude

Alle Spiele mit der Schräge lassen sich als Partner- oder Gruppenspiele durchführen: Die Schüler können am oberen und unteren Ende, aber auch an der Längsseite der Schräge sitzen, es sollten genügend Bälle oder Kugeln sowie Behälter zum Auffangen zur Verfügung stehen. Man kann die Bälle auch mit der Hand oder einer Dose auffangen, dies erfordert jedoch eine gewisse Handfertigkeit.

Mit dem Partner oder in der Gruppe spielen
Das gezielte Greifen und Ablegen üben
Verfolgen der Bewegung mit den Augen
Reaktionsvermögen ausbilden

Das Anschubsen eines Balls **mit den Füßen** kann zunächst im Sitzen ausgeführt werden. Im Stand fällt es den Schülern zunächst leichter, in einen großen Ball „hineinzulaufen" und diesen so in Bewegung zu versetzen: einen oder mehrere Bälle in der Turnhalle oder im Freien anbieten und diese durch „Hineinlaufen" in Bewegung halten. Das Antreten eines Balls im Stand ist bereits schwieriger, es erfordert für kurze Zeit das Stehen auf einem Bein, eine Fähigkeit, die das gesunde Kind etwa im Alter von drei Jahren erwirbt.

In Verbindung hiermit können basale Angebote zum Erleben der Füße durchgeführt werden, um die Aufmerksamkeit der Schüler auf diese Gliedmaßen zu lenken.

Auge-Fuß-Koordination ausbilden
Schulung der Ganzkörperkoordination
Gleichgewicht auf einem Bein halten können
Freude am Spiel
Sich durch die Ballbewegung zur Eigenbewegung anregen lassen

Pendeln

Das Pendeln ist eine Variante des Anschubsens und Rollens, es eignet sich jedoch auch als Vorübung für das Werfen. Partner- und Gruppenspiele sind sehr gut möglich. Schüler, die in ihrer Bewegungsfähigkeit stark eingeschränkt sind, können so leicht in das Geschehen einbezogen werden und erleben, wie ihre Bewegung die Bewegung eines Objekts auslösen kann.

Je nach Ball wird die Pendelbewegung unterschiedliche Geschwindigkeiten aufweisen: Kleine Bälle pendeln schneller als große. Luftballons und Wasserbälle sind sehr gut für langsame Pendelbewegungen geeignet, Riesenluftballons bewegen sich sozusagen in Zeitlupe und lassen dem Schüler genügend Zeit, entsprechend zu reagieren.

Die Bälle lassen sich in einem Netz, einer durchsichtigen Tüte oder in einem dünnen Tuch aufhängen. Die Aufhängung kann Schnur oder Gummiband sein, das Gummiband ermöglicht noch eine zusätzliche Wippbewegung.

Das Pendeln an unterschiedlichen Bällen beobachten und selbst hervorrufen
Sich auf die Schnelligkeit der Pendelbewegung einstellen, entsprechend darauf reagieren
Sich durch das bewegte Objekt zur Eigenbewegung anregen lassen

Es sind *vier* Spielformen möglich:
1. Der Ball wird dem Schüler auf den Schoß gelegt, der Schüler soll ihn nun mit einer oder mit beiden Händen wegschubsen.
2. Der Ball wird dem Schüler so gehalten, dass dieser ihn leicht mit der Hand oder mit beiden Händen treffen kann.
3. Der Ball befindet sich in Bewegung, der Schüler soll ihn in der Bewegung mit einer oder mit beiden Händen (Letzteres ist schwieriger) treffen und so die Bewegung in Gang halten.
4. Der Ball befindet sich in Bewegung und soll vom Schüler aus der Bewegung heraus mit einer Hand oder mit beiden Händen gefangen und eine Weile festgehalten werden, um ihn dann mit Schwung (oder ohne) wieder loszulassen.

Daraus ergibt sich eine *Vielzahl* an Spielmöglichkeiten:
- Ein Netz horizontal spannen und den Ball daran aufhängen. Der Schüler kann unter dem Netz sitzen oder in Rückenlage gelagert werden und so

Einlineare Stoßbewegung mit einer Hand oder mit beiden Händen durchführen:
Vom Schoß aus Bewegung vom eigenen Körper weg durchführen
In günstiger Position aufgehängten Ball durch unwillkürliche Armbewegung treffen
Hingehaltenen Ball mit Arm oder Hand treffen
Ball in der Bewegung mit der Hand treffen
Ball in der Bewegung fangen, festhalten, loslassen

Das Anschubsen in allen Variationen erlernen, üben und festigen
Zusammenhang zwischen Ursache und

den Ball durch unwillkürliche oder willkürliche Armbewegung zum Schwingen bringen. Stark bewegungseingeschränkten Schülern soll der Ball unmittelbar in Körpernähe angeboten werden: dicht am Arm.
- Partner- oder Gruppenspiel.
- Einen kleinen Ball zupendeln, diesen mit einer Hand anschubsen oder fangen.
- Sich sehr leichte Bälle oder Luftballons zupendeln.
- Einen schweren Medizinball verwenden, dies erfordert den Einsatz beider Hände sowie einen gewissen Krafteinsatz.
- Die Höhe der Aufhängung variieren, so wird ein Sich-Strecken notwendig.
- Den Ball sehr niedrig aufhängen und ihn mit den Füßen anschubsen.
- Kegelspiel: den Ball knapp über dem Boden aufhängen und ihn so pendeln, dass er ein Ziel trifft.

Wirkung erkennen: Wenn ich an den Ball stoße, pendelt er hin und her
Den Effekt selbst hervorrufen und wiederholen
Freude am Spiel haben: allein oder mit anderen
Unterschiedliche Raumebenen für das eigene Tun nutzen

Werfen und Fangen

Das Werfen erfordert die Bewegung von Arm und Hand aus der Schulter heraus. Es entwickelt sich aus dem Loslassen und kann, wie bereits erwähnt, über das Pendeln angebahnt werden. Auch das Weitergeben lässt sich als Vorübung zum Werfen einsetzen: einen Ball mit beiden Händen greifen und dem Partner zureichen, langsam die Distanz erhöhen und so einen kleinen Wurf provozieren.

Um die Bewegung einzuüben, kann die Lehrkraft auch zunächst hinter dem Schüler stehen und dessen Arme führen. Das Werfen sollte zunächst ungezielt geschehen. Es kann mit einer oder mit beiden Händen erarbeitet und durchgeführt werden.

Fertigkeit „Werfen" erwerben
Fertigkeit „Fangen" erwerben
Mit einer Hand werfen oder fangen
Koordination beider Hände und Arme beim beidhändigen Werfen und Fangen

Möglichkeiten:
In der Turnhalle oder im Freien verschiedene Bälle ungezielt werfen, beobachten, wie weit sie rollen. Bälle einsammeln und das Spiel fortsetzen.

Ein Tuch oder Netz in Augenhöhe spannen und Bälle darüberwerfen. Hier kann zunächst mit dem Loslassen begonnen werden: Der Schüler streckt seine Arme mit dem Ball über das Netz und lässt den Ball dann los. Unterschiedliche Bälle verwenden, mit einer oder mit beiden Händen werfen. Sehr schön ist dieses Spiel, wenn eine größere Anzahl gleicher Bälle verwendet wird, z. B. nur Wasserbälle. Die Bälle sollten zunächst nicht zu schwer sein.

Bälle aus geringer Distanz in einen sehr großen Behälter (Kiste, Korb) werfen, hier kann erst einmal mit dem Loslassen begonnen werden. Im Schwimmbad am Beckenrand stehen und Bälle ins Wasser werfen.

Bälle in einen kleineren Behälter werfen, dieser kann auf dem Boden stehen oder aufgehängt werden.

Mit Schwung werfen, dabei eine Hand oder beide Hände einsetzen

Ball mit beiden Händen fassen und so hochheben: Koordination beider Arme und Hände
Gezieltes Loslassen
Schwung einsetzen, die Bewegung aus der Schulter heraus führen

Über das gezielte Fallen-Lassen zum Werfen kommen
Nach unten werfen
Unterschiedliche Höhen nutzen

Auf einen Hocker o. Ä. steigen und Bälle *von oben* in einen großen Behälter werfen, der auf dem Boden steht oder in gewünschter Höhe aufgehängt ist. Hier eignet sich auch ein Holzreifen, woran ein Ballnetz oder ein selbstgenähter Sack aus Gardinenstoff befestigt wird.

Ball werfen und damit ein Ziel treffen: Dosenturm, Röhrengong, bunte Papprören, Turm aus leeren Schachteln (diese können bemalt und mit Geräuschmaterial gefüllt werden), Mauer oder Turm aus Schaumstoffbausteinen etc. Das Ziel sollte markant und gut zu treffen sein. Wichtig ist, dass beim Treffen des Ziels etwas geschieht: Es bewegt sich etwas, es ergibt ein interessantes Geräusch.

Begriffe durch eigenes Tun erleben: oben, unten, hinein, hinunter, voll, leer

Gezielt und mit Schwung werfen
Erleben: Wenn ich das Ziel treffe, geschieht etwas
Diesen Effekt selbst hervorrufen und Freude daran haben

Werfen in Verbindung mit **Fangen** ist für die Schüler zunächst schwierig. Das Fangen kann über das langsame Zurollen oder Zupendeln erarbeitet werden. Der Schüler wird den Ball zunächst mit den Armen festhalten. Erst dann gelingt das Fangen nur mit den Händen. Es ist in der Regel recht anspruchsvoll, einen kleinen Ball mit einer Hand zu fangen. Anfangs eignen sich Bälle, die gut mit beiden Händen gehalten werden können und dem Druck der Hände und des Körpers ein wenig nachgeben. Die Balloberfläche sollte nicht zu glatt sein, um ein Abrutschen zu vermeiden. Hier muss individuell entschieden werden.

Bewegtes Objekt in der Bewegung greifen und festhalten
Reaktionsvermögen, Schnelligkeit
Das Tun der Hände mit den Augen/ mit den Ohren kontrollieren

Das Fangen lässt sich folgendermaßen aufbauen: Zunächst erfolgt das Zurollen über den Tisch, wobei sich Lehrkraft und Schüler gegenüber sitzen. Ist der Schüler noch nicht in der Lage, den rollenden Ball festzuhalten, so kann sich die Lehrkraft zunächst hinter das Kind stellen und dessen Bewegung führen.

Gelingt das Festhalten des zugerollten Balls, so setzen sich Lehrkraft und Schüler ohne Tisch gegenüber, und dem Schüler wird der Ball nun langsam in den Schoß geworfen. Der Ball soll mit Armen und Händen umfasst werden. Dies kann zu Beginn zeitlich verzögert geschehen, da der Ball ja auch ohne Festhalten im Schoß des Kindes liegen bleibt. Durch häufiges Üben lernt der Schüler, die gewünschte Arm- und Handbewegung immer schneller durchzuführen, bis sie zeitlich mit dem Aufkommen des Balls im Schoß zusammen trifft.

Gezielte Bewegung beider Arme und Hände mit Festhalten des zugerollten Objekts
Gezielte Arm- und Handbewegung um in den Schoß geworfenes Objekt
Reaktionsvermögen und Schnelligkeit schulen
Unterschiedliche Bälle fangen und somit festhalten
Im Sitzen oder im Stehen spielen
Freude am Spiel haben

Die gewünschte Festhaltebewegung kann zunächst durch die Lehrkraft geführt werden, bis der Schüler hier mehr Sicherheit gewinnt und beginnt, sie von sich aus durchzuführen.

Langsam wird nun die Distanz zwischen den Spielern erhöht. Erst wenn das Fangen im Sitzen gelingt, sollte es im freien Stand geübt werden.

Freier Umgang mit Bällen

Bälle eignen sich hervorragend zum freien Umgang und zum ungelenkten Spiel. Es bietet sich an, hier die Turnhalle einzusetzen. Es sollten genügend Bälle (mindestens fünf pro Schüler) in allen Variationen vorhanden sein,

Eigene Spielideen einsetzen
Sich vom Spielangebot zum Tun anregen lassen

ebenso auch eine große Kiste zum Hineinwerfen, eine Schräge und eine Bahn zum Rollen sowie mehrere unterschiedliche Pendelbälle.

Eine Ecke der Halle sollte mit Matten ausgelegt und mit Kasten oder Langbank so abgeteilt werden, dass sich hier ein Ballbad oder Luftballonbad einrichten lässt. Auch Ball- oder Luftballonsäcke können in das Angebot aufgenommen werden. So wird ein variationsreiches Spiel ermöglicht.

Aufgabe der Lehrkraft ist auch hier wieder die Impulssetzung und Hilfestellung, wo nötig. Es bietet sich an, das Angebot eine Weile bestehen zu lassen, es kann so von allen Klassen einer Schule genutzt werden.

Allein oder mit anderen spielen
Neues ausprobieren
Vorhandene Handlungsmöglichkeiten einsetzen
Vorlieben zeigen
Bestimmte Aktivitäten auswählen und bevorzugen
Bestimmte Bälle auswählen und bevorzugen

Beobachtungshilfen

Materialerfahrung

- lässt sich den ganzen Körper mit Ball abrollen
- lässt sich den Körperumriss mit Ball abrollen
- mag das Bällchenbad, liegt gerne darin
- bevorzugt im Bällchenbad bestimmte Bälle (welche?)
- liegt gern auf dem Ball- oder Luftballonsack, lässt sich darauf schaukeln
- tobt mit anderen auf dem Ball- oder Luftballonsack
- bemerkt großen Ball, wenn sich dieser direkt am Körper befindet (Seitlage, Rückenlage, Sitz)
- setzt sich auf großen Ball, wippt darauf
- legt sich in Bauchlage über großen Ball
- legt sich in Rückenlage über großen Ball
- bewegt Hände in einer Wanne mit Bällen
- greift Ball mit einer Hand, hält fest, erkundet die Form mit der Hand
- bewegt Füße in einer Wanne mit Bällen
- schubst Ball mit dem Fuß an: im Sitzen, im Stand, im Gehen

Greifen – Festhalten – Loslassen

- hält in die Hand gegebenen Ball fest
- greift nach vor ihm liegenden Ball (mit einer oder mit beiden Händen)
- lässt Ball auf den Boden fallen, beobachtet den Vorgang
- lässt Ball gezielt in Behälter fallen (in welchen?)
- hält großen Ball mit beiden Händen, hebt ihn vom Boden auf
- kann großen Ball eine Weile tragen
- lässt großen Ball gezielt fallen

- gibt Ball weiter (mit einer oder mit beiden Händen)
- bewegt in Seitlage Arm in Richtung Ball, wenn sich dieser in Reichweite befindet

Rollen

- legt Ball auf Schräge und beobachtet das Rollen bis zum Ende der Bahn bzw. ein Stück weit
- schubst Ball an und löst so Rollbewegung aus (welchen Ball?)
- schubst mit einer oder mit beiden Händen
- rollt gezielt

Pendeln

- schubst Ball (welchen?) vom Schoß
- schubst Ball (welchen?) in der Bewegung an
- fängt Ball in der Bewegung, hält eine Weile fest und schubst dann an
- beobachtet Pendelbewegung
- pendelt gezielt

Werfen und Fangen

- wirft Ball weg, noch ungezielt, beobachtet den Vorgang
- wirft Ball gezielt in großen Behälter
- wirft Ball auch in kleineren Behälter
- wie groß kann die Distanz sein? .... m
- wirft Ball zu Partner
- hält rollenden Ball mit den Armen auf
- hält pendelnden Ball mit den Armen auf
- hält in den Schoß geworfenen Ball mit den Armen auf
- fängt Ball mit beiden Händen
- fängt: im Sitzen auf dem Boden, am Tisch, im Stand, in der Bewegung
- wirft: im Sitzen auf dem Boden, am Tisch, im Stand, in der Bewegung

Freier Umgang

- hat Freude am Spiel mit dem Ball
- bevorzugt bestimmte Bälle
- setzt folgende Aktivitäten im Zusammenhang mit dem Ball ein: ....
- benötigt noch den Impuls durch die Lehrkraft, lässt sich jedoch so ins Spiel miteinbeziehen und bleibt auch eine Weile dabei
- spielt mit anderen zusammen
- spielt lieber allein

Unterrichtsbeispiele

**1. Wir nehmen Schaumstoffbälle mit dem ganzen Körper wahr
(Lernort: Klassenzimmer)**

Ausgangssituation: Wir sitzen in der Kuschelecke im Klassenzimmer, die Lehrkraft bietet zunächst nur einen mittelgroßen Schaumstoffball an. Wir holen den Ball aus einer Schachtel und hantieren damit: Jeder Schüler hält den Ball mit den Händen, wir ertasten seine Form, drücken ihn, halten ihn fest, geben ihn weiter. Wir stellen fest: Der Ball ist rund, er ist weich, er hat eine bestimmte Farbe, er rollt.

Wir lassen den Ball über den Körper rollen: Der Schüler legt sich auf den Rücken und wird langsam mit dem Ball abgerollt. Der Ball bewegt sich über die Arme, die Beine, den Bauch. Hier muss individuell und vorsichtig vorgegangen werden, manche Schüler werden das Rollen über den Bauch zunächst ablehnen.

Die Lehrkraft stellt eine sehr große, mit vielen Schaumstoffbällen gefüllte Kiste in die Mitte. Je ein Schüler (oder auch mehrere, wenn die Kiste groß genug ist) steigt hinein, setzt oder legt sich in die Bälle, bewegt sich darin. Die Bälle sind weich und leicht, man kann sich darin bewegen, sich darin verstecken, sie zusammendrücken, sie hin- und herschieben, sie aus der Kiste herauswerfen, sich damit bewerfen lassen.

Wir füllen alle Bälle in einen Bettbezug: Hier können das Greifen und das Loslassen mit den Schülern geübt werden. Die Bälle in der Kiste werden immer weniger, sie verschwinden alle im Bettbezug (es sind mindestens 20 Bälle im Durchmesser von circa 20 cm notwendig). Diese Phase lässt sich folgendermaßen gestalten: Wir sitzen um die Ballkiste, der leere Bettbezug wird so aufgehängt, dass eine genügend große Öffnung zum Hineingeben der Bälle besteht. Wir bücken uns, holen einen Ball aus der Kiste, tragen ihn zum Bettbezug und lassen ihn hineinfallen. Wir stellen fest: Die Kiste wird immer leerer, nun befinden sich keine Bälle mehr darin, wir haben sie alle umgefüllt.

Wir schaukeln und wippen auf dem Ballbett: Man kann sich darauf legen oder setzen, wir spüren das Runde durch den Stoff hindurch, wir probieren verschiedene Sitz- und Liegemöglichkeiten aus. Schüler, die sich selbst nur wenig bewegen können, werden vorsichtig in Rückenlage auf das Ballbett gebracht und darauf hin- und herbewegt. Bei ängstlichen Schülern genügt eine minimale Bewegung, um das Geschaukelt-Werden zu empfinden.

Variation: Wir legen uns in die Kuschelecke und decken uns mit dem Ballbett zu, verstecken uns darunter, bewegen uns darunter, schieben es mit den Händen weg, spüren die einzelnen Bälle durch den Stoff hindurch: Sie sind rund und weich, haben Gewicht, lassen sich bewegen.

Abschluss kann sein: Das Ballbett bekommt einen festen Platz in der Kuschelecke und bleibt als Angebot im Klassenzimmer.

2. Wir werfen Gymnastikbälle in einen Reifensack (Lernort: Klassenzimmer)

Ausgangssituation: Wir sitzen im Kreis, die Lehrkraft bietet eine größere Anzahl Gymnastikbälle in einem großen Korb an. Man kann den Korb auch mit den Schülern herbeitragen: Der Korb ist schwer, es sind lauter Bälle darin, die Bälle haben unterschiedliche Farben.

Wir erkunden die Bälle und hantieren mit ihnen. Jeder Schüler holt sich einen Ball aus dem Korb. In dieser Phase kann nach Lust und Laune mit den Bällen gespielt werden: Ball mit beiden Händen festhalten, ihn fallen lassen, dem Nachbarn geben, rollen, wegwerfen etc. Wichtig ist hier, Handlungsmöglichkeiten der Schüler aufzugreifen und die Aufmerksamkeit auf die Bälle zu lenken. Anschließend kommen alle Bälle wieder in den Korb.

Der Reifensack wird aufgehängt. Ein Reifensack ist ein größerer Holzreifen, wie er zum Turnen verwendet wird. An diesem befestigt man einen entsprechend großen Sack aus Gardinenstoff o. Ä. Das Ganze lässt sich mit Schnüren an der Decke aufhängen. Der Sack sollte so angebracht sein, dass seine Öffnung den Schülern im Stehen ungefähr bis zur Körpermitte reicht.

Nun werfen wir alle Bälle in den Reifensack. Steht der Ballkorb neben dem Sack, so können die Schüler aufstehen, sich bücken und einen Ball aus dem Korb holen, ihn dann in den Sack fallen lassen oder werfen. Wichtig ist, dass die Schüler den Ball mit beiden Händen halten und diesen dann so über die Öffnung halten, dass der Ball bequem hineinfallen kann. Je nach Fähigkeit der Schüler kann die Distanz zum Sack vergrößert werden, so dass mit etwas Schwung geworfen werden muss. Diese Übung verbindet das Sich-Bücken und Greifen mit dem Stehen und Loslassen bzw. Werfen.

Sind alle Bälle im Reifensack, so setzen wir uns im Kreis drum herum, schauen und fassen hinein, befühlen den Inhalt durch den Stoff hindurch: Alle Bälle sind darin. Wir pendeln uns den Sack zu: Reifen mit beiden Händen fassen, zum Körper hinziehen und loslassen. Mit diesem Pendelspiel kann die Unterrichtseinheit zum *Abschluss* gebracht werden.

3. Wir rollen Holzkugeln in der großen Rahmentrommel (Lernort: Klassenzimmer)

Ausgangssituation: Wir sitzen um den Tisch, in der Mitte befindet sich eine Lochkiste (verschlossene, mit Löchern zum Hineingreifen versehene Schachtel oder Holzkiste). In dieser befindet sich eine größere Anzahl farbiger Holzkugeln.

Wir erkunden den Inhalt der Schachtel: Wir versuchen, die Schachtel zu heben, sie ist schwer, wir schieben die Schachtel auf dem Tisch hin und her, es bewegt sich etwas in der Schachtel, es entsteht ein klickendes Geräusch, wir kippen die Schachtel, der Inhalt rollt von einer Seite zur anderen. Wir fassen mit den Händen in die Schachtel und befühlen den Inhalt: Es sind runde Dinge darin, sie sind fest, lassen sich mit der Hand umschließen und in der Kiste bewegen.

Wir holen eine Holzkugel nach der anderen heraus, jeder Schüler greift in die Lochkiste.

Wir schauen die Kugeln an, halten sie in der Hand, wechseln sie von einer Hand in die anderen, rollen sie über die Tischplatte, geben sie unserem Nachbarn. Wir stellen fest: Die Kugeln sind hart, sie haben eine bestimmte Farbe, sie lassen sich sehr schön rollen, sie ergeben ein Geräusch beim Rollen. Wir legen eine Kugel nach der anderen in einen kleinen Korb auf dem Tisch und stellen die leere Lochkiste weg.

Wir rollen die Kugeln in der Trommel. Eine große Rahmentrommel wird mit der Innenseite nach oben auf den Tisch gelegt (je größer die Trommel, desto schöner ist der entstehende Klang). Die Trommel sollte in einer Haltevorrichtung liegen, damit das Fell frei schwingen kann (Holzrahmen o. Ä.), man kann sie auch entsprechend für den Schüler halten. Je ein Schüler sucht sich nun eine Holzkugel aus und bewegt sie in der Trommel. Durch gezieltes Anschubsen rollt die Kugel am Rand entlang. Ist dies noch zu schwierig, so kann die Lehrkraft durch regelmäßiges Kippen der Trommel die Rollbewegung in Gang setzen und halten. Der Schüler übernimmt dann das Hineinlegen und Herausholen seiner Kugel. *Variation:* Die Kugel soll in der Bewegung gefangen werden, das Spiel wird dann erneut begonnen. Nach einer Weile legt der Schüler seine Kugel wieder in den Korb, und der nächste kommt an die Reihe.

Für die Schüler ergeben sich folgende Handlungsmöglichkeiten: Kugel aus Korb wählen und in die Trommel legen, sie anschubsen, die Bewegung beobachten, Kugel im Lauf festhalten und wieder anschubsen, den Klang der rollenden Kugel hören, Kugel aus Trommel wieder in den Korb legen, warten, bis man an der Reihe ist.

Variation: Wir legen nacheinander alle Kugeln in die Trommel und lassen sie gemeinsam rollen, schubsen die Kugeln an, kippen die Trommel ein wenig, um das Rollen in Gang zu halten, lassen die Kugeln im Kreis oder von einer Seite zur nächsten rollen. Je mehr Kugeln wir in die Trommel legen, desto lauter wird der Klang. Jeder Schüler bekommt Gelegenheit, mit beiden Händen die Kugeln in der Trommel zu bewegen.

Abschluss kann sein: Wir legen die Kugeln wieder in die Lochkiste. Eine Kugel nach der anderen wird in die Kiste gegeben, hierzu muss der Schüler seine Hand mit der Kugel gezielt durch das Loch stecken und die Kugel dann loslassen. Wir räumen Kiste und Trommel auf.

4. Wir spielen mit Luftballons (Lernort: Klassenzimmer)

Das folgende Lernvorhaben verbindet Übungen aus den Bereichen **„Ganzkörperliche Materialerfahrung"**, **„Greifen"**, **„Festhalten"** und **„Loslassen/Werfen"** sowie **„Pendeln"** miteinander.

Ausgangssituation: Wir sitzen im Kreis, die Lehrkraft hat eine größere Menge noch nicht aufgeblasener Luftballons dabei (in kleiner Schachtel o. Ä.). Wir schauen uns den Inhalt an, fassen mit der Hand hinein, befühlen die noch schlappen Ballons. Einige Ballons sollten bereits mit Reiskörnern, Erbsen, Sand etc. versehen sein (es genügen wenige Körner).

Nach und nach werden alle Luftballons aufgeblasen. Dies sollte langsam und vor den Augen der Schüler geschehen, damit diese die Veränderung beobachten können. Während des Aufblasens ergibt sich Gelegenheit zum freien Spiel mit den bereits aufgeblasenen Ballons: in den Händen halten, werfen und fallen lassen, damit wedeln, die verschiedenen Geräusche wahrnehmen etc. Die Lehrkraft sollte immer einen Ballon für ein Kind aufblasen und dann dem Schüler Gelegenheit geben, damit zu spielen, während der nächste Ballon aufgeblasen wird. Es müssen genügend Ballons in verschiedenen Farben vorhanden sein. Durch die unterschiedlichen Füllungen ergeben sich beim Spiel vielfältige Geräusche. Als Gegensatz dazu sollte es auch „leere" Ballons geben.

Nun legen bzw. werfen wir alle Luftballons in eine große Kiste. Diese sollte groß genug sein, um ein Hineinsteigen zu ermöglichen. Je ein Schüler kann sich nun in die gefüllte Luftballonkiste setzen, sich darin bewegen, Ballons herauswerfen, sich damit bewerfen lassen. Ist die Kiste groß genug, so können sich auch zwei oder mehr Schüler hineinsetzen.

Wir pendeln uns einen Ballon zu: Nachdem jeder Schüler Gelegenheit hatte, alle Ballons ganzkörperlich zu erkunden, hängen wir nun einen Ballon an einem Gummiband auf und setzen uns im Kreis drum herum. Wir versuchen, den Ballon mit der Hand zu treffen und ihn in Bewegung zu halten.

Variation: Wir fangen den Ballon im Flug auf, halten ihn fest und lassen ihn wieder los. Ist der Schüler zu beidem noch nicht in der Lage, so gibt man ihm den Ballon in den Schoß, legt seine Arme herum und führt die Stoßbewegung mit ihm gemeinsam durch. Das Gummiband verhindert in jedem Fall, dass der Ballon sich aus der Kreismitte entfernt. Beherrschen die Schüler das Pendelspiel, so kann das Zuwerfen und Fangen ohne Aufhängung versucht werden.

Abschluss kann sein: Wir füllen alle Luftballons aus der Kiste in einen großen Sack aus transparentem Stoff (1 x 2 m) und legen dieses Luftballonbett in unsere Kuschelecke.

BAUSTEIN

Der Baustein (Würfel oder Quader) steht für das Eckige, das Kantige, das Gerade, eine Form, die ganz den Gegensatz zur Kugel bildet. Hier tritt das Statische in den Vordergrund. Der Umgang mit Würfeln und Quadern beinhaltet die Möglichkeit des Herstellens von räumlichen Gebilden. Tiefe und Höhe des Raums können ausgelotet werden. Raum wird geschaffen und begrenzt, strukturiert und verändert. Auf elementarer Ebene werden Raumbegriffe und Raum-Lage-Begriffe (oben, unten, vorne, hinten, links, rechts, groß, klein etc.) erfahrbar gemacht, wobei zunächst immer der eigene Körper als Ausgangspunkt zu sehen ist.

Obwohl beim eigentlichen Bauen nur zwei grundlegende Aktivitäten möglich sind (nämlich das Aufeinanderstapeln und das Aneinanderreihen), lassen sich diese Einzelelemente durch Kombinieren und Experimentieren zu komplexen Gebilden zusammenfügen. Dies kann zufällig oder planvoll geschehen und fordert die Geschicklichkeit der Hände und Finger je nach Beschaffenheit der Bausteine auf unterschiedliche Weise.

Hier kommen die Freude am Ausprobieren, Phantasie und Vorstellungskraft zum Tragen. Beschaffenheit und Größe der verwendeten Bausteine regen zu jeweils neuen Spielsituationen an. Alle entstandenen Bauwerke können beliebig verändert, zerstört und erneut aufgebaut werden, dies macht den besonderen Reiz des Materials aus. Beschränkt man sich auf eine der beiden Grundmöglichkeiten (Stapeln oder Reihen), so lässt sich jede von ihnen in einer Fülle von Lernaufgaben erforschen. Im folgenden wird „Baustein" für Quader und Würfel als Vertreter der statischen Form verwendet.

| Objekterfahrung | Lerninhalte | Möglicher Lerngewinn |

Ganzkörperlich

Nicht alle Bausteine eignen sich zur ganzkörperlichen Materialerfahrung, die in diesem Fall eng mit einem Erleben von Raumbegriffen im Bezug zum eigenen Körper verbunden ist.

Gut durchführbar ist die ganzkörperliche Materialerfahrung mit Schaumstoffbausteinen unterschiedlicher Größe sowie mit großen Pappkartons, die verschlossen und zugeklebt werden, um so als Riesenbausteine zu dienen. Auch große offene Schachteln oder Holzkisten sind geeignet. Die Spielwarenhersteller bieten eine breite Auswahl unterschiedlichster Bausteine in allen Größen, hier muss je nach Lernvorhaben, angestrebtem Lerngewinn und Schülerschaft ausgewählt werden.

Möglichkeiten:
Auf dem Boden, auf einer Matte sitzen oder liegen, sich mit Schaumstoffbausteinen o. Ä. einbauen lassen, die Begrenzung wahrnehmen, mit dem Körper daran stoßen, sie zum Einstürzen bringen. In einem Berg von Bausteinen sitzen oder liegen.

Sich zu zweit „einbauen" lassen, gemeinsam in einem begrenzten Raum sitzen, die Mauern durch eigene Bewegung zum Einsturz bringen.

In einer Ecke des Zimmers oder der Turnhalle sitzen, liegen oder stehen, sich mit Schaumstoffbausteinen o. Ä. „einbauen" lassen. Die Begrenzung wahrnehmen und selbst beseitigen bzw. beseitigen lassen.

Sich auf Rücken oder Bauch legen und sich so ganz mit leichten, nicht zu großen Bausteinen bedecken lassen, durch die eigene Bewegung die Bedeckung aufheben.

Mit anderen in der Kuschelecke sitzen, sich Schaumstoffbausteine zuwerfen, sich damit zudecken, sich darunter verstecken, darin toben.

Eine große, an allen Seiten verschlossene und ebene Holzkiste kann als Riesenbaustein dienen: hinaufsteigen, um die Höhe zu erleben, drum herumgehen, die Oberflächen mit den Händen ertasten, sich darauf setzen, sich darüber legen. Sind zwei solcher Kisten vorhanden, so lassen sich diese zu unterschiedlichen Erkundungssituationen arrangieren. Die Kisten sollten quaderförmig sein, um mehr Variationsmöglichkeiten zu haben.

Große Kiste oder Schachtel ohne Deckel und Boden als „Tunnel" anbieten: durch diese hindurchkrabbeln oder -robben, hineinsteigen, hindurchschauen, einen Ball hindurchrollen.

In einen großen, leeren Karton steigen, darin sitzen oder liegen, sich in dem Karton verstecken (ihn z. B. schließen bzw. zulassen, dass er ge-

Somatische Anregung
Quader und Würfel (hier: Bausteine) mit dem ganzen Körper wahrnehmen und sich dabei des eigenen Körpers bewusster werden

Die Eigenschaften von Bausteinen wahrnehmen: Sie haben ebene Oberflächen, Ecken und Kanten, sie stehen im Raum, sie haben eine bestimmte Größe, sie schaffen und begrenzen Räume

Raumbegriffe und Raum-Lage-Begriffe durch eigenes Tun erleben: innen, außen, oben, unten, vor mir, hinter mir, neben mir

Größenbegriffe in Bezug zum eigenen Körper durch eigenes Tun erleben: so groß, so klein, so hoch wie …, kleiner als, größer als

Begrenzung des Raums erfahren, dies auch in Bezug zur eigenen Körpergröße: eng, weit, offen, geschlossen

Das Material mit dem Körper und dadurch den eigenen Körper spüren
Durch die Eigenbewegung Begrenzung aufheben

„Oben" erleben
Ebene Oberfläche, Kanten, Ecken wahrnehmen
Das statische Element erleben
Räume mit dem ganzen Körper erkunden

„Innen" und „außen" erleben und im eigenen Tun erforschen
Begrenzung eines Innenraums wahrnehmen
Die besondere Form von Quader und

schlossen wird). Den Karton mit der Öffnung nach oben oder mit der Öffnung zur Seite aufstellen und dann darin sitzen oder liegen.

Sich darin sitzend schieben oder auf dem Rollbrett transportieren lassen, allein oder zu zweit darin sitzen. Auf dem Boden sitzend sich den leeren Karton über den Kopf stülpen, sich darunter verstecken.

Würfel (hier: Baustein, Schachtel etc.) mit dem ganzen Körper von innen und außen erkunden
Erfahrungen mit der eigenen Körpergröße machen

Die Innenseiten des Kartons mit unterschiedlichen Oberflächenstrukturen versehen, so ergeben sich vielfältige Tasteindrücke. Durch die Markierung der Innenwände wird die Begrenzung des Raums hervorgehoben.

Begrenzung des Raums erleben und dabei auch Erfahrungen mit der eigenen Größe machen

Eine sehr große, stabile und verschlossene Schachtel erkunden: sich mit dem ganzen Körper darüber legen und versuchen, sie mit den Armen zu umfassen, mit den Händen über die Oberfläche streichen, um die Schachtel herumgehen. Sich in Rückenlage die große Schachtel auf den Bauch stellen lassen. Hierbei unbedingt darauf achten, dass der Schüler keine Angst empfindet!

Größe eines Objekts in Bezug zum eigenen Körper wahrnehmen

Mehrere leere Kartons unterschiedlicher Größe aneinander stellen, den Karton-Parcours mit oder ohne Hilfe überwinden. Das Steigen in unterschiedlichen Variationen ausprobieren.

Beim Steigen: Koordination der Augen und Beine, Schulung der Gesamtkörperkoordination
Hindernisse überwinden

Sich in unterschiedliche Kartons setzen, versuchen, sich in einen kleinen Karton zu zwängen, die Enge und die Begrenzung spüren, feststellen: In großen Kartons ist viel Platz, in kleinen nicht, aus niedrigen Kartons kann man herausschauen, aus großen nicht, der Deckel lässt sich schließen und öffnen.

Erfahrung mit Raumgröße in Bezug zur eigenen Größe machen
Die besondere Form von Quader und Würfel von innen mit dem ganzen Körper wahrnehmen

Aus großen Steckbausteinen eine Mauer oder einen Turm bauen, die Größe und Höhe des Bauwerks mit dem ganzen Körper wahrnehmen: es mit den Armen umfassen, sich strecken und das obere Ende berühren, um das Bauwerk herumgehen, sich dahinter verstecken und hervorschauen.

Räumliche Ausdehnung mit dem ganzen Körper wahrnehmen

Mit den Händen

Hier sind unterschiedlichste Bausteine aus Holz, Kunststoff, Karton oder Schaumstoff in allen Größen geeignet. Je nach Materialauswahl wird bei gleicher Durchführung eines Lernvorhabens der mögliche Lerngewinn unterschiedlich ausfallen. Die Vielfalt des Materials ergibt eine Fülle von Spielmöglichkeiten. Es kann mit nur einem Baustein gearbeitet werden (z. B. einer sehr großen Schachtel) oder auch mit vielen kleinen.

Das Objekt mit den Händen erkunden und sich dabei der eigenen Hände bewusster werden
Merkmale des Objekts mit den Händen wahrnehmen: das Gerade, das Eckige, das Kantige, das Statische

Möglichkeiten:
Einen sehr großen „Baustein" (großer zugeklebter Karton) auf den Boden stellen, mit den Händen die Oberfläche ertasten. Den Baustein mit einem dünnen Tuch verdecken und die Form durch das Tuch hindurch fühlen. Der Karton sollte so groß sein, dass er nicht von einer Person gehoben werden kann: den „Baustein" zu zweit hochheben und eine Weile festhalten. Einen quaderförmigen Karton auf unterschiedliche Weise auf den Boden

Quader oder Würfel in unterschiedlicher Größe mit den Händen erkunden
Über die Handinnenfläche Reize aufnehmen

stellen, mal mit der Längsseite, mal mit der Schmalseite nach unten, so ergibt sich jedesmal ein anderer Eindruck.

Einen großen Baustein mit den Händen erkunden: ihn mit beiden Händen halten und heben, ihn auf dem Schoß halten, mit den Händen darüberstreichen, die glatten Seiten, die Kanten und die Ecken ertasten. Hier eignen sich glatte Bausteine aus unterschiedlichem Material, aber auch zugeklebte Schachteln und Kartons.

Beidhandkoordination
Gesehenes und Gespürtes in Verbindung bringen

Eine ähnliche Übung durchführen, indem man den Baustein mit einem dünnen Tuch bedeckt, die Form durch den Stoff hindurch ertasten, die Hände auch unter das Tuch legen und den verdeckten Baustein anfassen.

Allein über den Tastsinn Informationen aufnehmen

Kleine oder mittelgroße Bausteine in einem Behälter anbieten, die Hände darin bewegen, einzelne Bausteine fassen und eine Weile festhalten. Den Behälter verdeckt anbieten, mit den Händen das Material erkunden, ohne zu sehen, was es ist. Dies lässt sich auch sehr gut in einer Lochkiste durchführen.

Eine Menge gleicher Formen (an Objekt gebunden) mit den Händen erkunden

Bausteine zu einer Fläche aneinander gelegt anbieten (z. B. in einem flachen Kasten), mit den Händen über die glatte Oberfläche streichen. Einzelne Bausteine herausnehmen, die Zwischenräume mit den Fingern ertasten, die Kanten und Ecken spüren.

Merkmale des Objekts wahrnehmen: die ebene Oberfläche, die Kanten, die Ecken

Auch Bausteine mit Noppen verwenden und damit wie oben dargestellt verfahren. Unterschiedliche Bausteine verwenden: nur Quader oder Würfel oder beide Formen gemischt, nur glatte Bausteine oder nur Steine zum Stecken oder beide gemischt, Bausteine aus dem gleichen Material oder aus unterschiedlichem Material.

Unterschiedliche Bausteine kennen lernen, dabei auch die Gemeinsamkeiten erfahren: das Kantige und Eckige, die ebene Oberfläche

Eine Mauer oder einen Turm mit den Händen zum Einsturz bringen, je nach Größe des Bauwerks im Sitzen oder im Stehen arbeiten.

Auge-Hand-Koordination
Zusammenhang herstellen: Wenn ich die Hand bewege, geschieht etwas

Eckige und runde Form gemischt anbieten (z. B. Holzquader und Holzkugel), mit den Händen den Unterschied fühlen. Dies kann mit unterschiedlichem Schwerpunkt durchgeführt werden:

Übung zur Figur-Grund-Wahrnehmung

1. Einen Quader oder Würfel mit den Händen erkunden, ihn greifen, festhalten und loslassen. Im Anschluss daran das Gleiche mit einer Kugel durchführen, den Unterschied spüren.

Den Unterschied zwischen einer runden und einer eckigen Form kennen lernen und mit den Händen wahrnehmen

2. Mehrere Bausteine und Kugeln gemischt in einem Behälter (Korb, Kiste, Fühlsack etc.) anbieten, die Hände darin bewegen, die unterschiedlichen Formen anfassen und ertasten. Man kann auch einen flachen Kasten mit Bausteinen und Kugeln so auslegen, dass der Boden vollständig bedeckt ist. Beim Befühlen der Oberfläche lässt sich der Gegensatz „rund" und „eckig" sehr gut wahrnehmen. Verwendet man Bausteine gleicher Beschaffenheit, aber unterschiedlicher Größe, so lassen sich auch die Ecken und Kanten der herausstehenden Quader oder Würfel gut erspüren.

Information nur über den Tastsinn oder über Augen und Tastsinn aufnehmen
Die Hand völlig öffnen
Über die Innenhand Informationen aufnehmen

3. Die gleiche Übung auch unter Ausschluss des Sehens durchführen: das Material in einer Lochkiste oder unter einem Tuch anbieten, sich ganz auf das Tasten konzentrieren.

Formerfahrungen mit den Händen machen

BAUSTEIN

4. Bausteine und Kugeln/Bälle gemischt und verdeckt anbieten, eine bestimmte Form heraussuchen lassen. Dies ist bereits recht anspruchsvoll und sollte an das *Objekt* gebunden sein: den vertrauten Ball oder Baustein herausfinden.

Folgende *Vorübung* ist möglich: Man zeigt dem Schüler zunächst Bausteine, lässt diese anfassen und ertasten und fordert das Kind dann auf, z. B. aus der Lochkiste noch einen Baustein herauszuholen. In der Kiste sollten sich zunächst nur *ein Baustein* (von der gleichen Art wie die bereits gezeigten) und *eine Kugel/ein Ball* als Gegensatz dazu befinden. Mit steigendem Schwierigkeitsgrad wird die Anzahl der Objekte erhöht. Dies kann natürlich auch unter Zuhilfenahme des Sehsinns durchgeführt werden.

Vertraute Gegenstände nach ihrer gegensätzlichen Form sortieren
Schulung der Figur-Grund-Wahrnehmung

Mit den Füßen

Möglichkeiten:
Schaumstoffbausteine im Sitzen oder im Stehen mit den Füßen flach drücken, sie mit den Füßen hochheben und bewegen, die Füße darunter verstecken.

Objekte und ihre Merkmale mit den Füßen wahrnehmen und sich dabei der eigenen Füße bewusster werden
Über die Füße Reize aufnehmen

Den Boden einer großen Wanne mit Bausteinen auslegen, die glatte Fläche mit den Füßen abtasten. Einzelne Steine hochstellen, die Kanten und Ecken spüren. Kugeln zwischen die Bausteine legen, den Gegensatz zur glatten Fläche mit den Füßen erkunden. Steckbausteine zu einer Fläche auslegen, mit den Füßen über die noppige Oberfläche fahren.

Einen Behälter mit sehr vielen kleinen Bausteinen füllen, die Füße darin bewegen, sie unter den Bausteinen verstecken, die Bausteine mit den Füßen hin- und herschieben.

Über die Füße Reize aufnehmen und dabei auch die eigenen Füße besser spüren

Einen Turm oder eine Mauer mit den Füßen zum Einsturz bringen. Im Sitzen, im Stehen oder im Gehen treten.

Füße gezielt bewegen

In der Turnhalle größere Bausteine (sehr schön sind hier verschlossene Kartons) unregelmäßig im Raum verteilen, um die Bausteine herumgehen, sie mit den Füßen anschubsen, sie im Gehen mit den Füßen durch den Raum schieben.

Schulung der Auge-Fuß- und der Gesamtkörperkoordination
Raumerfahrung machen
Hindernisse wahrnehmen

Mit bloßen Füßen in eine große Schachtel steigen, darin mit kleinen Schritten gehen, mit den Füßen an die Wände stoßen.

Mit den Füßen Begrenzung wahrnehmen

Mit Augen und Ohren

Der Bereich der **visuellen Wahrnehmung** wird beim Umgang mit Bausteinen insofern angesprochen, als der Schüler im Regelfall bei den einzelnen Aktivitäten lernen kann, das Tun seiner Hände mit den Augen zu verfolgen und zu steuern. Blinde und sehgeschädigte Kinder können jedoch alle Lernangebote unter Zuhilfenahme des Tastsinns durchführen. Werden farbige Bausteine verwendet, so ergibt sich die Möglichkeit, elementare

Schulung der Auge-Hand-Koordination
Schulung des Tastsinns
Räumliche Vorstellungen ausbilden
Räumliche Veränderungen über die Augen bzw. über die Hände aufnehmen

Farberfahrungen zu machen sowie das Unterscheiden der Farben zu erarbeiten und zu festigen. Siehe hierzu auch das Kapitel FARBE + FARBEN.

Möglichkeiten:
Wir bauen nur mit den roten Steinen, wir bauen einen grünen und einen gelben Turm etc.

Wir bauen einen Turm/eine Mauer mit Muster: einen roten Stein, einen weißen Stein, einen roten Stein etc. Dies setzt jedoch die Fähigkeit zur Seriation voraus und ist entsprechend schwierig.

Der **Gehörsinn** lässt sich folgendermaßen miteinbeziehen: unterschiedlichstes Geräuschmaterial (Reis, Erbsen, Kies, Glöckchen, Schellenkranz, Rasseldose etc.) in selbstgefertigte Bausteine aus Schachteln geben. So werden alle Aktivitäten mit einem zusätzlichen akustischen Reiz versehen. Beim Einwerfen von Mauer oder Turm wird dieser Vorgang durch das zusätzliche Geräusch noch hervorgehoben.

Objekte nach ihrer Farbe sortieren
Muster herstellen
Farberfahrungen machen

Akustische Unterstützung beim Umgang mit dem Material, dadurch die einzelnen Tätigkeiten hervorheben

Aktivitäten	Lerninhalte	Möglicher Lerngewinn

Greifen – Festhalten – Loslassen

Diese Aktivität ist beim Bauen stets mitangesprochen, sie kann jedoch auch gesondert ausgeführt werden, ohne zunächst auf das Bauen näher einzugehen. Der Schwerpunkt liegt in diesem Fall auf dem *Greifen* eines einzelnen Steins, der isoliert angeboten wird oder aus einer Menge anderer herausgeholt werden muss, auf dem *Festhalten* mit einer oder mit beiden Händen, auf dem *Loslassen* bzw. dem *gezielten Ablegen* mit einer oder beiden Händen. Je nach Beschaffenheit und Größe der Bausteine kann mit der ganzen Hand oder im Dreifingergriff gearbeitet werden.

Möglichkeiten:
Kleine Bausteine einzeln anbieten, sie greifen und in einen Behälter legen lassen. Hier kann man unterschiedlichste Bausteine verwenden, die sich mit einer Hand festhalten lassen.

Eine größere Anzahl Bausteine anbieten und aus der Menge jeweils nur *einen* einzelnen herausgreifen lassen.

Größere Bausteine mit beiden Händen greifen und festhalten. Sie heben und tragen, sie an einem bestimmten Ort ablegen.

Das Sich-Strecken und Sich-Bücken sowie das Überwinden einer Entfernung miteinbeziehen, je nachdem, wo sich die Bausteine befinden und

Das gezielte Greifen, Festhalten und Loslassen bzw. Ablegen eines Objektes erlernen, üben und einsetzen

Sich dabei auf die besondere Form von Quader und Würfel einstellen, je nach Größe unterschiedlich greifen

Isoliert angebotenes Objekt ergreifen, festhalten, loslassen

Ein Objekt aus einer Menge anderer gezielt herausnehmen

Mit einer Hand greifen, festhalten, loslassen bzw. gezielt ablegen

Mit beiden Händen greifen, festhalten und gezielt loslassen bzw. ablegen

Die Tätigkeit in unterschiedlichen Körperhaltungen durchführen

wohin sie transportiert werden sollen. Je nach Größe der Bausteine wird der Einsatz einer oder beider Hände gefordert. Größere Bausteine auch zu zweit tragen lassen (Partnerarbeit).

Gegenstand mit einer Hand oder mit beiden Händen tragen

Vor jeder Bauaktivität kann das Greifen – Festhalten – Loslassen zum Schwerpunkt werden: Wir holen die Bausteine einzeln aus ihrer Kiste, aus einer Schublade, aus dem Regal, aus dem Schrank und legen sie auf den Tisch, auf den Bauteppich etc. Nach dem Bauen räumen wir sie wieder auf: in die Kiste, die Schublade, den Korb.

Das gezielte Greifen, Festhalten und Loslassen bzw. Ablegen in unterschiedlichen Situationen einsetzen

Aneinanderstellen

Hier ist das gezielte Ablegen gefordert. Wichtig ist, dass der Schüler den Baustein so ablegt, dass sich eine *Reihe* ergibt. Die Lehrkraft gibt Hilfestellung, indem sie zeigt, wo der Baustein abgelegt werden soll bzw. indem sie die Bewegung des Schülers entsprechend führt. Der Verlauf der Reihe kann auch farbig markiert werden, etwa durch einen Stoff- oder Papierstreifen, auf welchen die Bausteine gelegt werden sollen. Es sollen zunächst einfache Reihen gelegt oder gesteckt werden.

Gegenstand in geforderter Weise ablegen
Räumliche Beziehung kennen lernen und damit umgehen: aneinander, hintereinander, nebeneinander
Aufgabenverständnis

Das Aneinanderreihen lässt sich mit allen Bausteinen in verschiedensten Variationen durchführen: auf dem Tisch, auf dem Boden, mit Stapel- oder Steckbausteinen. Man kann ganze Schlangen über den Tisch oder durch das Klassenzimmer legen. Sehr schön lässt sich diese Aktivität in einem leeren Raum (Turnhalle, Rhythmikraum, im Freien) mit entsprechend großen Bausteinen durchführen: Wir legen eine Reihe quer durch die Turnhalle, über die ganze Wiese, den ganzen Gang entlang etc.

In unterschiedlichen Situationen nach einem Plan arbeiten: Es soll eine Reihe entstehen; das Entstehen der Reihe beobachten und sich daran beteiligen

Je nach Art der verwendeten Bausteine werden unterschiedliche Ergebnisse erzielt. Das Sich-Bücken im Stand lässt sich hier ebenfalls miteinbeziehen, ist jedoch für die Schüler schwierig. Die fertige Reihe sollte stets noch einmal ins Bewusstsein gerückt werden: Wir betasten sie mit den Händen, gehen daran entlang, steigen darüber.

Eine Sonderform des Aneinanderstellens besteht in der Möglichkeit der *Flächenbildung*. Hierbei werden die Bausteine so aneinandergelegt, dass sich eine geschlossene Oberfläche ergibt. Man kann den Schülern die Aufgabe erleichtern, indem man eine Begrenzung vorgibt, die mit Bausteinen ausgelegt werden soll (Holzrahmen, flache Kiste, farbiges Tuch o. Ä.). Die ausgelegte Fläche eignet sich gut zur Materialerfahrung mit den Händen oder den Füßen.

Nach einem Plan arbeiten: Es soll eine Fläche entstehen; das Entstehen der Fläche beobachten und sich daran beteiligen
Durch das Auslegen einer eckigen Fläche die Eigenschaft „eckig" erfahren

Dieses Lernangebot kann mit Bausteinen einer Art oder mit unterschiedlichen Bausteinen durchgeführt werden. Es eignet sich auch für den Abschluss einer Unterrichtseinheit: Wir räumen alle Bausteine in die Kiste, legen sie sorgfältig nebeneinander hinein. Die auszufüllende Fläche sollte rechteckig oder quadratisch sein.

Eine Situation vorbereiten, durchführen, beenden

Aufeinanderstapeln

Für diese Tätigkeit wird das Stapeln und In-die-Höhe-Bauen in allen Variationen genutzt. Dies erfordert ein differenziertes Zusammenspiel beider Hände und den Wechsel von Halte- und Aktionshand. Das Stapeln kann im Sitzen oder im Stehen geschehen, je nach Größe der verwendeten Bausteine. Das Arbeiten im Sitzen fällt den Schülern erfahrungsgemäß leichter. Hier wird die Aktivität jedoch um so schwieriger, je kleiner die Bausteine sind, da das Aufeinanderstellen dann um so gezielter geschehen muss.

Bei Steckbausteinen sollte man zunächst solche mit großen und wenigen Noppen verwenden, um das Aufstecken zu erleichtern. Auch ist zu Beginn nicht wichtig, dass der Schüler die Steine sauber aufeinander steckt, sondern dass er den Vorgang an sich erfasst: Ein Stein kommt auf den anderen, der Turm wird immer höher. Bei farbigen Steinen kann man gezielt bei jedem Stein die Farbe wechseln, um den Aufsteckvorgang noch optisch zu unterstützen.

Der Umgang mit größeren Bausteinen führt schneller zu einem sehenswerten Ergebnis. Erfordern die Bausteine den Einsatz beider Hände, so wird in der Regel ein Arbeiten im Stehen notwendig, dies ist bereits recht anspruchsvoll. Je größer die verwendeten Bausteine sind, desto eher lassen sich das Sich-Bücken und Sich-Strecken in das Spiel miteinbeziehen.

Es erleichtert die Aufgabe, wenn der Schüler zunächst immer nur einen Baustein erhält mit der Aufforderung, ihn auf den begonnenen Turm zu stellen oder zu stecken. Hat der Schüler diese Möglichkeit für sich entdeckt, so kann man eine größere Menge Bausteine z. B. in einem Behälter anbieten.

Möglichkeiten:
Türme auf dem Tisch bauen, hierzu glatte, gut mit einer Hand zu greifende Bausteine verwenden: Wie hoch kann der Turm werden, bevor er einfällt? Der untere Stein kann jeweils für den Schüler gehalten werden, um ein vorzeitiges Einstürzen des Turms zu vermeiden.

Wir bauen Türme mit Steckbausteinen auf dem Tisch. Das Aufeinanderstapeln muss nun unter Ausübung von Druck geschehen, auf diese Weise lassen sich schon recht hohe Türme bauen. Die Höhe der fertigen Türme mit den Händen erkunden.

Auf dem Tisch in Reichweite viele kleine Türme bauen und diese durch Arm- oder Handbewegung zum Einsturz bringen. Um den Vorgang des Einstürzens akustisch zu untermalen, eine Rassel o. Ä. oben auf den Turm legen. Bei Schülern, die in ihrer Bewegungsfähigkeit stark eingeschränkt sind bzw. das Umstoßen erst erlernen sollen, empfiehlt es sich, sehr leichte Bausteine zu verwenden, die durch eine geringe Bewegung zum Umfallen gebracht werden können.

Auf dem Boden bauen, entweder mit Steinen, die sich noch mit einer Hand fassen lassen, oder mit noch größeren. Die Türme so hoch bauen,

Gezieltes Ablegen in einer bestimmten Weise: aufeinander
Höhe herstellen und erleben
Räumliche Gebilde schaffen
Schulung der Hand- und Fingermotorik
Raumbezüge kennen lernen und nutzen: aufeinander

Wechsel von Halte- und Aktionshand
Fertigkeit des „Aufsteckens" erwerben:
Gezielter Krafteinsatz und Schulung der Auge-Hand-Koordination, differenziertes Zusammenspiel beider Hände
Mit einer oder mit beiden Händen stapeln oder stecken

Schulung der Gesamtkörperkoordination

Ein Objekt aus einer Menge anderer gezielt herausnehmen

Spiel mit der Höhe
Spannung, Erwartungshaltung, Freude am Spiel

Spiel mit der Höhe
„Aufstecken" einsetzen und üben

Bauwerk mit Hand- oder Armbewegung zum Einsturz bringen
Einstürzende Bewegung beobachten, selbst den Effekt hervorrufen, Freude am Spiel damit haben

Höhe herstellen und erleben

wie es nur geht: Wie weit muss ich mich strecken, damit ich noch einen Stein auf den Turm stellen kann? Ob der Turm einfällt? Den fertigen Turm anfassen, sich strecken und fühlen, wie hoch er ist. Um das Bauwerk herumgehen, auf einen Hocker o. ä. steigen: Jetzt bin ich so groß wie der Turm/jetzt bin ich größer als der Turm.

Einen hohen Turm bauen und einen für die Schüler attraktiven Gegenstand oben ablegen, sich strecken, um ihn herunterzuholen, auf einen Hocker steigen, um den Gegenstand herunterzuholen.

Das Türmebauen ist dann besonders attraktiv, wenn die Bauwerke anschließend eingeworfen werden können. Dies kann man nicht oft genug durchführen: Wir bauen Türme, werfen sie ein, bauen sie wieder neu auf. Türme so hoch bauen, dass sie von selbst einfallen: Ob man noch einen Stein drauflegen kann?

Türme aus Steckbausteinen lassen sich nur unter höherem Krafteinsatz und auch nicht vollständig einwerfen. Hier ergibt sich die Möglichkeit, die fertigen Bauwerke durch Abziehen der Steine zu zerstören: obersten Stein greifen, festhalten und unter Krafteinsatz vom Bauwerk weg nach oben abziehen.

Große Türme aus Schaumstoff- oder Kartonbausteinen lassen sich auch durch Hinlaufen oder -fahren (mit dem Rollstuhl) zum Einsturz bringen.

Kombination

Um eine Mauer oder ein komplexes Gebilde aufzubauen, müssen die Aktivitäten des Aufeinanderstapelns und des Aneinanderreihens miteinander kombiniert werden. So lassen sich alle Möglichkeiten des Herstellens von Räumen und räumlichen Gebilden ausschöpfen. Eine Form der Kombination besteht im Aufbauen einer *Mauer*. Dies ist nicht ganz einfach, da in der Anordnung der Bausteine eine bestimmte Reihenfolge eingehalten werden muss, die anspruchsvoller ist als bei der Herstellung von Türmen. Bei Bausteinen zum Stapeln kann die Lehrkraft ein wenig Hilfestellung geben, indem sie darauf achtet, dass die Steine in der jeweils höheren Reihe versetzt angeordnet werden, was die Stabilität des Bauwerks erhöht.

Möglichkeiten:
Mit kleinen Steinen zum Stecken oder Stapeln eine Mauer quer über den Tisch bauen, an den Tischkanten entlang bauen, mit den Händen den Verlauf der Mauer ertasten.

Viele Mauern kreuz und quer über den Tisch bauen, in unterschiedlicher Höhe bauen. Bei farbigen Steinen kann man für jede Mauer eine andere Farbe verwenden.

Ein Spielzeug in die Tischmitte legen und es einbauen: eine Garage für das Spielzeugauto, ein Haus für den Teddy. Das Spielzeug herausholen und wieder hineinlegen.

Unterschiedliche Raumebenen für das eigene Tun nutzen

Größe des Bauwerks in Bezug zur eigenen Größe erleben

Erwartungshaltung, Spannung, Freude am Spiel

„Oben" kennen lernen und diesen Raum-Lage-Begriff im Tun erkunden

Räumliche Gebilde herstellen und zerstören

Freude am Spiel damit haben

Spannung erzeugen und erleben

Wechsel von Halte- und Aktionshand

Krafteinsatz

Durch Bewegung des ganzen Körpers Effekt auslösen

Verfügen über die Handfertigkeiten „Greifen – Festhalten – Loslassen", „Aneinanderreihen", „Aufeinanderstapeln"

Einsatz dieser Möglichkeiten nach Plan oder Zufall

Raumbezüge anwenden: aneinander, aufeinander

Baustein in gewünschter Weise ablegen, nach Plan bauen: Es soll eine Mauer entstehen

Räumliche Bezüge beachten: nebeneinander + aufeinander

Mit unterschiedlichen Bausteinen und in unterschiedlichen Räumen eine Mauer bauen: Variation des Gelernten

Auf dem Tisch eine Mauer in beliebiger Höhe bauen und einen für die Schüler attraktiven Gegenstand dahinter verstecken, mit der Hand hinter die Mauer greifen und den Gegenstand hervorholen.

Objektpermanenz aufbauen und schulen

Mit großen Bausteinen eine Mauer quer durch das Klassenzimmer oder durch die Turnhalle bauen. Eine sehr lange und niedrige Mauer herstellen, daran entlanggehen, darübersteigen, im Spreizschritt den Verlauf der Mauer abgehen (ein Bein links, ein Bein rechts). Vorsichtig gehen und darauf achten, dass die Mauer nicht einfällt.

Ein räumliches Gebilde mit dem ganzen Körper wahrnehmen
Hindernis überwinden: Gesamtkörperkoordination

Mit großen Bausteinen eine hohe Mauer bauen, so hoch bauen, wie es nur geht. Sich dahinterstellen oder -setzen, sich verstecken. Um die Mauer herumgehen, die Ausmaße der Mauer mit den Händen ertasten. Auf einen Hocker o. Ä. steigen und über die Mauer schauen, feststellen: Ich bin größer als die Mauer, ich sehe, was sich hinter der Mauer befindet.

Ausdehnung eines räumlichen Gebildes im Verhältnis zur eigenen Größe erkunden

So hoch bauen, dass man noch gut darüberschauen kann. Einen für die Schüler attraktiven Gegenstand hinter die Mauer legen und sie anregen, diesen durch ein Über-die-Mauer-Schauen zu entdecken. Um die Mauer herumgehen und sich den Gegenstand holen. Einen Ball über die Mauer werfen bzw. sich den Ball über die Mauer zuwerfen (Partnerspiel) oder zureichen.

Höhe erleben und damit spielen
Objektpermanenz: einen versteckten Gegenstand finden

Eine Mauer aus gestapelten Bausteinen zerstören: sie mit den Füßen eintreten, mit den Händen umstoßen, mit einem Ball einrollen, einpendeln oder einwerfen. Sich mit dem ganzen Körper hineinfallen lassen. Hierzu sollte man Schaumstoffbausteine verwenden und hinter der Mauer eine Turnmatte auslegen.

Ein Bauwerk durch die eigene gezielte Körperbewegung zerstören
Freude an diesem Spiel haben
Selbst diesen Effekt herbeiführen

Eine große Mauer vom Boden aus bauen und hineinlaufen oder sich mit dem Rollstuhl/dem Rollbrett hineinfahren lassen.

Eine Türöffnung völlig zubauen, dann hindurchlaufen oder -fahren, die Mauer auch mit Hand oder Fuß zum Einsturz bringen.

Die Mauer in der Türöffnung nur so hoch bauen, dass das Zimmer durch Hinübersteigen betreten und verlassen werden kann.

Die raumfüllende Wirkung eines Bauwerks erleben: Die offene Tür wird durch Aufbauen einer Mauer verschlossen

Sich auf den Boden setzen und sich ringsum einbauen lassen, hierzu möglichst große und leichte Bausteine verwenden. Sich in dem „Gehäuse" verstecken, es durch die eigene Bewegung zum Einsturz bringen.

Begrenzung erleben, sie durch die Eigenbewegung aufheben

Hier schließt sich nun das freie Kombinieren von **Aneinanderreihen** und **Aufeinanderstapeln** an. Der Phantasie sind keine Grenzen gesetzt, denn mit den verschiedenen Bausteinen lassen sich die unterschiedlichsten Bauwerke herstellen und beliebig verändern.

Experimentieren mit den zur Verfügung stehenden Fertigkeiten im Zusammenhang mit Bausteinen
Anwenden der erlernten Handfertigkeiten

Gruppenaktivitäten eignen sich gut, um komplexe Gebilde aufzubauen: Jeder Schüler legt seinen Baustein da ab, wo er möchte, das Endergebnis ist somit eher dem Zufall überlassen. Das fertige Bauwerk kann mit Kerzen, Zweigen etc. geschmückt werden, das gemeinsame Bauen erhält dann eher meditativen Charakter. Vor allem das Aufstellen von Kerzen in und

Ein Gemeinschaftswerk entsteht, jeder beteiligt sich daran
Das Entstehen von räumlichen Gebilden beobachten

auf dem Bauwerk macht dessen räumlichen Charakter noch transparenter, da auf diese Weise auch Innenräume beleuchtet und sichtbar gemacht werden.

Es muss stets bedacht werden, dass ein Wechsel des Materials (z. B. von Stapelbausteinen auf Steckbausteine) oder ein Wechsel in der Größe der Bausteine die jeweilige Aufgabe für die Schüler so verändern können, dass sie ihnen vollkommen neu erscheinen und ein erneutes Erarbeiten bereits beherrschter Fertigkeiten erfordert.

Erlernte Handfertigkeiten auf unterschiedliches Baumaterial übertragen

Freier Umgang mit Bausteinen

Der freie Umgang ist bereits im Klassenzimmer möglich, wenn es sich um kleinere Bausteine handelt. Mit der Einrichtung einer Bauecke können die Schüler stets Gelegenheit haben, sich mit dem Material zu beschäftigen. Die Bausteine sollten ihren festen Platz im Zimmer bekommen, um den Schülern die Orientierung zu erleichtern.

Der freie Umgang mit großen Bausteinen ist in Turnhalle oder Rhythmikraum gut durchführbar. Dafür sollten Schaumstoff- und Kartonbausteine in ausreichender Menge vorhanden sein, aber auch eine größere Anzahl leerer Kartons zum Hineinsteigen und Hindurchkrabbeln. Sehr große Kisten können ebenfalls als Spielanlass dienen.

Die Lehrkraft sollte – wie stets beim freien Umgang – nur eingreifen, um Impulse zu setzen (wo nötig) oder um einzelnen Schülern Hilfestellung zu geben bzw. um sich mit einem Kind besonders zu beschäftigen.

Eigene Ideen verwirklichen
Vorhandene Handlungsmöglichkeiten einsetzen und dabei neue Erfahrungen machen
Allein oder mit anderen spielen
Sich vom Material zum Tun anregen lassen
Vorlieben und Abneigungen im Umgang mit dem Material zeigen und danach handeln können
Raumerfahrungen machen
Raum-Lage-Beziehungen erleben
Unterschiedliche Raumebenen nutzen

Beobachtungshilfen

Objekterfahrung

➤ legt oder setzt sich gern in eine große Schachtel, lässt auch zu, wenn diese geschlossen wird
➤ lässt sich in einer großen Schachtel sitzend durch den Raum schieben oder auf dem Rollbrett fahren, hat Freude daran
➤ lässt sich im Sitzen oder Liegen mit großen Bausteinen einbauen, hat Freude daran, befreit sich von den Bausteinen
➤ erkundet große Schachtel mit dem ganzen Körper, zeigt hier Eigeninitiative
➤ steigt mit den Füßen in große Schachtel, kann hinein- und hinaussteigen (mit Hilfe/ohne Hilfe)

BAUSTEIN

- steigt auf große Kiste, um die Höhe zu erkunden
- bewegt Füße in einer Menge kleiner Bausteine
- bewegt Hände in einer Menge kleiner Bausteine
- hält Baustein mit den Händen fest
- ertastet Baustein im Gegensatz zur Kugel
- findet Baustein aus einer Menge Kugeln heraus
- hält großen Baustein mit beiden Händen, erkundet die Oberflächen, Ecken und Kanten mit den Händen
- bevorzugt bestimmte Bausteine
- lehnt Bausteine vollkommen ab
- hantiert von sich aus mit dem Material (in welcher Weise?)

Greifen – Festhalten – Loslassen

- greift nach einem isoliert angebotenen Baustein, hält diesen mit einer Hand
- greift Baustein aus einer Menge anderer
- holt Baustein (welchen?) aus Behälter (welchem?)
- legt Baustein (welchen?) in Behälter (welchen?)
- legt Baustein gezielt ab, z. B. in Lochkiste
- hebt kleinen Baustein vom Boden auf
- hebt großen Baustein mit beiden Händen vom Boden auf
- hält großen Baustein mit beiden Händen fest, kann ihn tragen
- legt großen Baustein gezielt ab, z. B. auf Bauteppich

Aneinanderreihen

- legt Bausteine (welche?) mit Hilfe zu einer Reihe aneinander
- legt Bausteine ohne Hilfe zu einer Reihe aneinander
- legt Bausteine zu einer Fläche aneinander (mit Hilfe/ohne Hilfe?)
- kann Bausteine ordentlich in Kiste räumen

Aufeinanderstapeln

- stellt zwei oder mehr Bausteine aufeinander (welche?)
- steckt zwei oder mehr Bausteine aufeinander (welche?)
- baut einen größeren Turm mit mehreren Bausteinen (mit welchen Bausteinen, auf dem Tisch oder auf dem Boden, allein oder mit Hilfe?)
- stellt große Bausteine zu einem Turm aufeinander, setzt dabei beide Hände ein
- streckt oder bückt sich beim Bauen
- wirft einen gebauten Turm ein, beobachtet den Vorgang, hat Freude daran
- kann Turm mit dem Ball umrollen oder durch Pendeln zum Umfallen bringen
- kann Turm mit dem Fuß eintreten

Kombination

➤ baut Mauer (mit welchen Bausteinen, allein oder mit Hilfe?)
➤ findet hinter der Mauer versteckten Gegenstand
➤ hat Freude daran, die Mauer zum Einsturz zu bringen, beteiligt sich (auf welche Weise?)
➤ beteiligt sich am Aufbauen komplexerer Gebilde
➤ baut von sich aus komplexe Gebilde, zeigt hier eigene Ideen und Vorlieben

Freier Umgang mit Bausteinen

➤ beschäftigt sich selbst mit dem Material (in welcher Weise?)
➤ bevorzugt bestimmte Bausteine
➤ bevorzugt bestimmte Aktivitäten mit Bausteinen (welche?)
➤ braucht noch die Hilfestellung der Lehrkraft, bleibt dann aber eine Weile bei einem Angebot
➤ spielt mit anderen zusammen oder lieber allein

Unterrichtsbeispiele

1. Wir erkunden einen „Riesenbaustein" mit dem ganzen Körper (Lernort: Klassenzimmer)

Ausgangssituation: Wir sitzen im Kreis, in der Mitte steht eine große Holzkiste (etwa 100 x 50 x 50 cm, eine Längsseite sollte sich öffnen und schließen lassen). Die Kiste ist mit einem dünnen Tuch verhüllt. Wir erkunden die Kiste mit den Händen, berühren sie durch das Tuch hindurch, klopfen darauf, ziehen das Tuch weg: Es ist eine große Kiste darunter.

Wir erkunden die Größe und Form der Kiste: Man kann sich draufsetzen, hinaufsteigen und oben stehen, wieder hinuntersteigen, um die Kiste herumgehen, die ebenen Oberflächen mit den Händen betasten, sich bäuchlings darüber legen, mit der Hand über die Ecken und Kanten fahren: Die Kiste ist eckig, sie steht, sie hat ebene Seiten.

Wir versuchen, die Kiste zu zweit hochzuheben: Sie hat ein bestimmtes Gewicht, sie lässt sich nur schwer bewegen. Diese Übungen können jeweils mit einem Schüler oder auch mit mehreren gleichzeitig durchgeführt werden (z. B. das Abtasten der Oberfläche). Die Kiste kann natürlich auch hochkant aufgestellt werden.

Wir erkunden das Innere der Kiste, gemeinsam öffnen und schließen wir den Deckel einige Male: Die Kiste hat einen Innenraum, er ist leer. Es ist günstig, die Innenflächen z. B. durch Auskleiden mit Stoff mit einem taktilen Eindruck zu versehen, der sich von dem der

Außenflächen unterscheidet. Dies kann durch eine bewusste Farbwahl noch unterstrichen werden. Dieser Innenraum lässt sich auf unterschiedliche Weise erforschen: Wir bewegen die Handinnenflächen zunächst über das Äußere der Kiste, dann über die Innenwände. Wir stellen unsere (bloßen) Füße hinein, bewegen gemeinsam die Füße in der Kiste, stoßen an die Begrenzung, stoßen an die Füße der Mitschüler.

Wir gehen erst um die Kiste herum, steigen dann hinein, gehen einige kleine Schritte in der Kiste, steigen wieder heraus (jeweils ein Schüler). Je ein Schüler steigt in die Kiste, setzt sich hinein, versucht es sich in der Kiste bequem zu machen, wir schließen und öffnen den Deckel. Dieser sollte nur leicht zugeklappt werden und auf keinen Fall völlig verschließbar sein, auch darf nicht gegen den Willen des Schülers gehandelt werden. Wir stellen fest: Der Mitschüler verschwindet, jetzt ist er wieder sichtbar. Wir spüren die Begrenzung des Innenraums. *Variation:* Wir steigen zu zweit in die Kiste und versuchen uns zu setzen, stellen fest: Es ist sehr eng, wir sind zu groß.

Abschluss kann sein: Die Kiste wird bei leicht geöffnetem Deckel hochkant aufgestellt (etwa wie ein Schrank), wir sitzen im Halbkreis davor. Vor den Augen der Schüler wird etwas in der Kiste versteckt (ein attraktives Spielzeug, etwas Essbares), jeder findet und holt sich das Versteckte.

2. Wir bauen Türme (Lernort: Turnhalle)

Ausgangssituation: An einer Wand der Turnhalle ist eine größere Anzahl Kartonbausteine aufgestapelt, Quader und Würfel in unterschiedlichen Größen. (Hierzu verwendet man Kartons unterschiedlicher Größe, z.B. Umzugskartons, die verschlossen und zugeklebt werden.) Wir bringen die Bausteine zunächst in die Mitte der Turnhalle: jeweils einen Stein vom Stapel nehmen und mit beiden Händen tragen, an der gewünschten Stelle ablegen (noch nicht stapeln). Schwerpunkt ist zunächst das Greifen – Festhalten und Tragen – und Ablegen der Bausteine. Hier ist der Einsatz beider Hände wichtig.

Wir stapeln die Bausteine aufeinander, hierbei können alle Schüler gleichzeitig arbeiten: Steine vom Boden aufheben und aufeinander stellen. Wir bauen den Turm so hoch, wie es nur geht: Wer kann sich so strecken, dass sich noch ein Stein aufsetzen lässt? Hier kann man auch einen Hocker, ein Kastenteil etc. zu Hilfe nehmen: Wir steigen hinauf, um noch einen Baustein auf den Turm zu legen. Ob der Turm einfällt? Die Höhe des fertigen Turms vergleichen wir mit unserer eigenen Größe: Der Turm ist größer, ich kann auf den Hocker steigen und bin dann so groß wie der Turm. Wir stellen uns neben den Turm, strecken uns und messen die Turmhöhe mit dem ganzen Körper.

Wir zerstören den Turm: Je ein Schüler darf ihn mit den Händen einwerfen, ihn umtreten oder mit dem Ball umrollen bzw. einwerfen (je nach Vorliebe und Fähigkeit der Schüler). Wir bauen den Turm wieder auf. Sind genügend Kartonbausteine vorhanden, so kann man mehrere Türme bauen, dann um diese herumgehen, sie miteinander vergleichen, sich daneben stellen, sie gemeinsam einwerfen, sie wieder aufbauen.

Variation: Wir verteilen alle Kartonbausteine in der gesamten Halle, legen sie einen nach dem anderen beliebig auf dem Boden aus. Nun muss – um zu bauen – der Weg zu den Bausteinen und wieder zurück zur Baustelle überwunden werden: Wo liegen noch Bausteine, wohin muss ich gehen, um mir einen Baustein zu holen, wo befindet sich der begonnene Turm, finde ich den Weg dahin zurück?

Abschluss kann sein: Wir stapeln die Steine wieder an einer Wand auf, jedoch nicht als Mauer, sondern als einzelne Türme, alle fertigen Türme stehen nebeneinander an der Wand. Es ist schön, genügend Bausteine zu haben, so dass jeder Schüler seinen eigenen Turm bauen kann: Diesen Turm hat der/die ... gebaut, und dieser Turm ist von ...!

3. Wir bauen mit kleinen Steckbausteinen (Lernort: Klassenzimmer)

Ausgangssituation: Wir sitzen gemeinsam um den Tisch, die Lehrkraft bietet kleinere Steckbausteine in einem Krabbelsack an. Wir geben den verschlossenen Sack reihum, heben ihn, halten ihn mit beiden Händen, befühlen und schütteln ihn, geben ihn weiter, stellen fest: In dem Sack befinden sich viele kleine, eckige und harte Dinge, sie ergeben ein Geräusch, sie haben ein bestimmtes Gewicht. Nun kann jeder Schüler den Inhalt des Sacks mit den Händen erkunden, ohne hineinzusehen: die Hände in dem Inhalt bewegen, die einzelnen Bausteine betasten. Anschließend leeren wir den Sack in eine flache Kiste in der Tischmitte und schauen die Bausteine an, fassen sie an: Sie sind bunt, sie haben Noppen zum Stecken.

Jeder Schüler bekommt eine Platte zum Aufstecken, diese sollte groß sein, um ein vielfältiges Stecken zu ermöglichen. Die Steine werden aufgesteckt: jeweils einen Stein auswählen und an beliebiger Stelle anbringen. Hat der Schüler Schwierigkeiten, aus der Menge aller Steine einen zu greifen (Dreifingergriff), so kann ihm auch jeweils nur ein Baustein nach dem anderen hingelegt werden mit der Aufforderung, diesen aufzustecken. Das Stecken sollte beliebig geschehen: einzeln, aneinander, aufeinander. Schwerpunkt ist hier, die Steckfunktion der Bausteine zu erfassen und den Vorgang des Steckens zu üben. So stellt jeder Schüler sein individuelles Bauwerk her.

Abschluss kann sein: Wir geben den Bauwerken einen Platz im Klassenzimmer und versehen jedes mit dem Symbol, das der jeweilige Schüler auch für seinen Stuhl, sein Schrankfach etc. hat, so kann jedes Werk noch einmal abschließend betrachtet und beschrieben werden: Das hat der/die ... gebaut, es sieht so und so aus, es ist ein schönes „Haus", ein hoher „Turm" etc.

4. Wir bauen eine Mauer aus Schaumstoffbausteinen (Lernort: Klassenzimmer)

Ausgangssituation: Wir sitzen im Kreis, die Schaumstoffsteine (die nicht zu klein sein dürfen) liegen auf einem Haufen unter einem dünnen Tuch versteckt in der Kreismitte. Zunächst erkunden wir, was sich unter dem Tuch befindet: die Bausteine durch den Stoff hindurch fühlen, sich hineinsetzen und eine Weile darin liegen. Anschließend wird das Tuch aufgedeckt: Es sind unsere Schaumstoffbausteine darunter. Hier kann sich eine kurze Phase des freien Erkundens anschließen: Bausteine mit beiden Händen greifen und festhalten, sie werfen oder fallen lassen, damit hantieren, sich hineinlegen.

Wir bauen eine Mauer auf: Ort und Länge können durch einen Stoffstreifen auf dem Boden markiert sein. Nacheinander legen wir die Bausteine ab, zuerst eine Reihe, darüber die nächste Reihe usw. Wir bauen erst eine Reihe fertig, bevor wir die nächste beginnen. Die Lehrkraft kann hier Hilfestellung geben, wenn nötig. Die Mauer wird immer größer. Wir bauen so hoch, dass man im Stehen noch gut darüberschauen, und so breit, dass man sich sitzend gut dahinter verstecken kann.

Die fertige Mauer schauen wir genau an: Sie hat eine bestimmte Größe, die wir mit den Händen vorsichtig ertasten können, man kann um sie herumgehen, man kann sich davorstellen und auf die andere Seite hinüberschauen. Diese Aktivitäten sollten mit jedem Schüler einzeln durchgeführt werden. Wir haben die große Mauer gemeinsam gebaut!

Spiel mit der Objektpermanenz: Wir setzen uns im Halbkreis vor die Mauer, je ein Schüler darf sich dahinter verstecken: Wir können ihn nicht mehr sehen, wenn er aufsteht, sehen wir nur den Kopf, nun kommt der Schüler wieder hervor. Hier lassen sich unterschiedliche Verstecksituationen durchspielen: Wir zeigen nur unsere Hände, nur unsere Füße etc. Wichtig ist dabei, dass die anderen Schüler auch beobachten, was geschieht.

Wir werfen die Mauer ein: Hinter der fertigen Mauer werden Turnmatten ausgelegt, um eine Verletzungsgefahr zu vermeiden. Die Schüler lassen sich mit dem ganzen Körper in die Mauer fallen und bringen diese so zum Einsturz. Jeder sollte Gelegenheit dazu erhalten. Schüler, die auf den Rollstuhl angewiesen sind, kann man mit Schwung in die Mauer hineinfahren. Hier darauf achten, dass der Schüler keine Angst empfindet! Bewegungsfreudigen Kindern macht diese Übung großen Spaß.

Abschluss: Wir sammeln alle Bausteine ein und stapeln sie an einer bestimmten Stelle im Klassenzimmer bzw. räumen sie in eine große Kiste.

FARBE + FARBEN

Farbe ist ein Phänomen, das für uns nur in Verbindung mit Licht erfahrbar ist: Verschwindet das Licht, so verschwindet für uns auch die Farbe. Das Licht bringt die Farbe eines Gegenstandes, einer Landschaft, des Himmels etc. hervor und wandelt sie. Alle Farben des Prismas sind in unendlich vielen Abstufungen vorhanden. Als unmittelbarer Eindruck ist die Farbwahrnehmung auf einen einzigen Sinn, nämlich das Auge, angewiesen. Allein auf diese Weise kann Farbe wahrgenommen werden. Farben sind keine feste Eigenschaft von Gegenständen, in der Natur jedoch sind bestimmte Farben mit bestimmten Tieren, Pflanzen und Erden verbunden und können als Pigmente daraus gewonnen werden.

Im Umgang mit Farben liegt die Möglichkeit, Gesehenes und Erlebtes, Reales und Imaginäres auf visueller Ebene darzustellen, innere Befindlichkeiten auszudrücken und umzusetzen. Durch Farbe lassen sich Bilder und Ab-Bilder herstellen. Auch können Flächen, Räume und Gegenstände farblich gestaltet und somit in ihrem Aussehen verändert werden. Unterschiedliche Farben haben unterschiedlichen Einfluss auf unser Befinden und unsere Gestimmtheit.

Eine weitere Möglichkeit besteht im freien und eher ungezielten Umgang mit Farben, im Ausprobieren der verschiedenen Materialien, Techniken und der damit zusammenhängenden Effekte, ohne dass hiermit die Absicht verbunden wäre, ein bestimmtes „Bild" herzustellen. Dies lässt sich auch als Spielen auf Bildebene bezeichnen. Der Umgang mit Farben ist in diesem Fall an Pigmente in ihren verschiedenen Erscheinungsformen (als Ölfarben, Aquarellfarben, Fingerfarben, Kreiden, Stifte etc.) sowie an das Anwenden unterschiedlicher Techniken gebunden. Dies verlangt den Einsatz bestimmter Handfertigkeiten.

| Farberleben | Lerninhalte | Möglicher Lerngewinn |

Das Erleben von Farben kann nur über das Auge geschehen und ist in seiner Begrenzung auf diesen einen Sinneskanal völlig anders als alle Material- und Objekterfahrung: Es gibt kein ganzkörperliches oder mehrsinniges Erfahren von Farben.

Unterschiedliche Farbeindrücke gewinnen
Einzelne Farben bewusster wahrnehmen
Farberfahrungen sammeln
Farbbezeichnungen kennen lernen

Im Folgenden werden Möglichkeiten aufgezeigt, die ein Erleben und Erfahren von Farben als Qualität von Welt zum Inhalt haben. Indem eine bestimmte Farbe (hier sind die Farben des Prismas gemeint) im Mittelpunkt steht, wird ein Bewusstmachen von Farben angestrebt. Farbige Seh-Erlebnisse sollen dem schwerbehinderten Kind ermöglicht werden.

Das Kennen und Benennen von Farben ist *nicht* Voraussetzung oder Ziel, die folgenden Angebote können jedoch dazu beitragen, den Schüler dahingehend zu fördern. Durch einen längerfristigen, gezielten Umgang mit einer bestimmten Farbe kann der Schüler lernen, Gegenstände in dieser Farbe z.B. aus einer Anzahl weißer Gegenstände und später auch aus einer Anzahl andersfarbiger Gegenstände herauszusuchen. Hierbei sollte es sich zunächst um gleiche Dinge handeln, die sich nur in der Farbe voneinander unterscheiden. Das „Sortieren nach Farbe" will jedoch nicht Schwerpunkt dieses Kapitels sein.

Farbvorstellungen ausbilden
Farben wiedererkennen
Gleiche Gegenstände nach Farben ordnen

Farberleben im Morgenkreis

Eine gute Gelegenheit, Farben gezielt anzubieten, besteht im täglichen Morgenkreis. Hier kann eine bestimmte Farbe über einen längeren Zeitraum im Mittelpunkt stehen, so dass der Schüler mit dem besonderen Seheindruck vertraut wird. Er erfährt, dass verschiedenste Gegenstände die gleiche Farbe haben können und dass jede Farbe in unterschiedlichen Abstufungen vorhanden ist.

Eindruck von einer bestimmten Farbe gewinnen
Eine bestimmte Farbe in ihren unterschiedlichen Abstufungen kennen lernen

Möglichkeiten:
Einen Morgenkreistisch in einer bestimmten Farbe gestalten: Über den Tisch legen wir ein Tuch in dieser Farbe, wir stellen passende Kerzen dazu, wir legen Gegenstände dazu, die die gleiche Farbe aufweisen. Diese Gegenstände sollten *unterschiedlichste* Dinge aus dem täglichen Umgang sein, die eben alle durch die gleiche Farbe miteinander verbunden sind. Man kann die Sachen in einer Schachtel der gleichen Farbe anbieten: Die Schüler holen die Dinge heraus und stellen sie auf. So entsteht nach und nach ein intensiver Eindruck der jeweils gewählten Farbe. Auch unterschiedliche Pflanzen, Früchte und Blumen in der jeweiligen Farbe können hier eingesetzt werden und das Bild abrunden.

*Durch das eigene Tun erfahren, dass **unterschiedliche** Dinge die gleiche Farbe haben können*
Verschiedenste Pflanzen und Früchte in einer bestimmten Farbe kennen lernen
Einen intensiven Farbeindruck gewinnen

Statt *unterschiedlicher* Gegenstände in einer Farbe lassen sich auch *gleiche* Gegenstände in einer Farbe zur Gestaltung des Morgenkreistisches verwenden: einen Turm aus Bausteinen einer Farbe auf dem Tisch bauen, Bälle in einer Farbe in ein durchsichtiges Gefäß legen, Fähnchen oder Windräder in einer Farbe einstecken, viele Kerzen oder Laternen in einer Farbe aufstellen, Früchte einer Farbe in eine Schale legen. Hier kann man darauf achten, dass es keine zu großen Abstufungen innerhalb der gewählten Farbe gibt, oder aber bewusst diese Farbe in allen Schattierungen anbieten.

Alle Gegenstände sollten beim Hinstellen genau betrachtet, mit den Händen erkundet und bei ihrem Namen und ihrer Farbe genannt werden: Das ist ein gelber Ball, das ist eine blaue Tasse etc. Entsprechend umgewandelte Lieder lassen sich hierzu gut einsetzen: Jede Farbe hat ihr eigenes Lied bzw. wir singen ein Farbenlied mit unterschiedlichem Text zu jeder Farbe.

Eine gute Möglichkeit zum Aufbau einer Farbkomposition aus verschiedensten Objekten bietet eine runde, mit einem kleinen Rand versehene Holzplatte (Ø etwa 50 – 80 cm). Die Platte kann je nach Wunsch mit Papier in der jeweiligen Farbe beklebt werden und eignet sich dann für das Anbieten verschiedenster Farbeindrücke. Beispiel für die Farbe Gelb: Gelbes Laub, Melonen, Kerzen und Sonnenblumen (nur die Köpfe) auf die Scheibe legen.

Die verschiedenen Farben sollten dem Schüler immer auch in Verbindung mit bestimmten Früchten oder Planzen, die eben naturgemäß diese Farbe aufweisen, nahegebracht werden. Je nach Jahreszeit ergeben sich unterschiedliche Möglichkeiten. Es ist sinnvoll, die in der jeweiligen Jahreszeit vorkommenden Pflanzen und Früchte zu verwenden.

Blau: Zwetschgen, Trauben, Glockenblumen, Rittersporn, Beeren etc.
Rot: Rose, Tulpe, Kirsche, Apfel, Tomate, Blätter von Essigbaum, Wein, Ahorn und Blutbuche, Paprikaschote, Erdbeere, Weihnachtsstern etc.
Gelb: Sonnenblume, Kürbis, Dahlie, Chrysantheme, Banane, Paprikaschote, Blätter von Ahorn und Buche im Herbst, reife Birne, reifes Korn, Zitrone, Melone etc.
Grün: Blätter aller Art, Nadelzweige, Weizen oder Gras (in flachen Schalen ausgesät), Gurke, Zucchini, Salat, Traube etc.
Orange: Apfelsine, Mandarine, Ringelblume, Karotte, Tagetes etc.
Lila: Rhododendronblüte, Herbstaster etc.

Das Anbieten einer bestimmten Farbe über einen längeren Zeitraum hinweg kann man gut mit bestimmten Jahreszeiten oder Festen verbinden: Grün im Frühling, Gelb im Herbst, Rot in der Adventszeit, Blau im Sommer; dies ist den Vorlieben eines jeden Einzelnen überlassen.

Gleiche Gegenstände in einer bestimmten Farbe erleben und mit ihnen umgehen

Eine Farbe in ihren unterschiedlichen Abstufungen kennen lernen

Gleiche Pflanzen und Früchte in Abstufungen einer Farbe kennen lernen

Einen intensiven Farbeindruck in unterschiedlichen Schattierungen gewinnen

Farbnamen kennen lernen und häufig hören, sie mit der jeweiligen Farbe verbinden

Beim Aufbau eines Still-Lebens einen intensiven Farbeindruck gewinnen

Unterschiedliche Dinge greifen, festhalten und gezielt ablegen

Farben in der Natur erleben

Unterschiedliche Farben in Verbindung mit bestimmten Pflanzen und Früchten kennen lernen

Gestaltung des Klassenzimmers

Eine weitere Möglichkeit, den Schülern einen intensiven Seh-Eindruck im Hinblick auf Farben zu verschaffen, liegt in der Gestaltung des Klassenzimmers. Hier lassen sich unterschiedliche Farbecken einrichten, in denen ein bestimmter Farbeindruck vorherrscht. Die Wirkung der unterschiedlichen Farben auf unsere Gestimmtheit kann hierbei berücksichtigt werden.

Im Klassenzimmer intensive Farberfahrungen machen

Möglichkeiten:
Die Kuschelecke bekommt eine bestimmte Farbe (z. B. Blau): Matratze und Kissen entsprechend beziehen. Um den Farbeindruck nicht zu stark werden zu lassen, sollte man unterschiedliche Schattierungen der jeweiligen Farbe verwenden, das Ganze kann auch durch den Einsatz von Weiß gemildert werden.

Einen bestimmten Ort im Klassenzimmer mit einer bestimmten Farbe verbinden

Eine grüne Ecke z. B. am Fenster einrichten: Pflanzen aufstellen, grüne Dinge dazwischen legen, grüne Windräder etc. in die Blumentöpfe stecken, grüne Mobiles in das Fenster hängen.

Die Farbe Grün in Verbindung mit Pflanzen erleben

In der Trockenduschenecke unterschiedliche Trockenduschen in einer jeweils anderen Farbe anbieten. Als Materialien in Verbindung mit einer bestimmten Farbe gut geeignet: Futterseide, farbige Transparentfolie, Transparentpapier, Bast, farbige Muschelscheiben, Krepp-Papier, Seidenpapier.

Unterschiedliche taktile Eindrücke mit unterschiedlichen Farbeindrücken in Verbindung bringen

Einen Bereich im Klassenzimmer in der jeweils aktuellen Farbe gestalten: Tücher in dieser Farbe aufhängen, Bilder in nur einer Farbe anbringen (Knüll- oder Schnipselcollagen, Pinsel-, Walzbilder etc.), einfarbige Bilder in Mischtechnik aufhängen. Einen kleinen Tisch aufstellen, auf diesem können sich unterschiedlichste Gegenstände in der jeweils aktuellen Farbe befinden. Das Angebot wechselt dann, wenn eine neue Farbe in den Mittelpunkt gestellt wird.

Eine bestimmte Farbe in ihren Abstufungen und an verschiedenen Gegenständen an einem bestimmten Ort erleben, hier einen intensiven Farbeindruck aufbauen

Das Fenster für unterschiedliche Farbeindrücke verwenden: die Scheiben mit gerissenem Transparentpapier bekleben. Hier kann man stets eine Scheibe in der aktuellen Farbe bekleben und diese dann jeweils wechseln oder mehrere Farben nebeneinander anbieten. Statt des Transparentpapiers lässt sich auch abziehbare Glasmalfarbe gut einsetzen. Sehr schön ist es, ein Fenster zu verwenden, in welches die Sonne hineinscheinen kann, so tritt der jeweilige Farbeindruck leuchtend hervor.

Durch die farbigen Fenster Licht in unterschiedlichen Farben erleben

Seh-Spiele

Für unterschiedliche Seh-Spiele im Zusammenhang mit Farben eignen sich vor allem der Diaprojektor und der Tageslichtprojektor, aber auch farbige Glas- und Kunststoffscheiben sowie farbige Scheinwerfer. Es ist stets darauf zu achten, dass die Schüler nicht überanstrengt oder durch zu viele Reize überflutet werden. Bei allem Einsatz der unterschiedlichen technischen Medien steht der Bezug zum Kind stets im Mittelpunkt.

Farberfahrungen machen
Farbvorstellungen ausbilden

Möglichkeiten:
Selbst unterschiedliche Farbdias anfertigen und diese auf eine Leinwand projizieren. Statt der handelsüblichen Leinwand lässt sich auch eine selbstgefertigte verwenden. Hier kann man glänzende weiße Futterseide in ausreichender Größe oben und unten mit einem Stab versehen und so aufhängen oder einen Holzrahmen in gewünschter Größe mit Futterseide oder Pergamentpapier bespannen. Der Vorteil der selbst hergestellten Leinwand besteht darin, dass man von beiden Seiten darauf projizieren kann, da sie transparent ist. Dies ist hilfreich, wenn die Schüler beim herkömmlichen Projizieren (das Gerät befindet sich auf der gleichen Seite der Leinwand wie die Betrachter) zu stark von Dia- oder Tageslichtprojektor abgelenkt werden.

Einfarbdias können folgendermaßen hergestellt werden: Doppelglasrähmchen verwenden und diese an der Innenseite mit transparenter Glasmalfarbe bemalen. Folie für den Tageslichtprojektor lässt sich ebenfalls mit Glasfarben bemalen und dann rahmen.

Die Präsentation der Dias kann auf zwei Weisen geschehen: Jedes Dia wird nur wenige Sekunden gezeigt und dann gewechselt, oder es wird ein Dia länger angeboten, jedoch über die Leinwand bewegt, so dass die Schüler der Bewegung mit den Augen folgen müssen.

Folie für den Tageslichtprojektor in gewünschter Farbe mit Glasfarbe bemalen und in ihrer ganzen Fläche projizieren. Auf diese Weise lässt sich der gesamte Raum in ein entsprechendes Licht tauchen. Sich vor die Leinwand in das farbige Licht stellen.

Mit farbigen Scheinwerfern, Lampen, Discospots mit Farbrädern und farbigen Blasensäulen arbeiten. Eine transparente Leinwand von der Rückseite her farbig beleuchten, sich in das farbige Licht stellen, unterschiedliche Farben erleben.

Farbige Glas- oder Kunststoffscheiben eignen sich zum Hindurchschauen: Je nach Farbe sieht alles ganz anders aus. Um eine Verletzungsgefahr zu vermeiden, kann man die Scheiben rahmen lassen. Unterschiedliche Farbscheiben in einem Kasten anbieten, einzelne Scheiben herausziehen und die Schüler hindurchschauen lassen.

In der aktuellen Farbecke im Klassenzimmer kann zusätzlich Licht in der entsprechenden Farbe eingesetzt werden, der jeweilige Farbeindruck wird hierdurch noch verstärkt.

Selbst Laternen in einer bestimmten Farbe anfertigen (z. B. unterschiedliches Transparentpaier verwenden), diese im verdunkelten Raum auf einen Spiegel, auf Spiegelfolie oder Goldpapier stellen. Ein zusätzlicher Anreiz zum Hinsehen ergibt sich, wenn man die Laternen auf eine große Drehscheibe stellt (Holzscheibe mit circa 50 bis 100 cm Durchmesser, mittels Kugellager auf einer zweiten Holzscheibe angebracht) und sie so in Bewegung versetzt. Eine solche Drehscheibe lässt sich darüber hinaus sehr vielfältig verwenden.

Farbiges Licht in verschiedenen Variationen erleben

Die farbliche Veränderung einer größeren Fläche beobachten

Bewegte und unbewegte farbige Flächen auf der Leinwand betrachten

Die Bewegung einer farbigen Fläche mit den Augen verfolgen: von oben nach unten und umgekehrt, von links nach rechts und umgekehrt, mit Überkreuzen der Mittellinie, im Kreis

Durch die Projektion eine größere weiße Fläche in farbiges Licht tauchen

Farberfahrungen machen, unterschiedliche Farben auf einer großen Fläche wahrnehmen

Durch Farben den gewohnten optischen Eindruck verändern, damit spielen

Den gewohnten Seh-Eindruck verändert erleben

Einen starken Farbeindruck gewinnen

Lichtquellen in unterschiedlichen Farben erleben

Bewegte Lichtquellen mit den Augen verfolgen

FARBE + FARBEN

**Farberleben im Zusammenhang mit
PAPIER, STOFF, BALL und BAUSTEIN**

Wird auf eine gezielte Farbauswahl geachtet, so lassen sich *alle* Vorschläge aus den oben genannten Kapiteln auch unter dem Aspekt des Farberlebens durchführen. Stellt man in diesem Zusammenhang eine bestimmte Farbe in den Mittelpunkt, so ergibt sich ein intensives Farberleben in Verbindung mit dem gewählten Material oder Gegenstand: Wir spielen mit Bällen in einer Farbe, wir legen den Raum mit Tüchern in einer Farbe aus, wir bekleben eine Fläche mit Papier in einer Farbe, wir bauen einen Turm mit Bausteinen einer Farbe, wir füllen Luftballons einer Farbe in den Reifensack.

Intensive Farberfahrungen im Umgang mit unterschiedlichen Gegenständen und Materialien machen

Aktivitäten mit Farben	Lerninhalte	Möglicher Lerngewinn

„Aktivitäten mit Farben" meint das Spiel mit der Farbe in Verbindung mit bestimmten Farbträgern (Farben aller Art, Stifte, Kreiden) und bestimmten Techniken. Es empfiehlt sich bei allen Techniken zum Umgang mit Farbe, diese vorher selbst auszuprobieren, um sicher zu sein, ob sich der gewünschte Effekt damit erzielen lässt, ob die Technik den Fähigkeiten der Schüler angemessen ist und um herauszufinden, was bei der Durchführung beachtet werden muss. Es ist wichtig zu wissen, welche Papiere (oder auch Stoffe und andere Untergründe) und Farben für welche Technik geeignet sind. Bei Unsicherheit sollte man sich im Fachhandel beraten lassen!

Die verschiedenen Techniken wollen zum Experimentieren mit Farben anregen und beinhalten gleichzeitig die Möglichkeit, unterschiedliche Handfertigkeiten zu erlernen. Die Koordination von Auge und Hand spielt somit eine wichtige Rolle. Die Lehrkraft sollte unbedingt auf sorgfältige Materialauswahl und anspruchsvolle Gestaltung der jeweiligen Aufgabe achten. So lassen sich auch mit einfachen Mitteln zufrieden stellende Ergebnisse erzielen. Die einzelnen Techniken können natürlich beliebig kombiniert werden.

Schwerpunkt ist stets ein möglichst selbstständiges Arbeiten der Schüler im Rahmen ihrer Fähigkeiten, nicht das Herstellen eines in den Augen der Lehrkraft perfekten Produktes. Die Schüler sollen Freude am Umgang mit Farben haben und selbst probieren dürfen.

Daher müssen die Lernvoraussetzungen hier besonders gründlich bedacht werden: Wie steht es mit der Auge-Hand-Koordination, über welche Handfertigkeiten verfügen die Schüler, sind sie mit einer bestimmten Tech-

Verschiedenste Möglichkeiten im Umgang mit Farben kennen lernen

Freude am Umgang mit Farben haben

Unterschiedliche Handfertigkeiten im Umgang mit Farben erlernen

Mit Farbe gestalten und experimentieren

Im Zusammenhang mit den verschiedenen Farbträgern unterschiedliche Farberfahrungen machen

nik eventuell überfordert, wie kann ich den jeweiligen Vorgang den Fähigkeiten der Schüler anpassen, welche Hilfen und Vorübungen sind möglich und nötig?

Verstreichen mit den Händen

Das Verstreichen der Farbe mit den Händen bietet sich als *elementare Möglichkeit* an, da noch kein Werkzeug gebraucht werden muss. Dies kann mit einer oder mit beiden Händen geschehen, dabei können die gesamte Handinnenfläche oder auch nur einzelne Finger eingesetzt werden. Es eignen sich die handelsüblichen Fingerfarben, die eventuell noch etwas verdünnt werden müssen.

Die Übungen hierzu lassen sich auch unter dem Aspekt der taktilen Anregung ausführen und sind ebenso gut mit Kleister, Rasierschaum oder Heilerde möglich, der Schwerpunkt wird dadurch natürlich verändert.

Eine gute Möglichkeit besteht in der Verwendung von Kleisterfarbe (nicht zu flüssigen Kleister mit Fingerfarbe, pulverisiertem Pigment oder Lebensmittelfarbe färben), auf diese Weise lassen sich große Mengen Farbe kostengünstig herstellen, auch ist die Konsistenz zum Verstreichen gut geeignet. Kleisterfarbe lässt sich gut von den Händen und aus der Kleidung entfernen. Man kann verschiedenste Untergründe verwenden, ein Arbeiten ist in der Senkrechten und in der Waagerechten möglich. Je glatter der Untergrund, desto leichter fällt das Verstreichen. Allerdings kann es bei manchen Schülern günstig sein, einen rauhen Untergrund zu wählen (z. B. Rauhfaser), um noch einen zusätzlichen taktilen Reiz zu schaffen.

Beim Verstreichen von Farbe mit den Händen lassen sich die folgenden *motorischen Fähigkeiten* üben: koordinierter Einsatz beider Hände (beim Kreisen, beim Hin- und Herstreichen), die gegenläufige Bewegung der Hände, das Überkreuzen der Mittellinie, das Spurenziehen von links nach rechts und zurück oder von oben nach unten und zurück, das völlige Öffnen der Hand, das Bewegen einzelner Finger. Dabei kann auch im Stand gearbeitet werden, um den gesamten Körper in die Bewegung einzubeziehen.

Bei motorischen Abläufen, deren Ausübung dem Schüler noch schwer fällt, steht die Lehrkraft hinter dem Kind und führt die Bewegung. Allerdings sollte der Schüler in der Lage sein, die Bewegung ansatzweise mitzuvollziehen. Wichtig ist zunächst jedoch, dass der Schüler den Vorgang an sich erfasst: Wenn ich meine Hand bewege, so verteilt sich die Farbe, die Fläche vor mir wird farbig, es geschieht etwas. In diesem Zusammenhang sind die Lernvoraussetzungen besonders sorgfältig abzuklären!

Handfertigkeit „Verstreichen mit der flachen Hand" erwerben

Unterschiedliche taktile Erfahrungen machen

Über die Handinnenfläche Reize aufnehmen

Farbe an den eigenen Händen erleben und diese dadurch bewusster wahrnehmen

Mit der Hand und mit dem Finger Spuren ziehen

Die Beschaffenheit von Fingerfarbe mit den Händen erkunden: Sie ist weich, kühl und glitschig, sie lässt sich verstreichen

Mit der flachen Hand Farbe verstreichen, dabei über die Innenhand Reize aufnehmen

Mit einer oder mit beiden Händen arbeiten

Schulung der Auge-Hand-Koordination

Schulung der Beidhandkoordination

Gezielte Bewegung der Hände

Das Verändern einer Fläche durch die Farbe erleben und selbst durchführen

Spuren erzeugen und verändern

Unterschiedliche Farberfahrungen machen

Auf unterschiedlichen Oberflächen arbeiten, dabei auch unterschiedliche taktile Erfahrungen machen

Freude am Tun haben

Zusammenhänge erfassen

Möglichkeiten:
Farbe auf einem Spiegel oder einer Spiegelfolie verstreichen, dazu eine größere Fläche mit Spiegeln auslegen bzw. an einem Wandspiegel arbeiten. Beim Verstreichen der Farbe verschwindet das eigene Spiegelbild, es entsteht eine farbige Fläche. Mit dem Schwamm lässt sich die Farbe wieder entfernen, und das Spiel kann erneut beginnen. Mit einer oder mit beiden Händen arbeiten, mit dem Finger farbige Spuren ziehen.

Statt der Spiegel Karton oder dickes Papier als Untergrund verwenden, in einer oder mit verschiedenen Farben arbeiten, die gesamte Fläche einfärben. Handabdrücke machen, die Ergebnisse aufhängen.

Farbe auf einer glatten Fläche verstreichen: Tisch mit Plastikplane oder Wachstuch abdecken. Es kann auch auf Holzplatten, die mit weißer oder Spiegelfolie bezogen sind, gearbeitet werden. Die glatte Fläche setzt der Bewegung der Hand kaum Widerstand entgegen, so können gut unterschiedliche Spuren erzeugt, verwischt und verändert werden. Der gezielte Einsatz einzelner Finger ist gut möglich: die Fläche völlig mit Farbe einstreichen und dann mit den Fingern Spuren hineinziehen. Dies ist einfacher, als mit den Fingern farbige Spuren auf weißen Untergrund zu ziehen, was ein häufiges Aufnehmen von Farbe erfordert und die Bewegung somit jedesmal unterbricht.

Finger- oder Kleisterfarbe mit den Händen erkunden: die Hände hineintauchen und darin bewegen, die Veränderung der Hand bemerken: sie wird farbig; den taktilen Eindruck wahrnehmen: die Farbe ist kühl, weich und glitschig, sie lässt sich verstreichen, sie verändert das Aussehen der Hände. Die eigenen farbigen Hände berühren. Gruppenspiel: gemeinsam die Hände in Kleisterfarbe tauchen, sie darin bewegen, die Hände der anderen in der Farbe berühren.

Sich im Spiegel sehen, das eigene Spiegelbild durch Farbe verdecken
Die Spiegelfläche beliebig mit Farbe verändern

Auf einer leicht rauhen Fläche Farbe verstreichen
Ein Werk herstellen und dieses aufheben
Spuren herstellen und verändern
Schulung der Fingermotorik
Eine Fläche völlig mit Farbe bedecken
Die optische Veränderung im Aussehen der Fläche wahrnehmen und selbst herbeiführen

Taktile Stimulation der Hände: das Kühle, das Feuchte, das Glitschige, im Gegensatz dazu die Wärme der eigenen Hand spüren
Sich dadurch der eigenen Hände bewusster werden

Aufklopfen

Diese Tätigkeit setzt voraus, dass der Schüler einen Gegenstand in der Hand halten und diesen gezielt (in diesem Fall in Richtung Papier) bewegen kann. Das Aufklopfen der Farbe kann mit Schlegeln geschehen, die zu diesem Zweck fest mit Stoff umwickelt werden. Schlegel lassen sich auch selbst herstellen: Holzkugel anbohren, mit Stiel zum Festhalten versehen, mit mehreren Lagen Stoff umwickeln. Sehr gut geeignet sind auch Fliegenklatschen, die mit einem Waschhandschuh o. Ä. bezogen werden. Je nach Stoffstruktur ergeben sich unterschiedliche Muster.

Das Aufklopfen ist mit flüssiger Farbe gut möglich, diese sollte allerdings nicht zu flüssig sein (vorher ausprobieren!). Am besten gibt man etwas Farbe in ein flaches Gefäß, der Schüler kann den Schlegel eintauchen, damit Farbe aufnehmen und sie dann aufs Papier bringen. Der farbaufnehmende Untergrund darf nicht zu dünn sein, da er sonst reißt.

Handfertigkeit „Aufklopfen" erwerben:
Schlegel in Farbe tauchen und damit ein Ziel (eine Fläche) treffen
Gezielte Armbewegung vom Körper weg durchführen
Schulung der Auge-Hand-Koordination
Kraft und Schwung einsetzen
Spuren erzeugen
Freude am eigenen Tun haben
Greifen und Festhalten des Schlegels mit der ganzen Hand

Möglichkeiten:
Eine waagerechte Fläche mit Papier auslegen, im Sitzen Farbe aufklopfen (z. B. um den Tisch sitzen). Ungezielt aufs Papier klopfen, Spuren in unterschiedlichen oder in einer Farbe erzeugen.

Eine senkrechte Fläche mit Papier bespannen (z. B. die Tafel) und im Stehen arbeiten. Je nach Größe der Schüler erscheinen die Farbspuren in unterschiedlicher Höhe. Statt im Stehen auch im Gehen arbeiten: an der Tafel entlanggehen und dabei Farbe aufklopfen. Unterschiedliche Farben, weißen oder farbigen Untergrund verwenden. Fliegenklatschen eignen sich sehr gut für ein Arbeiten im Stand.

Eine Pauke mit dickerem Papier bedecken, im Sitzen Farbe aufklopfen, das Paukenfell ergibt jedesmal ein entsprechendes Geräusch. Das gezielte Klopfen kann auch zunächst ohne Papier und Farbe geübt werden (siehe hierzu das Kapitel GERÄUSCHE + KLÄNGE).

Das Aufklopfen im Sitzen ausüben

Im Stehen arbeiten
In der Bewegung arbeiten
Schulung der Gesamtkörperkoordination
Eine Fläche mit unterschiedlichen Klopfspuren bedecken
Die optische Veränderung wahrnehmen und selbst herbeiführen
Optischen und akustischen Eindruck miteinander verbinden

Aufwalzen

Auch bei dieser Tätigkeit muss der Schüler bereits in der Lage sein, einen Gegenstand zu halten und einigermaßen gezielt zu bewegen. Es kann in der Senkrechten oder Waagerechten gearbeitet werden. Die gewünschte Bewegung führt beim Arbeiten auf waagerechter Fläche stets vom Körper weg und wieder zurück, beim Arbeiten auf senkrechter Fläche von oben nach unten. Beim großflächigen Arbeiten wird der gesamte Körper in den Bewegungsablauf miteinbezogen.

Es eignen sich Farbroller in unterschiedlichen Größen und Ausführungen, wichtig ist, dass der Schüler sein Werkzeug gut greifen und bewegen kann.

Die Farbe (Fingerfarben, Acrylfarben, Dispersionsfarben) darf nicht zu flüssig sein, da sie sonst schmiert. Sie wird in einem flachen Behälter oder auf einer Platte angeboten, so dass man sie leicht mit der Walze aufnehmen kann. Der Untergrund muss saugfähig sein, um die Farbe gut annehmen zu können und ein Wegrutschen des Rollers zu vermeiden.

Wie bei allen anderen Techniken sind auch hier Einzel- oder Gemeinschaftsarbeiten möglich. Durch das Übereinanderwalzen lassen sich unterschiedlichste Mischeffekte erzielen.

Handfertigkeit „Aufwalzen" erlernen
Walze halten und über das Papier bewegen, unterschiedliche Richtungen ausprobieren
Schulung der Auge-Hand-Koordination
Spuren erzeugen
Optische Veränderung wahrnehmen und selbst herstellen, Freude daran haben
Unterschiedliche Farberfahrungen machen, mit verschiedenen Farben experimentieren

Möglichkeiten:
Mit kleineren Schaumstoffwalzen Spuren erzeugen: willkürlich, von oben nach unten und umgekehrt, von links nach rechts und umgekehrt, diagonal, mit oder ohne Kreuzen der Mittellinie. Es ist günstig, eine größere Fläche als Untergrund anzubieten, um die Tätigkeit nicht zu sehr zu erschweren. Soll nur ein kleineres Bild entstehen, kann man sich mit einem Passepartout behelfen.

Große Bögen Papier lassen sich in einzelne Felder unterteilen, indem

Mit der Technik des Aufwalzens experimentieren, unterschiedliche Untergründe und Farbträger ausprobieren

FARBE + FARBEN

man diese mit Kreppband beliebig abklebt. Das Kreppband wird nach dem Aufwalzen entfernt, so lassen sich vielfältige Strukturen herstellen.

Unterschiedliche Walzbilder in nur einer Farbe herstellen, passend zur gerade aktuellen Farbe.

Eine sehr große Fläche mit Papier abdecken (auch in der Senkrechten) und mit großen Rollern (zum Streichen) arbeiten. An der Senkrechten kann der gesamte Körper in die Bewegung miteinbezogen werden: sich strecken, um oben anzufangen, und sich während das Walzens bücken, um bis zum unteren Ende des Papiers Farbe aufzutragen, diagonal streichen und die Arme dabei weit strecken.

Im Stehen auf senkrechter oder waagerechter Fläche arbeiten

Abgewandelter Einsatz des Aufwalzens

Schulung der Gesamtkörperkoordination: sich bücken, sich strecken, sich über die Arbeitsfläche beugen

Im Gehen arbeiten: Papierbahnen auf den Boden legen, große Farbroller an einem Stiel befestigen, diese im Gehen vor sich herschieben und entsprechende Farbspuren erzeugen.

Gehen und Schieben

Auge-Fuß-Hand-Koordination

Unterschiedliche Farberfahrungen machen

Große Bahnen Rauhfaser im Gehen in jeweils einer Farbe bewalzen, so einzelne einfarbige Bahnen herstellen, diese nebeneinander z. B. im Gang oder in der Aula aufhängen.

Eine Fläche optisch verändern

Eine begrenzte Fläche durch Aufwalzen vollständig mit Farbe bedecken. Hier lässt sich gut mit Schablonen arbeiten: gewünschtes Motiv in steifen Karton schneiden und darüberwalzen. Um ein Verrutschen zu vermeiden, sollte die Schablone mit Klebestreifen befestigt werden. Eine Begrenzung kann auch durch schmale Holzleisten, farbiges Klebeband etc. geschaffen werden; durch die Markierung wird die zu bemalende Fläche deutlich hervorgehoben.

Begrenzte Fläche durch Farbe verändern

Begrenzung einhalten

Muster herstellen: in unterschiedlichen Farben kreuz und quer walzen.

Statt auf Papier auf Stoff, Styropor, Karton oder Holz arbeiten.

Unterschiedliche Bewegungsspuren herstellen

Das Aufwalzen auf unterschiedlichen Untergründen durchführen

Verstreichen mit dem Pinsel

Hier sollten Pinsel verwendet werden, die nicht zu klein sind, sich gut in der Hand halten lassen (Faustgriff, Dreifingergriff) und die Farbe gut an das Papier abgeben. Geeignete Farben sind zunächst Finger-, Acryl- und Dispersionsfarben, die nicht zu fest sein dürfen. Auch Kleisterfarbe kann eingesetzt werden, diese erzielen einen eher transparenten Effekt. Plakafarben sind weniger leuchtend und trocknen sehr schnell. Das Arbeiten mit sogenannten Wasserfarben ist bereits anspruchsvoller, da der Pinsel zunächst in Wasser getaucht werden muss, um dann von den Farbsteinen Farbe abnehmen zu können. Es sind somit mehrere Arbeitsschritte nötig, die in einer bestimmten Reihenfolge hintereinander ausgeführt werden müssen.

Umgang mit dem Pinsel erlernen, üben, einsetzen:

Pinsel halten (Faustgriff, Dreifingergriff), in die Farbe tauchen, über das Blatt bewegen, ungezielt oder gezielt bewegen

Schulung der Auge-Hand-Koordination

Eine mehrteilige Aufgabe durchführen

Möglichkeiten:

Mit verschiedenen Pinseln Spuren herstellen: willkürlich, von oben nach unten, von links nach rechts und umgekehrt, kreuz und quer, diagonal, im Kreis, dicke, dünne, lange und kurze Spuren malen. Zunächst ist wichtig,

Umgang mit dem Pinsel in unterschiedlichen Situationen üben

Schulung der Gesamtkörperkoordination

dass der Schüler den Vorgang als solchen erfasst: Wenn ich den Pinsel in Farbe tauche und ihn dann über das Blatt bewege, kann ich eine farbige Spur herstellen. Auch hier sollte der Untergrund groß genug sein; zum Begrenzen der Fläche lassen sich, wie bereits erwähnt, Passepartout und Schablone einsetzen.

Im Stehen an der senkrechten Fläche malen, eine Staffelei bietet hier sehr schöne Möglichkeiten. Die Bewegung des ganzen Körpers miteinbeziehen: beim Malen gehen und so eine lange Spur von einer Seite zur anderen ziehen, sich beim Malen bücken und so die Spur von oben nach unten ziehen. Weite Armbewegungen machen und entsprechende Spuren auf das Papier übertragen.

Eine begrenzte Fläche völig *anmalen* (in einer oder in mehreren Farben). Hier ist es günstig, größere Pinsel zu verwenden, um dem Schüler schneller zu einem Erfolgserlebnis zu verhelfen. Die Fläche kann durch einen Rahmen aus schmalen Holzleisten gekennzeichnet werden, um die Begrenzung auch taktil hervorzuheben. Eine solche Aufgabe kann auch als Vorübung zum gezielten Ausmalen dienen.

Mit blauer Kleisterfarbe „Meer-Bilder" malen: großzügige Farbspuren ziehen, die Fläche anschließend mit sehr feinem Sand bestreuen. Den Sand dazu in ein Sieb geben und vorsichtig über das Bild streuen. Vor dem Aufhängen gut trocknen lassen!

Unterschiedliche Untergründe verwenden: Papier, Karton, Stoff, Fensterscheibe, Holzplatten oder -leisten für verschiedene Collagen, Styropor, Spiegel etc.

Spritzen

Das Spritzen kann mit Wäschesprühern zum Drücken oder mit Blumenspritzen durchgeführt werden, die Farbe muss hierzu relativ flüssig und gut durchgemischt sein. Nach dem Gebrauch sollte man die Spritzdüse sorgfältig reinigen, um ein Verkleben zu vermeiden. Je nach verwendetem Papier ergeben sich unterschiedliche Effekte. Der Umgang mit Wäsche- oder Blumenspritze kann auch zunächst mit Wasser geübt werden (siehe Kapitel WASSER).

Möglichkeiten:
Mit den Blumenspritzen am besten im Stehen auf einer sehr großen senkrechten Fläche arbeiten, um genügend Spielraum zu haben, mit unterschiedlichen Farben spritzen.

Mit kleinen Wäschesprühern zum Drücken auf eine waagerechte Unterlage spritzen. Die Farbe darf hier nicht zu flüssig sein, da sie sonst beim Umdrehen des Wäschesprühers von selbst herausläuft. Wäschesprüher mit den Löchern nach unten über das Blatt halten und durch Zusammendrücken Farbe aufbringen. Unterschiedliche Farben übereinandersprühen.

Unterschiedliche Pinsel kennen und gebrauchen lernen

Zusammenhang erfassen: Wenn ich den Pinsel mit Farbe über das Blatt bewege, so erzeuge ich farbige Spuren

Unterschiedliche farbige Spuren ziehen und Freude daran haben

Farbe innerhalb einer begrenzten Fläche auftragen

Begrenzung einhalten

Mit unterschiedlichen Farben und Untergründen experimentieren, die erlernte Handfertigkeit in unterschiedlichen Situationen einsetzen

Umgang mit der Blumenspritze: mit einer Hand halten, Hebel ziehen und wieder loslassen, Farbstrahl auf den Untergrund richten, während des Spritzens Handbewegung durchführen

Umgang mit dem Wäschesprüher: Behälter mit einer Hand halten, kippen und über das Blatt halten, zusammendrücken, so dass Farbe austritt

Mit unterschiedlichen Farben und auf unterschiedliche Weise Sprühspuren herstellen und Freude daran haben

Mittels „Spritzen" unterschiedliche Farbeindrücke gewinnen

Auf Stoff oder Papier arbeiten. Die Stoffe dazu am besten in einen Rahmen spannen und dann besprühen. Beim Arbeiten an der senkrechten Fläche ergibt die Farbe durch Verlaufen unterschiedliche Muster.

Das Spritzen in unterschiedlichen Situationen und auf verschiedenen Untergründen einsetzen: Gelerntes auf neue Aufgabe übertragen

Murmeln

Murmelpapier lässt sich sehr leicht herstellen, daher ist diese Technik auch für Schüler, die in ihrer Bewegungsfähigkeit sehr eingeschränkt sind oder mit Werkzeug noch nicht sachgerecht umgehen können, gut geeignet. Das Papier wird in einen Kasten in gewünschter Größe eingelegt (Plastikkiste, Schachtel, Holzkasten mit niedrigem Rand) und sollte den Kastenboden vollständig bedecken. Zum Begrenzen von Flächen auch hier ein entsprechendes Passepartout verwenden.

Die Glasmurmeln (je nach Anzahl ergeben sich unterschiedliche Effekte) werden in den Kasten geschüttet, dann wird ein wenig (!) Farbe darüber geträufelt. Die Murmeln können auch zunächst in einem Behälter in etwas Farbe gerollt und dann in den Kasten geschüttet werden. Die Farbe muss flüssig genug sein, damit die Murmeln sie gut aufnehmen können.

Nun wird der Kasten bewegt, die rollenden Murmeln erzeugen dann beliebige Farbspuren. Das Bewegen kann geschehen, indem man den Kasten mit den Händen fasst und hin und her kippt. Befestigt man den Kasten mittels eines großen Schaumstoffblocks auf einer Unterlage, kann man ihn leicht durch Anschubsen mit der Hand in Schwingung versetzen. Je nach Papiersorte und Farben lassen sich unterschiedlichste Murmelpapiere in allen Größen herstellen. Acrylfarben sind gut geeignet, auch Goldbronze u. Ä., hier muss entsprechend ausprobiert werden. Das Rollen der Murmeln kann zunächst auch ohne Farbe in einer Schachtel oder in einer Trommel geübt werden.

Bewegung der Murmeln mit den Augen verfolgen
Geräusch der rollenden Murmeln wahrnehmen
Optische Veränderung der Fläche wahrnehmen, die zunehmende Farbigkeit beobachten
Murmelkasten mit beiden Händen halten und kippen
Murmelkasten durch Hand- oder Armbewegung anschubsen
Murmeln aus Behälter in den Kasten schütten
Papier im Flachzangengriff halten und einlegen bzw. herausholen

Drucken

Hier ist der Umgang mit einfachen Stempeln gemeint. Es ist günstig, Stempel zu verwenden, die der Schüler gut in der Hand halten kann und die einen deutlichen Abdruck hinterlassen. Die Farbe sollte nicht zu flüssig sein (Finger-, Acryl-, Dispersionsfarbe) und auf einer Platte angeboten werden. Mit dem Stempel wird die Farbe dann abgenommen und auf den jeweiligen Untergrund gebracht.

Die Schüler sollten zunächst genügend Gelegenheit bekommen, frei zu stempeln, um mit dem Bewegungsablauf vertraut zu werden. Das Herstellen eines bestimmten Musters ist bereits sehr anspruchsvoll, da hier beim Stempeln eine bestimmte Reihenfolge eingehalten werden muss, was die Fähigkeit zur Seriation voraussetzt.

Handfertigkeit „Stempeln" erwerben, üben und einsetzen:
Stempel mit einer Hand halten (mit der ganzen Hand, im Dreifingergriff), Farbe aufnehmen, Stempel auf die Unterlage drücken, hochheben
Frei über eine Fläche stempeln
Schulung der Auge-Hand-Koordination

Möglichkeiten:

Mit unterschiedlichen Schwämmen in verschiedenen Größen drucken, zunächst ungezielt, um den Vorgang zu erlernen. Bereits hier lassen sich durch geschickte Kombination von Papiersorte und Farbe schöne Ergebnisse erzielen. Auf weißes oder farbiges Papier drucken, auf Stoff drucken, Transparentpapier (z. B. Butterbrotpapier) bedrucken und am Fenster aufhängen.

Schulung der Auge-Hand-Koordination
Spuren herstellen und Freude daran haben
Unterschiedliche Farberfahrungen machen

Flächen in einer oder in mehreren Farben völlig bedrucken. Die Fläche sollte so begrenzt sein, dass der Schüler dies leicht erkennen kann (z. B. durch Holzrahmen), oder mit einem Passepartout versehen werden, das nur einen Teil des Untergrundes freigibt.

Eine begrenzte Fläche durch Drucken mit Farbe bedecken

Motive drucken: selbstgefertigte Stempel aus Moosgummi (Motiv ausschneiden, auf Holzplatte kleben und den Stempel mit einem genügend großen Griff versehen) oder Schablonen verwenden. Dies ist bereits sehr anspruchsvoll, da der Schüler in der Lage sein muss, Bilder zu erkennen, um das Motiv „lesen" zu können. Das Motiv kann jedoch auch von der Lehrkraft gewählt werden, um eine bestimmte gestalterische Idee zu realisieren.

Mit unterschiedlichen Stempeln arbeiten, dabei den Dreifinger- oder den Palmargriff einsetzen

Malen mit Stiften

Hier lassen sich die verschiedensten Stifte verwenden: Ölkreiden (leider sehr teuer), Pastellkreiden (eher in Form von Stiften anbieten, da die Kreiden sehr leicht brechen), Tafelkreiden, Wachsmalkreiden, unterschiedliche Buntstifte, Bleistifte, Wachsmalstifte, Filzstifte etc. Es muss bedacht werden, dass je nach Stift und Papiersorte sehr unterschiedliche Ergebnisse erzielt werden, nicht alle Stifte sind für jedes Papier geeignet. Für Tafelkreiden ist dunkles, eher rauhes Papier erforderlich (z. B. festes Tonpapier), auch Wachsmalkreiden lassen sich besser auf einem rauhen Untergrund verwenden.

Den Umgang mit Stiften erlernen, üben und einsetzen:
Unterschiedliche Stifte kennen lernen
Stift halten (Palmar- oder Dreifingergriff), in der Bewegung über das Blatt genügend Druck ausüben
Spuren herstellen, gezielt oder ungezielt
Im Sitzen und auf der Waagerechten arbeiten
Im Stand und an der Senkrechten arbeiten

Die Auswahl der Stifte muss sich nach dem Schüler richten: Hat dieser Schwierigkeiten, mit der Hand Druck auf das Papier auszuüben, sollten die Stifte eher weich sein, wird der Stift noch im Faustgriff gehalten, so sollten dickere Stifte angeboten werden.

In der Bewegung arbeiten: Schulung der Gesamtkörperkoordination
Schulung der Auge-Hand-Koordination
Freude am Herstellen unterschiedlicher Spuren haben

Wichtig ist zunächst, dass der Schüler seine Fähigkeiten einsetzt und ohne Hilfe Spuren aufs Papier bringt, so wie es ihm eben möglich ist. Erst wenn das Kind diese Möglichkeit für sich entdeckt hat, kann ein gezielteres Spurenziehen angestrebt werden.

Eine Fläche anmalen (durch Hin- und Herbewegen des Stiftes)
Eine begrenzte Fläche anmalen

Möglichkeiten:
- Hiebkritzeln über das ganze Blatt
- Hin- und herkritzeln, Schwingkritzeln, Kreiskritzeln
- Linien ziehen: von einer Seite zur anderen, mit oder ohne Kreuzen der Mittellinie, von oben nach unten, diagonal

FARBE + FARBEN

- Im Kreis malen (ein- oder beidhändig)
- Auf senkrechter oder waagerechter Ebene malen
- Im Sitzen, Stehen oder in der Bewegung arbeiten: beim Malen von einer Seite zur anderen gehen, sich strecken und bücken
- Flächen anmalen: Beim Anmalen einer begrenzten Fläche sollte deren Begrenzung für den Schüler deutlich genug, z. B. auch taktil erfahrbar sein. Als Vorübung kann die auszufüllende Fläche mit den Händen abgetastet und die Begrenzung so erspürt werden.

Freier Umgang mit Farbe

Haben die Schüler Freude an einer bestimmten Technik und verfügen sie darin über einige Grundfertigkeiten, so sollten sie auch Gelegenheit bekommen, hier nach ihren Wünschen zu arbeiten.

Aufgabe der Lehrkraft ist es, das notwendige Material bereitzustellen, beim Herrichten des Arbeitsplatzes zu helfen und unterstützend einzugreifen, wenn dies nötig ist. Es ist wichtig, den Schülern Zeit zu geben, einmal nach ihren Vorstellungen mit den verschiedensten Materialien zum Gestalten mit Farbe umgehen zu können.

In einer vertrauten Technik mit Farben experimentieren

Eigene Ideen verwirklichen

Unterschiedliche Farberlebnisse machen

Allein oder mit anderen zusammen malen

Freude am Spiel mit den Farben und unterschiedlichen Materialien ins eigene Tun übertragen

Beobachtungshilfen

Farberleben

➤ ist aufmerksam beim Erleben verschiedener Farben, schaut
➤ zeigt Vorlieben für eine bestimmte Farbe
➤ verhält sich unterschiedlich bei unterschiedlichen Farben
➤ betrachtet farbige Dinge aufmerksam
➤ sitzt gern in der Farbecke im Klassenzimmer, betrachtet die dort vorhandenen Dinge
➤ kennt eine über längere Zeit angebotene Farbe, kann Dinge in dieser Farbe aus einer Anzahl gleicher weißer herausfinden
➤ schaut bei den unterschiedlichen Seh-Spielen aufmerksam
➤ verfolgt bewegten und farbigen Lichtfleck mit den Augen (wie?)
➤ betrachtet unterschiedliche farbige Lichtflächen, die nacheinander projiziert werden
➤ zeigt Reaktion beim Einsatz von farbigem Licht
➤ schaut gern durch farbiges Glas, durch bunt beklebte Fensterscheibe
➤ bevorzugt bei den einzelnen Techniken bestimmte Farben (nicht: Farbträger)

Verstreichen mit den Händen

- verstreicht Farbe mit einer Hand, mit beiden Händen
- streicht noch ungezielt, verfolgt jedoch das Tun mit den Augen
- betrachtet die eigene eingefärbte Hand
- streicht gezielt: hin und her, im Kreis etc.
- hat Freude an Handabdrücken
- kann mit dem Finger Spuren ziehen
- bevorzugt einen bestimmten Untergrund (Spiegel, Papier etc.)
- arbeitet in der Senkrechten, in der Waagerechten
- lehnt das Verstreichen der Farbe mit den Händen vollkommen ab
- hat Freude an dieser Technik, wird auch von sich aus aktiv

Aufklopfen

- hält Schlegel mit einer Hand
- kann mit Schlegel das Papier treffen
- hat Freude am Herstellen der Farbspuren, arbeitet von sich aus
- kann im Sitzen/im Stand Farbe aufklopfen
- bezieht die Bewegung des ganzen Körpers mit ein
- arbeitet in der Waagerechten – arbeitet in der Senkrechten

Aufwalzen

- kann Walze mit einer Hand halten und über das Blatt bewegen, noch ungezielt
- beobachtet das eigene Tun
- bewegt Walze gezielt: von oben nach unten, diagonal, von einer Seite zur anderen
- bedeckt begrenzte Fläche durch Walzen mit Farbe
- arbeitet im Sitzen, im Stehen, im Gehen
- kann auch mit großen Farbrollern umgehen
- hat Freude an dieser Technik und kann hier auch selbstständig arbeiten

Verstreichen mit dem Pinsel

- hält den Pinsel mit einer Hand (wie?)
- taucht den Pinsel in Farbe, bewegt ihn noch ungezielt über das Blatt, beobachtet jedoch das eigene Tun
- bewegt den Pinsel gezielt (wie?)
- kann eine begrenzte Fläche anmalen
- arbeitet in der Waagerechten, in der Senkrechten, im Sitzen, im Stand, in der Bewegung
- kann mit Farbsteinen und Wasser malen (mehrteiliger Vorgang)

Spritzen

- kann mit Blumenspritze umgehen
- kann mit Wäschesprüher umgehen
- kann im Stand arbeiten und gezielt spritzen
- hat Freude an dieser Technik und kann hier auch selbstständig arbeiten

Murmeln

- verfolgt die Bewegung der Murmeln mit den Augen, lauscht auf das Geräusch
- schüttet Murmeln aus Behälter in Murmelkasten
- hält Murmelkasten mit beiden Händen und bringt ihn durch Kippen in Bewegung
- bringt großen Murmelkasten durch Anstoßen mit Hand oder Arm in Bewegung
- hat Freude an dieser Technik und kann hier auch selbstständig arbeiten

Drucken

- hält Schwammstempel oder solche mit Griff fest (wie?)
- nimmt mit dem Stempel Farbe auf
- drückt den Stempel auf die Unterlage, noch ungezielt, beobachtet jedoch den Vorgang genau
- stempelt frei und ungezielt über das gesamte Blatt, hat Freude daran
- arbeitet im Sitzen oder auch im Stand
- stempelt gezielt
- füllt eine begrenzte Fläche durch Bedrucken mit Farbe
- hat Freude an dieser Technik und kann hier auch selbstständig arbeiten

Malen mit Stiften

- kann mit folgenden Stiften umgehen: ...
- hält Stift folgendermaßen: ...
- zeigt folgendes Verhalten im Umgang mit Stift: Hiebkritzeln, Kreiskritzeln, Kritzeln von einer Seite zur anderen oder von oben nach unten, gezieltes Spurenziehen (wie?)
- malt mit Stiften im Kreis, malt begrenzte Fläche an
- bevorzugt bestimmte Stifte
- bevorzugt bestimmte Farben (nicht: Farbträger)

Freier Umgang mit den verschiedenen Techniken

- beherrscht eine Technik (welche?) so weit, dass ein relativ selbstständiges Tun möglich ist
- zeigt Freude und Interesse an einer bestimmten Technik, handelt hier mit Ausdauer
- bevorzugt bestimmte Farben oder Materialien
- möchte die fertigen Werke aufhängen bzw. bemerkt, wenn sie aufgehängt werden

Unterrichtsbeispiele

Alle Lernsituationen in Verbindung mit einer bestimmten Technik im Umgang mit Farbe eignen sich auch zur Förderung der Schüler im Bereich der Selbstversorgung: wissen, welche Arbeitsmaterialien benötigt werden und wo sich diese befinden, den Arbeitsplatz gemeinsam herrichten und wieder aufräumen, Hände waschen, abtrocknen, eincremen.

1. Wir verstreichen Farbe mit den Händen (Gemeinschaftsarbeit, Lernort: Klassenzimmer)

Ausgangssituation: Das Verstreichen von Farbe mit den Händen ist den Schülern bereits bekannt. Diesmal wollen wir es an einer senkrechten Fläche ausprobieren. Wir arbeiten mit relativ flüssiger Fingerfarbe, der zur besseren Verstreichbarkeit etwas angerührter Kleister beigemischt ist.

Zunächst üben wir an einem großen *Stand- oder Wandspiegel.* Wir sitzen im Halbkreis vor dem Spiegel, betrachten uns darin, ertasten die Oberfläche mit den flachen Händen, erkunden die Ausmaße des Spiegels. Dann geben wir Farbe auf die Hände und verstreichen diese mit der flachen Hand über den gesamten Spiegel. Hier können die unterschiedlichen Bewegungsmöglichkeiten eingesetzt werden: zunächst die Schüler frei streichen lassen, dann eine bestimmte Bewegungsrichtung anstreben (von oben nach unten, dabei muss man sich bücken, von einer Seite zur anderen).

Wir stellen fest: Die Spiegeloberfläche bedeckt sich mit Farbe, unser Spiegelbild verschwindet. Mit einem Schwamm kann die Farbe abgewischt werden, so lässt sich die Übung mehrmals durchführen. Wir verwenden verschiedene Farben und erzeugen so eine bunte Oberfläche. Das Waschen der Hände kann mit einem Schwamm in einer Wanne mit Wasser geschehen. Hierbei erleben die Schüler auch: Das Wasser wäscht die Farbe ab, die Hände werden sauber, das Wasser färbt sich.

Wir wechseln zu einer großen *senkrechten Fläche* (z. B. Wandtafel oder Wand, mit großen Bogen sehr festen Papiers bespannt, es können auch große Kartonstellwände verwendet werden). Die Fläche sollte so groß sein, dass alle Schüler gleichzeitig daran arbeiten können. Es sollten mehrere Farben angeboten werden.

Wir bedecken die gesamte Fläche mit Farbe. Je nach Größe der Schüler und ob sie im Sitzen oder im Stehen arbeiten, entstehen an unterschiedlichen Stellen farbige Flecken, die langsam wachsen und aneinanderstoßen. Man muss sich strecken, um auch oben Farbe aufzutragen bzw. sich bücken, um auch den unteren Rand zu erreichen. Die Schüler sollten hier je nach ihren Fähigkeiten mit einer oder mit beiden Händen arbeiten. Zum Aufnehmen der Farbe kann man diese den Schülern in die Handinnenfläche geben oder aber die Farbe in einem Gefäß anbieten, in welches der Schüler gut mit der Hand hineingreifen kann. Wir beenden unsere Arbeit, wenn die gesamte Fläche vollständig bemalt ist.

FARBE + FARBEN

Abschluss kann sein: Hände waschen, Malerkittel und Farben aufräumen. Wir hängen das fertige Bild in der Aula oder im Gang auf, daher ist es günstig, wenn das Bild aus möglichst wenigen Teilen besteht. Als „Unterschrift" setzt jeder Beteiligte seinen Handabdruck auf das Werk.

2. Wir drucken mit Schwämmen auf Stoff
(Gemeinschaftsarbeit, Lernort: Klassenzimmer, Werkraum)

Ausgangssituation: Wir sitzen um den Tisch, dieser ist in seiner gesamten Fläche mit weißem, dünnem Baumwollstoff bedeckt. Der Stoff sollte etwas gespannt sein und so befestigt werden, dass er nicht verrutschen kann. Runde Badeschwämme (aus dem Drogeriemarkt) sind die Stempel, zum Bedrucken verwenden wir Acrylfarbe.

Zunächst erkunden wir die notwendigen Materialien. Wir betasten die Tischoberfläche mit den Händen, stellen fest, dass sie anders aussieht und sich anders anfühlt als sonst, sie ist mit Stoff bedeckt. Die Schwämme können in einem Korb oder einer Schachtel angeboten werden, wir fassen sie an, holen sie heraus, drücken sie zusammen, hantieren eine Weile damit: Heute wollen wir mit den Schwämmen etwas drucken. Man kann Schwämme und Farben auch von den Schülern herbeiholen lassen, z. B. aus dem Schrank, aus dem Regal, aus der Schublade. Wir geben Farbe aus den Flaschen in flache Behälter. Dies sollte gemeinsam mit den Schülern geschehen, so dass diese den Vorgang beobachten können. Jede Farbe wird beim Umfüllen benannt. Für jede Farbe sollten eigene Schwämme verwendet werden.

Mit breitem Kreppklebeband werden nun Vierecke auf dem Stoff markiert. Diese sollten nicht zu klein und für die Schüler gut erreichbar sein. Nun bedrucken wir die Vierecke: Schwamm halten, damit Farbe aufnehmen, in das markierte Kästchen drucken. Die Lehrkraft gibt individuelle Hilfestellung, wo nötig. Sind die Schüler mit dem Einhalten der Begrenzung überfordert, so kann man auch ein Passepartout verwenden, in das ein Viereck in der gewünschten Größe geschnitten ist, der Rand verhindert dann ein Bedrucken über die markierte Fläche hinaus. Jedes Viereck erhält eine Farbe. Auf diese Weise wird die gesamte Stoff-Fläche mit Vierecken in unterschiedlichen Farben bedruckt. Die Anordnung der Vierecke kann beliebig vorgenommen werden, je nach Ergebnis, das man erzielen möchte.

Abschluss kann sein: Jeder Schüler erhält einen Stempel mit seinem Symbol (das sich z. B. auch auf dem Stuhl, an der Garderobe etc. befindet). Wir stempeln unsere Symbole in ein leeres Viereck und geben unserem Werk einen festen Platz. Der Stoff sollte in noch feuchtem Zustand über einen Holzrahmen gespannt und so aufgehängt werden.

3. Wir malen mit dem Pinsel
(Gemeinschaftsarbeit, Lernort: Klassenzimmer, Werkraum)

Ausgangssituation: Wir arbeiten im Sitzen am Tisch, verwenden breite Pinsel und Kleisterfarbe in unterschiedlichen Farben, als Untergrund starken weißen Karton mit glatter

Oberfläche, der kaum Flüssigkeit aufnimmt. Der Karton muss dick genug sein, damit er sich nicht wellt. Für jeden Schüler wird der Maluntergrund an seinem Platz befestigt (mit Kreppklebeband ringsum abkleben). Die Farbe sollte in genügend großen Behältern angeboten werden (z. B. Einmachgläser), eigene Pinsel für jede Farbe. Es ist günstig, die Kleisterfarbe an Ort und Stelle mit den Schülern herzustellen: Der bereits angerührte Kleister befindet sich in mehreren großen Gläsern, wir geben Fingerfarbe, Pigmentpulver etc. dazu und rühren das Ganze kräftig um. Jeder Schüler kann so z. B. „seine" Farbe anrühren.

Wir streichen die gesamte Fläche ein. Hier sollte mit großen Bewegungen gearbeitet werden, unterschiedliche Farben können sich ruhig vermischen. Je nach Fähigkeiten der Schüler kann man die verschiedenen Bewegungsrichtungen einsetzen. Das Werk ist fertig, wenn die gesamte Fläche mit Farbe bedeckt ist. Jeder Schüler fertigt sein eigenes Werk an. Die Kleisterfarbe ergibt auf dem glatten weißen Untergrund einen transparenten Farbeindruck.

Abschluss kann sein: Arbeitsmaterialien auswaschen und aufräumen, Malerkittel aufräumen, Hände waschen, die fertigen Bilder gut trocknen lassen. Anschließend können diese zu einer großen Collage aneinandergefügt werden: auf entsprechende Spanplatte aufziehen und aufhängen.

4. Wir stellen ein rotes Bild her
   (Gemeinschaftsarbeit, Lernort: Klassenzimmer, Werkraum)

Ausgangssituation: Arbeitsplatz ist der Tisch, um den alle Schüler sitzen. Als Untergrund verwenden wir eine Bahn weiße Rauhfasertapete (nicht zu grob). Statt der Farbe Rot kann natürlich jede andere Farbe gewählt werden. Es soll die gesamte Papierfläche unter Einsatz unterschiedlicher Techniken rot bemalt, bedruckt etc. werden, d. h., jeder verwendet eine andere Technik. Die Schüler sitzen so, dass jeder genug Raum zum Arbeiten hat.

Folgende Techniken bieten sich zur Herstellung einer solchen Gemeinschaftsarbeit an: Aufklopfen mit Schlegel oder Fliegenklatsche, Aufwalzen mit kleiner Walze, Malen mit dem Pinsel, Schwammdruck, Malen mit Ölkreiden. Es werden für jede Technik die notwendigen Materialien bereitgestellt. Der Einsatz der verschiedenen Farbträger führt zu *unterschiedlichen Rottönen*.

Die Schüler wählen eine Technik bzw. arbeiten in der Technik, die sie gut beherrschen, es kann auch gewechselt werden. Jeder verändert die vor ihm befindliche Fläche (ohne feste Begrenzung). Die einzelnen Flächen können sich ruhig ein wenig überschneiden bzw. es kann der Untergrund hervorschauen. Während des Arbeitens stellen wir fest: Das Papier wird überall rot, immer mehr Rot zeigt sich, es bleibt nichts Weißes mehr übrig.

Abschluss kann sein: Ist der Untergrund völlig mit roter Farbe bedeckt, hängen wir das fertige Bild auf, z. B. in die rote Farbecke im Klassenzimmer, betrachten es gemeinsam und heben hervor, was jeder Einzelne getan hat, singen ein Lied von der roten Farbe. Gemeinsames Aufräumen: Arbeitsmaterialien säubern und an ihren Platz räumen.

5. Wir walzen mit Farbrollern auf einer senkrechten Fläche
(Lernort: Klassenzimmer)

Ausgangssituation: Eine größere senkrechte Fläche, z. B. die Wand, wird mit Papier bespannt. Das Papier sollte bis zum Boden reichen. Die obere Begrenzung der Fläche muss so hoch sein, dass sie nur mit ausgestrecktem Arm erreicht werden kann, je nach Schüler im Sitzen oder im Stehen. Das Vorgehen im Stehen bietet mehr Möglichkeit, den ganzen Körper in die Bewegung miteinzubeziehen. Es sollten mehrere Behälter mit unterschiedlichen Farben bereit stehen, ein Roller für jede Farbe. Die Farbroller sollen gut mit einer Hand gehalten und bewegt werden können, sie dürfen nicht zu groß sein.

Wir walzen die Farbe auf: mit dem Roller Farbe aufnehmen, sich strecken und Farbe in einer Bewegung von oben nach unten auf das Papier bringen. Je nach Vermögen der Schüler entstehen unterschiedlich lange Streifen. Sind die Schüler in der Lage, im Stehen zu arbeiten, so kann der Farbstreifen vom oberen bis zum unteren Rand des Papiers reichen. Dies ist in der Ausführung entsprechend schwierig: Ich strecke mich, bringe den Roller auf das Papier und bewege ihn nach unten, wobei ich mich bücke, um die Bewegung nach unten zu führen. Es kann für jeden neuen Streifen eine andere Farbe verwendet werden, so entsteht ein Muster aus unterschiedlich farbigen senkrechten Streifen, einer neben dem anderen, bis die gesamte Fläche bedeckt ist. Die Durchführung erfordert ein ständiges Sich-Strecken und Sich-Bücken im Wechsel. Es ist auch möglich, diese Bewegung auf den Arm zu beschränken: Dieser wird gehoben und dann nach unten geführt, ohne das Sich-Bücken zu verlangen.

Abschluss kann sein: Wir lassen unser Werk im Zimmer hängen und betrachten es gemeinsam. Die Streifen sind unterschiedlich lang, manche reichen hoch hinauf, manche reichen bis auf den Boden, manche sind kurz und befinden sich eher in der Mitte der Fläche. Wir fahren die Streifen mit der Hand nach: Wer kann sich so weit strecken, dass er das obere Ende des roten Streifens noch erreicht – wer kann sich so tief bücken, dass er den grünen Streifen noch am unteren Ende berührt? Das Nachfahren der Streifen mit der Hand (von oben nach unten) kann auch unter Hilfestellung geschehen und wird verbal begleitet: Während der Schüler die Bewegung ausführt, spricht die Lehrkraft dazu „hinunter" oder „von oben nach unten" oder untermalt die Bewegung mit der Stimme (einen Ton unter Ausatmen von hoch nach tief führen).

Dieses Lernvorhaben lässt sich auch zum Kapitel RAUM durchführen: Wir erleben im Auftragen der Farbe „oben" und „unten" (Aktivitäten zu den Raum-Lage-Begriffen).

GERÄUSCHE + KLÄNGE

Geräusche und Klänge begegnen uns in der Natur und von Menschen gemacht, willkürlich oder planvoll erzeugt. Als Phänomen in der Zeit sind sie jeweils einmalig und nur in ihrem Ablauf erfahrbar, sie sind vergänglich und können, abgesehen von Tonkonserven, in identischer Weise nicht wiederholt werden. In ihrer Wahrnehmung sind wir auf das Ohr angewiesen. Die Vibrationen lassen sich mit den Händen und dem ganzen Körper spüren.
Geräusche und Klänge entstehen durch die Bewegung eines Spielers im Zusammenhang mit dem eigenen Körper oder einem bestimmten Gegenstand. Jeder Gegenstand enthält sozusagen eine Fülle von Geräusch- und Klangmöglichkeiten, die durch bestimmte Bewegungen hervorgerufen werden können und zum genauen Hinhören und Erforschen anregen. Musikinstrumente eignen sich hier in besonderer Weise. So stehen Bewegung, Geräusch und Klang stets in einer engen Wechselbeziehung.
Geräusche und Klänge sind Grundbausteine der Musik, und somit sind ihr Erleben und Erkunden immer auch in Verbindung mit Musik möglich und sinnvoll. Auf diese Weise lassen sich Stimmungen auslösen und verändern, Klang-Räume erkunden und Assoziationen hervorrufen: Wir erinnern uns dabei an bestimmte Situationen, Gefühle, Personen.
Das Spiel mit Geräuschen und Klängen ist schon durch den Einsatz einfacher Handfertigkeiten möglich und gibt dem Schüler Gelegenheit, die Vielfalt der akustischen Angebote phantasiereich zu erproben und einzusetzen:

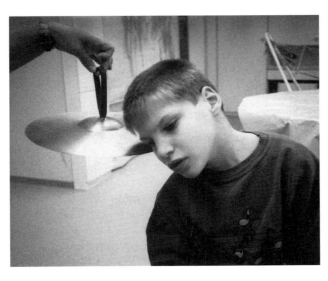

Das elementare Musizieren beginnt. Durch Art und Weise des Spiels kann das Kind auch seiner inneren Bewegtheit und Befindlichkeit Ausdruck verleihen.

| Hören | Lerninhalte | Möglicher Lerngewinn |

Der Mensch nimmt Geräusche, Klänge und die Stimme über das Gehör und über den Vibrationssinn wahr. Bereits als Säugling lauscht er auf unterschiedliche akustische Angebote, zeigt Freude und Interesse daran. Schon im Alter von wenigen Monaten nimmt der Säugling auch sehr leise Geräusche wahr, wenn diese etwa 30 cm vom Ohr entfernt erzeugt werden. Das Kind entdeckt sein Umfeld auch in dessen klanglichen Möglichkeiten und versucht sich im Alter von 18 Monaten bereits im Singen. Langsam erschließt sich somit auch die Welt der Musik.

Die Erfahrung von bestimmten Geräuschen und Klängen, besonders solcher, die mit der Stimme erzeugt werden, hängt eng mit dem Bereich der Kommunikation zusammen. Dies ist auch für die nachfolgenden Vorschläge zum Erkunden von Geräuschen und Klängen von Bedeutung: Der Schüler soll solchen Angeboten nicht einfach ausgesetzt werden, sondern sie zunächst gemeinsam mit der Lehrkraft erforschen und so diesen Bereich für sich entdecken.

Im gemeinsamen Erzeugen und Hören von Klangerlebnissen in eine Kommunikationssituation treten
Blickkontakt aufnehmen
Körperkontakt aufnehmen

Lernangebote aus dem Bereich des *Hörens* geschehen am besten in einer ruhigen und entspannten Situation, in der ungestört gehört werden kann. Von großer Wichtigkeit sind hierbei das Sich-Einlassen auf den Schüler sowie ein sensibles Aufnehmen aller Reaktionen auf das akustische oder akusto-vibratorische Angebot: Veränderung der Atmung, der Mimik, der Körperspannung und -haltung, Eigenbewegungen des Schülers.

Auf Möglichkeiten aus dem Bereich der Atemtherapie, der Basalen Kommunikation sowie auf den Kommunikationsaufbau kann hier leider nicht näher eingegangen werden, es wird auf die einschlägige Fachliteratur verwiesen.

Die Fähigkeit zur Kommunikation auf- und ausbauen

So früh wie möglich sollte der Schüler vom reinen Zuhören zum selbsttätigen Erzeugen unterschiedlicher Geräusche und Klänge geführt werden, um zu lernen, welche Handlungsmöglichkeiten sich hier bieten. Dies wird im Folgenden unter „Aktivitäten" dargestellt.

Selbst unterschiedliche Geräusche und Klänge erzeugen und Freude daran haben
Die klangliche Umwelt erforschen
Die Koordination zwischen Auge, Ohr und Hand ausbilden

Ganz wichtig bei allen Angeboten zum Geräusch- und Klangerleben ist die Selbsterfahrung auf Seiten der Lehrkraft, da viele akustische Eindrücke, die uns aus geringer Entfernung bereits leise erscheinen, direkt am Ohr als unangenehm laut wahrgenommen werden können. Daher muss man sich zunächst selbst über die Qualität des jeweiligen Höreindrucks informieren, bevor dieser an den Schüler weitergegeben wird.

Das Erleben von Geräuschen und Klängen ist eine Möglichkeit, für den Schüler Geräusche etc. zu erzeugen und sie in geeigneter Form anzubieten, wenn das Kind noch nicht in der Lage ist, in gewünschter Weise selbst

Unterschiedliche Geräusch- und Klangerfahrungen machen, zunächst im Kontakt zur Bezugsperson, später auch selbstständig

GERÄUSCHE + KLÄNGE

aktiv zu sein. Alle Vorschläge, die unter „Aktivitäten" dargestellt werden, eignen sich hierzu. In diesem Fall handelt die Lehrkraft für den Schüler und führt diesen zum Hinhören. Darüber hinaus können hier auch technische Medien (Wasserbett mit Stereoanlage, Vibrationswürfel oder -kissen, Lautsprecherboxen, Kopfhörer etc.) eingesetzt werden. Die Entfernung zur Geräuschquelle wird im Laufe der Übungseinheiten langsam gesteigert.

Unterschiedliche Instrumente, Klang- und Geräuscherzeuger kennen lernen: sie sehen, hören, anfassen, spüren

Möglichkeiten:
Mit einem oder mehreren Schülern in der Kuschelecke sitzen oder liegen und Musik anhören, diese mal lauter und mal leiser werden lassen, mal völlig abstellen. Sich ein wenig zur Musik bewegen (lassen). Es sich bequem machen, ruhig werden, sich entspannen, dies wird durch leichtes Verdunkeln des Raumes unterstützt. Die Lehrkraft nimmt hier den Körperkontakt zum Kind auf. Bei der Musikauswahl muss man bedenken, dass diese im vorliegenden Fall einen beruhigenden Einfluss ausüben sollte. Unbedingt beachten, wenn der Schüler bestimmte Musikangebote bevorzugt oder ablehnt.

Unterschiedliche Musik in einer ruhigen Situation hören, sich dabei wohl fühlen, sich entspannen und beruhigen

In körperlichen Kontakt zur Bezugsperson treten

Musik in unterschiedlicher Lautstärke erleben

Hinhören lernen

Verschiedene Musiken erleben

Vorliebe oder Abneigung zeigen

Eine ähnliche *Hörsituation* lässt sich auch auf dem Wasserbett, im Kugelbad oder im Rhythmikraum herstellen.

Musik in unterschiedlichen Situationen und Räumen erleben

Statt auf Musik lauschen wir auf unterschiedliche Geräusche und Klänge, die durch die Lehrkraft für den Schüler erzeugt werden (siehe „Aktivitäten"): ruhig werden, den klangerzeugenden Gegenstand mit den Händen erkunden, lauschen. Klang oder Geräusch sollten zunächst dicht am Ohr des Schülers angeboten werden. Bei Instrumenten, die durch das Anspielen in fühlbare Schwingungen geraten, die Schüler auch an diesem taktilen Eindruck teilhaben lassen: das Instrument an die Hände, an das Kinn, an den Mund, an den Bauch halten.

Unterschiedliche Geräusch- und Klangerfahrungen machen

Verschiedene Klang- und Geräuscherzeuger erleben

Instrumente hören und mit dem Körper spüren

Akustischen, vibratorischen und taktilen Eindruck miteinander verbinden

Eine Spieluhr erkunden: diese anfassen und damit hantieren, an das Ohr halten, auf die Melodie lauschen. Die Mechanik kann auch separat erworben werden, der Körper lässt sich dann nach Wunsch selbst herstellen.

Eine einfache Melodie hören und darauf lauschen

Dem Schüler selbst Musikstücke vorspielen (mit Klavier, Gitarre etc.), falls möglich, ihn auch die Vibrationen des Instruments spüren lassen, z.B. an der Rückseite des Klaviers.

Live-Musik mit unterschiedlichen Instrumenten hören und spüren

Sich dabei des eigenen Körpers bewusster werden

Stimme als Hörereignis anbieten: für den Schüler singen, flüstern oder sprechen, mit der Stimme unterschiedliche Laute produzieren. Hierbei kann der Schüler an die Brust der Lehrkraft gelehnt sitzen, um so die Resonanzen wahrzunehmen. Der Schüler sollte auch Gelegenheit bekommen, das Gesicht der Lehrkraft beim Sprechen und Singen zu beobachten und es mit den Händen zu berühren. Stimmliche Äußerungen des Schülers wiederholen. Die Stimme kann auch in Verbindung mit dem Instrument angeboten werden.

Mit der Stimme produzierte Laute hören und spüren

Sich dadurch auch zur eigenen Lautbildung anregen lassen

Stimme auch in Verbindung mit Instrument erleben

Durch einen Schlauch (wie er für Elektroinstallationen gebraucht wird) oder eine Röhre hören: hineinsprechen oder -singen, Musik abspielen, un-

Neuartige akustische Erfahrungen machen:

GERÄUSCHE + KLÄNGE

terschiedliche Geräusche und Klänge erzeugen. Der Schüler hält beim Hören ein Ende des Schlauchs an sein Ohr. Alle akustischen Angebote können auf diese Weise intensiviert werden.

Stimme, Musik, Geräusche und Klänge dicht am Ohr wahrnehmen
Selbst experimentieren und ausprobieren
Gezielt hinhören

Aktivitäten	Lerninhalte	Möglicher Lerngewinn

Ganzkörperliche Bewegung

Hier sind Angebote gemeint, die es dem Schüler ermöglichen, durch das Bewegen oder Bewegt-Werden des ganzen Körpers Geräusche und Klänge zu erzeugen und wahrzunehmen. Dabei wird stets auch der Bereich der vestibulären und kinästhetischen Anregung angesprochen. Die unterschiedlichen Geräusche sollten in Abständen für den Schüler verbalisiert werden. Es ist anzustreben, dass der Schüler nach und nach den Zusammenhang zwischen seiner Bewegung und dem dadurch verursachten Geräusch erfasst.

Möglichkeiten:
Sich in der Rückenlage bewegen (lassen) und auf die dabei entstehenden Geräusche lauschen: auf einem großen, mit Papier gefüllten Sack liegen – es raschelt, den Sack statt mit Papier mit Styroporschnipseln füllen – dies ergibt sehr laute (!) Knistergeräusche, die allerdings von manchen Schülern auch als unangenehm empfunden werden können. Auf einem Luftballonbett liegen, durch Bewegen werden quietschende Geräusche erzeugt. Die Luftballons mit Körnern, Sand etc. füllen und so den möglichen Geräuschpegel erhöhen. Statt der Luftballons lassen sich auch Wasserbälle verwenden.

Eine Turnmatte mit verschiedenen geräuschintensiven Materialien völlig bedecken und den Schüler darauf liegend vom Rücken auf die Seite und zurück rollen. Je nach Unterlage ergeben sich unterschiedliche Geräusche. Diese Möglichkeit eignet sich vor allem für stark in ihrer Bewegungsfähigkeit eingeschränkte Schüler. Geeignete Materialien: Transparentpapier, Luftpolsterfolie, dünne Metallfolie, Plastikfolie. Es empfiehlt sich, die Übung zunächst an sich selbst auszuprobieren, um die Lautstärke der entstehenden Geräusche einschätzen zu können.

Eine Raschelecke einrichten: unterschiedliche Säcke aus dünnem Stoff (circa 50 x 80 cm) mit verschiedenen Materialien füllen (geknülltes Papier, Holzwolle, Styroporschnipsel, Federn, Luftpolsterfolie, Laub, Korken, Bälle aus dem Bällchenbad), sich auf die Säcke legen, sich darin bewegen (lassen), sich damit zudecken (lassen), einzelne Säcke bewegen, die verschiedenen Geräusche ausprobieren.

Durch die noch ungezielte Bewegung des eigenen Körpers Geräusche oder Klänge erzeugen
Den eigenen Körper dabei bewusster wahrnehmen
Aufbau von Körperschema
Eigenbewegung bewusst einsetzen: Rollen, Wippen, Bewegung der Gliedmaßen
Sich im Liegen bewegen (lassen) und dadurch akustische Ereignisse hervorrufen
Bewegungserfahrungen machen
Unterschiedliche Klang- und Geräuscherfahrungen machen: Es raschelt, quietscht, knistert, kullert, es entstehen leise oder laute Geräusche
Freude am Erzeugen und Hören von Geräuschen haben
Sich selbst bewegen und so Geräusche erzeugen

Zusammenhang erfassen: Wenn ich mich bewege, so entsteht ein Geräusch

Eine Decke/Hängematte an den Rändern mit Glöckchen oder Schellen benähen, den Schüler darin schaukeln.

Einen sehr großen Wasserball vor dem Aufpumpen mit Geräuschmaterial versehen, sich auf dem Ball bewegen (lassen): im Sitzen, in Bauch- und Rückenlage. Den Ball vorsichtig über den Körper des Schülers rollen.

Sich im Liegen schaukeln und wippen lassen: vestibuläre Anregung
Geschaukelt-Werden und Klangereignis in Zusammenhang bringen
Selbst die Bewegung auslösen
Bewegungsmöglichkeiten mit dem Ball erkunden und dabei auch unterschiedliche Geräuscherfahrungen machen

Körperklanggesten

Die Körperklanggesten wie Klatschen, Patschen, Stampfen, Klopfen u. a. können zunächst unter Handführung erarbeitet werden, bis der Schüler in der Lage ist, die Bewegung bei der Lehrkraft zu beobachten und durch Imitation selbst zu übernehmen. Ein wichtiger Aspekt ist hierbei die *Berührung* des eigenen Körpers, eine Tätigkeit, die bei vielen Schülern nicht oder in stereotyper bzw. autoaggressiver Weise vorhanden ist. Von daher bieten Körperklanggesten eine gute Möglichkeit, sich selbst in veränderter Weise zu berühren und dabei neue Erfahrungen mit dem eigenen Körper zu machen. Körperklanggesten lassen sich sehr gut in Verbindung mit rhythmischen Sprechversen, Liedern oder Tonkonserven einsetzen, Spiele damit können in der Einzelsituation oder in der Gruppe durchgeführt werden. Hier wird auf die sehr umfangreiche Literatur zu diesem Thema verwiesen.

Den eigenen Körper bewegen und berühren, dabei unterschiedliche Geräusche erzeugen
Sich durch die Eigenberührung des eigenen Körpers bewusster werden
Körperklanggesten am eigenen Körper erleben bzw. selbst durchführen
Körperklanggesten in Verbindung mit dem Partner erleben und durchführen
Körperklanggesten in Verbindung mit Musik (gesungen oder gespielt) einsetzen
Körperklanggesten in Verbindung mit Sprache einsetzen

Möglichkeiten:
Im Kreis sitzen und unterschiedliche Körperklanggesten erzeugen: allein, gemeinsam, mit oder ohne Hilfe. Hierbei die unterschiedlichen Geräuscherfahrungen machen: Es klatscht, patscht, klopft etc.

Die Körperklanggesten in Verbindung mit dem Sprechvers, dem gesungenen Lied, der gespielten Musik oder der Tonkonserve einsetzen: z. B. zu einem sehr rhythmischen Musikstück klatschen oder stampfen.

Eigenbewegung und entstehendes Geräusch in Verbindung bringen

Anschubsen

Das Erzeugen von Geräuschen und Klängen durch ein Anschubsen von Gegenständen kann unwillkürlich oder gezielt geschehen. Um ein unwillkürliches Anschubsen zu ermöglichen, werden geräusch- und klangerzeugende Objekte in Reichweite des Schülers so angebracht, dass dieser sie mit einer eher zufälligen Bewegung seiner Gliedmaßen (hier können auch die Beine eingesetzt werden) anstößt und so das akustische Ereignis auslöst. Die Gegenstände werden so ausgewählt, dass sie schon bei einer leichten Bewegung ein Geräusch oder einen Klang erzeugen. Mit der Zeit gelangt das Kind von der unwillkürlichen zur beabsichtigten Bewegung.

Ein in Reichweite befindliches Objekt durch noch ungezielte Arm- oder Handbewegung (oder Beinbewegung) anschubsen und so ein Geräusch oder einen Klang hervorrufen
Nach und nach die Bewegung der Hand/des Armes mit dem entstehenden Geräusch/Klang in Verbindung bringen
Sich der eigenen Arme und Hände als Teile des eigenen Körpers bewusst werden

Möglichkeiten:
In ihren motorischen Möglichkeiten stark eingeschränkte Schüler auf dem Boden in Rückenlage bringen, über dem Schüler befindet sich ein waage-

In der Rückenlage ein hängendes Objekt mit dem Arm/der Hand noch ungezielt berühren

GERÄUSCHE + KLÄNGE

recht gespanntes Netz. Daran können nun in Seh- und Reichweite Geräusch- und Klangmöglichkeiten angeboten werden:

Mit Geräuschmaterial gefüllte Luftballons, kleinere Instrumente wie Schellenkranz oder Rasselbüchse, selbst hergestellte Klangobjekte (z. B. Holzperlen und Glöckchen im Wechsel auffädeln), mit Geräuschmaterial gefüllte Spülmittelflaschen (am besten durchsichtig), Mobile aus Bambusstäben, kleine Schachteln oder Dosen (bunt anmalen und mit Geräuschmaterial füllen), ein mit Schellen benähtes Tuch aus sehr dünnem Stoff, mit Schellen und Glöckchen benähte breite Stoffbänder in leuchtenden Farben, Hohlkugeln aus Papiermaché, die mit Geräuschmaterial gefüllt werden, etc. Der Phantasie sind hier keine Grenzen gesetzt.

Bewegungs-, taktilen und Höreindruck miteinander in Beziehung setzen

Anbahnung der Koordination zwischen Auge und Hand sowie zwischen Auge, Ohr und Hand

Durch Eigenbewegung unterschiedliche Klang- und Geräuscherfahrungen machen

Freude an den unterschiedlichen Höreindrücken haben: Es rasselt, klingelt, raschelt, klappert, klingt, schnarrt, summt, rieselt ...

Durch Ausprobieren neue Erfahrungen machen

Es sollten nicht zu viele Objekt gleichzeitig angebracht werden, um den Schüler nicht zu verwirren. Da die hängenden Gegenstände durch das Anschubsen in Bewegung geraten, ergeben sich zusätzlich zum akustischen Ereignis auch entsprechende optische Reize.

Auf diese Weise lässt sich eine Klangecke einrichten, die ihren festen Platz im Klassenzimmer hat. Die Aufhängung der Objekte kann variieren: Weiches Gummiband schafft zusätzliche Bewegungsmöglichkeiten (z. B. auch auf und ab), breites und farbiges Schleifenband lenkt die Aufmerksamkeit eher auf das daran befestigte Objekt.

In der Klangecke Gelegenheit haben, unterschiedliche Klang- und Geräuscherfahrungen zu machen

Neugierde, Freude am Spiel mit unterschiedlichen Geräuschmöglichkeiten

Statt im Liegen können dem Schüler solche Angebote natürlich auch im Sitzen gemacht werden: die Geräuscherzeuger so anbringen, dass der auf dem Boden, dem Stuhl, im Rollstuhl sitzende Schüler diese durch eine zufällige Arm- oder Beinbewegung zum Klingen bringen kann.

Im Sitzen durch eine noch ungezielte Bewegung der Gliedmaßen Hörereignisse auslösen

Zusammenhang zwischen Bewegung und Geräusch erfassen

Ist der Schüler in der Lage, die Hand gezielt in Richtung des aufgehängten Gegenstandes zu bewegen, so kann die Tätigkeit „Anschubsen" **weiter differenziert** werden: Entweder wird das jeweilige Objekt gezielt angeschubst oder aber der Schüler greift danach, hält es eine Weile fest und lässt es dann wieder los. Sehr schwierig ist das Berühren eines bereits schwingenden Gegenstandes. Dies entspricht dem „Pendeln" in seinen Variationen (siehe Kapitel BALL).

Arm oder Hand gezielt in Richtung hängendes Objekt bewegen

Schulung der Auge-Hand-Koordination

Verbindung von Hör- und Seheindruck

Es besteht auch die Möglichkeit, den hängenden Gegenstand zu greifen und zu schütteln, dessen Aufhängung verhindert dann ein Herunterfallen beim Loslassen. Dies ist hilfreich für Schüler, bei denen die Objektpermanenz noch nicht sicher ausgeprägt ist: Ein heruntergefallenes Instrument wäre für sie zugleich „verschwunden".

Handfertigkeit „Anschubsen" erwerben:

1. in Reichweite hängenden Gegenstand mit dem Arm oder der Hand treffen und bewegen

2. in Reichweite hängenden Gegenstand greifen, bewegen und loslassen

3. schwingenden Gegenstand in der Bewegung mit Arm oder Hand treffen

Möglichkeiten:
Unterschiedliche Klangerzeuger in Reichweite und Augenhöhe aufhängen, der Schüler schubst diese im Sitzen an. Hier können alle oben erwähnten Möglichkeiten ausgeschöpft werden.

Die Art der Aufhängung kann variiert werden:

Gezielt Klang- und Geräuscherfahrungen herbeiführen

Freude am Erzeugen unterschiedlicher Geräusche und Klänge haben

GERÄUSCHE + KLÄNGE

1. Entfernung zwischen Kind und Gegenstand vergrößern, so dass man den Arm strecken und sich ein wenig vorbeugen muss, um den Gegenstand zu erreichen.

2. Den Gegenstand etwas seitlich vom Schüler anbringen, so dass man mit Kopf und Oberkörper eine seitliche Drehung durchführen muss, die Augen folgen der Bewegung.

3. Den Gegenstand in größerer Höhe aufhängen, so dass man den Kopf heben und den Arm über Augenhöhe heben muss, um das Objekt anschubsen zu können. Auch die Augen müssen hierbei nach oben bewegt werden. Dies fällt vielen Schülern zunächst schwer.

4. Die Distanz zwischen Objekt und Schüler so vergrößern, dass man aufstehen und sich zu dem Gegenstand hinbewegen muss. Es ist günstig, zunächst nur das Aufstehen zu üben, dann erst das Zurücklegen einer kurzen Strecke.

Das Anschubsen statt an hängenden auch an stehenden Dingen einsetzen. Hier sind verschiedene Stehaufspielzeuge geeignet, die allerdings beim Bewegen ein Geräusch erzeugen müssen. Partner- oder Gruppenspiel damit durchführen.

Schulung der Ganzkörperkoordination:
Seitliche Drehung des Oberkörpers
Sich-Strecken
Heben des Kopfes
Augenbewegung
Aufstehen und zu einem Ziel hingehen, einen Weg zurücklegen
Hör- und Seheindruck verbinden

Größere Klangerzeuger anschubsen und pendeln, hier auch beide Hände einsetzen. Diese Möglichkeit kann gut als Partner- oder Gruppenspiel dienen. Geeignet sind alle Objekte, die bei Bewegung einen markanten Klang oder ein interessantes Geräusch ergeben, je nach Wunsch laut oder leise. Mit etwas Einfallsreichtum lassen sich unterschiedlichste Geräusch- und Klangerzeuger zum Anschubsen selbst herstellen.

Möglichkeiten:
- ein mit Geräuschmaterial gefüllter Riesenluftballon
- ein waagerecht aufgehängter Stab, an welchem klingelnde und rasselnde Dinge befestigt werden
- ein mit Glöckchen versehener Pendelball
- ein ringsum mit Bambusstäben benähter Reifensack
- ein mit Holzkugeln, Murmeln, Kastanien gefüllter Blecheimer (es sollte nur der Boden bedeckt sein)
- ein kleinerer Reifen oder eine Fahrradfelge, ringsum mit leeren Dosen oder Zimmermannsnägeln behängt
- eine größere Hohlkugel aus Papiermaché, die mit Glöckchen oder anderem Geräuschmaterial gefüllt wird
- eine größere Glocke (z. B. Kuhglocke)
- ein Reifen, der ringsum mit bunten Stoffbändern versehen wird, diese wiederum sind mit Schellen benäht
- ein mit Pergamentpapierstreifen oder Streifen aus Kunststoff-Folie dicht behängter Reifen

Beidhandkoordination
Gemeinsames Spiel mit anderen
Unterschiedlichste Klang- und Geräuscherfahrungen machen
Freude am Ausprobieren haben
Schnelligkeit
Reaktionsvermögen
Im Spiel erfahren: Heftige Bewegung löst lauten Klang aus – sanfte Bewegung löst leiseren Klang aus

GERÄUSCHE + KLÄNGE

Schütteln

Um durch Schütteln Geräusche und Klänge zu erzeugen, muss der Schüler in der Lage sein, den jeweiligen Gegenstand in der Hand zu halten, um damit die Schüttelbewegung durchführen zu können. Hat der Schüler hier noch Schwierigkeiten, so kann ihm das entsprechende Objekt auch in die Hand gegeben, diese darum geschlossen und für ihn bewegt werden. In diesem Fall sollte man Instrumente verwenden, die bereits durch leichtes Schütteln einen markanten Effekt erzielen und sich gut festhalten lassen. Der Fachhandel bietet hier eine große Auswahl an geeigneten Rhythmusinstrumenten.

Wichtig ist es, das Instrument mit der Hand des Schülers so zu halten, dass dieser sehen kann, was geschieht (in Augenhöhe und Körpermitte). Dem Bewegen des Instruments geht ein Erkunden mit den Händen, eventuell auch mit dem Mund voraus. Die Schüttelbewegung soll auf jeden Fall auch so durchgeführt werden, dass der Schüler hierbei den eigenen Körper berührt und spürt.

Kann der Schüler das Instrument selbst halten und schütteln, lassen sich unterschiedlichste Gegenstände einsetzen: Rasseln aller Art, Schellen- und Glockenkränze, Kastagnetten, Handglocken, selbstgefertigte Schüttelinstrumente aller Art. Selbst hergestellte Rasseln aus Dosen oder Kunststoffbehältern (Spülmittelflaschen mit Griff sind sehr gut geeignet) lassen sich mit dem verschiedensten Geräuschmaterial füllen. Reizvoll ist es auch, die Rasseln stets paarweise anzufertigen.

Möglichkeiten:

Nur ein Instrument einsetzen, es spielen, weitergeben. Wer nicht spielt, hört zu. Sich beim Spielen in die Kreismitte stellen.

Zum Lied spielen, jeder hat ein Instrument. Hat die Lehrkraft Schwierigkeiten mit dem Singen, so kann auch eine Tonkonserve eingesetzt werden.

Musik mit einem sehr einprägsamen Rhythmus (ab-)spielen, dazu die Schüttelinstrumente einsetzen, im Takt mitspielen.

Sprechverse und Lieder mit dem Instrument begleiten.

Beim Spiel in der Gruppe: Jeder hat das gleiche Instrument (z. B. lauter Rasseln werden eingesetzt) bzw. jeder hat ein anderes Instrument. So ergeben sich im Zusammenspiel ganz unterschiedliche Klangerlebnisse.

Die Instrumente vor dem Gebrauch in einem Behälter anbieten, sie herausholen, nach dem Spiel wieder aufräumen.

Alle Schüttelinstrumente nach dem Spiel in einen Pendelsack werfen, sich diesen zupendeln: Ob noch etwas zu hören ist?

In jeder Hand ein Schüttelinstrument halten, mit beiden Händen spielen. Dies fällt den Schülern erfahrungsgemäß recht schwer. Mit zwei gleichen oder zwei unterschiedlichen Instrumenten spielen.

Handfertigkeit „Schütteln" erwerben:
Gegenstand greifen und festhalten, die Hand mit dem Gegenstand bewegen
Bewegung und entstehendes Geräusch miteinander in Verbindung setzen
Hör-, Seh- und Greifeindruck verbinden

Durch Schütteln unterschiedliche Höreindrücke gewinnen: laut, leise, sanft, weich, scharf, raschelig, kullernd, klappernd …
Gezielte Höreindrücke auslösen und Freude daran haben
Verschiedenste Schüttelinstrumente kennen und gebrauchen lernen
Je nach Instrument unterschiedliche Griffarten einsetzen: Dreifingergriff, Palmargriff, mit einer oder mit beiden Händen

Gezielt auf bestimmte Instrumente lauschen, Unterschiede bemerken
Schüttelinstrumente zum Lied, zum Sprechvers, zur Tonkonserve einsetzen
Unterschiedliche Lautstärken kennen lernen

Schüttelinstrumente in unterschiedlichen Spielsituationen einsetzen und ausprobieren
Freude an der jeweiligen Spielsituation haben

Gleichgerichtete Bewegung beider Hände mit einem oder zwei Instrumenten durchführen

GERÄUSCHE + KLÄNGE

Ein größeres Schüttelinstrument mit beiden Händen halten und bewegen: große Dose oder Schachtel, Papprohre, Hohlkugel aus Papiermaché. Das Objekt sollte so groß sein, dass es nur mit beiden Händen gefasst und bewegt werden kann.

Wir spielen alle gemeinsam mit kleinen Rhythmusinstrumenten und hören gemeinsam auf: Wir legen das Instrument unter unseren Stuhl. Wir erleben: Es wird ganz laut, es wird ganz leise.

Geräusche und Stille im Wechsel erleben, den Wechsel mitvollziehen

Einen größeren Behälter aufstellen und die Instrumente zum Abschluss des Lernangebots hineinwerfen oder fallen lassen.

Hat der Schüler noch Schwierigkeiten, ein Schüttelinstrument längere Zeit festzuhalten, kann es für ihn aufgehängt werden. Dies verhindert ein Hinunterfallen beim Loslassen des Instruments (siehe auch **„Anschubsen"**).

Hängenden Gegenstand festhalten und bewegen, dabei die Bewegung auch mit den Augen kontrollieren

Drücken

Das Drücken erfordert bei kleineren „Instrumenten" ein Festhalten des Gegenstandes und ein gleichzeitiges Bewegen der Hand (Öffnen und Schließen im Wechsel). Dies kann zunächst für den Schüler durchgeführt werden: Der Geräuscherzeuger wird dem Schüler in die geöffnete Hand gelegt, diese darum geschlossen. Nun legt die Lehrkraft ihre Hände um die des Schülers und übt ein wenig Druck aus, so dass sich das gewünschte Geräusch ergibt, anschließend beendet man den Druck und öffnet die Hände. Den Vorgang mehrmals wiederholen.

Handfertigkeit „Drücken" erwerben:
Hand um einen Gegenstand mit Druck schließen

Zusammenhang zwischen Handbewegung und Geräusch erfassen

Der Schüler soll erfassen, dass ein Zusammenhang zwischen seiner Handbewegung und dem jeweiligen Geräusch besteht. Mit dem „Instrument" kann auch in vielfältiger Weise hantiert werden, um es den Schülern vertraut zu machen. Größere Drückgegenstände können auf dem Tisch platziert und durch den Druck einer Hand angespielt werden.

Möglichkeiten:

Ein Quietschtier oder einen Quietschball, einen Brummteddy drücken. Eine Hupe drücken. Gegenstände zum Drücken lassen sich auch unter einem Tuch verdeckt gut erkunden: mit den Händen betasten, durch Drücken den Höreindruck auslösen. Tuch wegziehen, den Höreindruck wieder auslösen.

Mit der flachen Hand Druck auf einen Gegenstand ausüben:
Hand auf das Objekt legen und drücken

Das Drücken an unterschiedlichen Geräuscherzeugern anwenden

Eine oder mehrere Hupen auf einer Platte befestigen, mit der flachen Hand drücken. Die Hand von einer Hupe zur nächsten bewegen. Sind die Hupen in einer Reihe angebracht, lässt sich so das Kreuzen der Mittellinie üben.

Neue Höreindrücke gewinnen:
Es quietscht, hupt, brummt, raschelt …
Den Effekt selbst bewusst auslösen und Freude daran haben

Objektpermanenz erarbeiten

Eine Klingel drücken. Mehrere Klingeln auf einer Platte befestigen und die Hand von einer Klingel zur nächsten bewegen. Mit der flachen Hand oder mit dem Finger drücken.

Raschelsäcke mit verschiedensten Füllungen herstellen, die Säcke sollten so groß sein, dass sie sich gut mit beiden Händen festhalten lassen (etwa Kissengröße). Durch Drücken mit beiden Händen unterschiedliche Raschel-

Im Spiel mit den Raschelsäcken unterschiedliche Geräuscherfahrungen machen: Es knistert, raschelt, knirscht …

GERÄUSCHE + KLÄNGE

und Knistergeräusche erzeugen. Unterschiedliche Stoffqualitäten können den Höreindruck optisch und taktil unterstützen: glatte und steife Stoffe für knisternden Inhalt, weiche Stoffe für körnige Füllungen etc. In diesem Zusammenhang lassen sich gut unterschiedliche Gruppenspiele durchführen: Raschelsäcke aus Behälter holen, drücken und weitergeben, sich zuwerfen, am Körper verstecken und an sich drücken.

Hör-, Seh- und Tasteindrücke miteinander verbinden
Drücken mit beiden Händen ausüben
Im körpernahen Umgang mit den Kissen den eigenen Körper besser wahrnehmen

Die verschiedensten Drückinstrumente immer auch in Verbindung mit Sprechversen und Spielliedern einsetzen.

Einen Brummkreisel drücken, dieser sollte zur besseren Standfestigkeit auf einem Brett angebracht werden. Der Stab kann für den Schüler herausgezogen werden, durch Druck mit der flachen Hand wird er dann nach unten geschoben, der Kreisel bewegt sich und „singt". Diese Übung ist nicht ganz einfach, da die Druckbewegung mit Schwung durchgeführt werden muss und auch in stetem Wechsel mit dem Herausziehen des Stabes geschehen sollte.

Mit einer Hand nach unten drücken
Schwung und Kraft einsetzen

Ziehen

Das Spiel mit Geräuschen und Klängen durch *Ziehen* kann in verschiedenen Variationen durchgeführt werden. Am leichtesten wird es den Schülern zunächst im Sitzen fallen. Die Schnur, die zum Ziehen gedacht ist, wird mit einem Griff (Holzkugel, Gummireifen, Stäbchen etc.) versehen, um das Festhalten zu erleichtern.

Durch Ziehen an einer Schnur unterschiedliche Klänge und Geräusche erzielen und Freude daran haben

Möglichkeiten:
Geeignetes Objekt in Augenhöhe aufhängen, Schnur ergreifen und nach *unten* ziehen, dadurch wird ein Geräusch oder Klang erzeugt. Geeignet sind unterschiedliche Glocken, die allerdings so befestigt sein müssen, dass sie durch den Zug an der Schnur in Schwingung geraten. Effektvoll sind auch Klangobjekte aus Dosen, Zimmermannsnägeln und Ketten sowie mit Geräuschmaterial gefüllte Rasselflaschen oder Blecheimer. Eine Spieluhr erfordert bereits ein dosiertes Ziehen.

Handfertigkeit „Ziehen" erwerben:
1. zu sich her
2. von oben nach unten
3. hinter sich her
Das Ziehen im Sitzen, im Stand und im Gehen anwenden
Unterschiedliche Geräusch- und Klangerfahrungen in Verbindung mit dem Ziehen machen

Schnur ergreifen und zu sich *hin*ziehen. An der Schnur ist ein Schellen- oder Glockenkranz, ein selbstgefertigtes Instrument oder Klangobjekt befestigt. Gegenstand in gleicher Weise mit Schwung aus einer Kiste ziehen, ihn auf den Boden oder Tisch legen und zu sich *hin*ziehen. Hier kann auch handelsübliches Ziehspielzeug eingesetzt werden. Im Sitzen oder im Stehen arbeiten.

Sehr viel schwieriger ist das *Hinter-sich-Herziehen* im Gehen, da der Schüler in der Bewegung den Kopf wenden muss, um zu sehen, was geschieht. Hier lassen sich selbstgefertigte Geräuschobjekte, die einen markanten akustischen Effekt ergeben, sehr gut einsetzen, ebenso auch Ziehspielzeug, das durch die Bewegung zum Klingen und Rollen gebracht wird.

GERÄUSCHE + KLÄNGE

Spiel mit dem Tau: ein längeres Tau mit Schellen und Glöckchen versehen, es aus einer Kiste herausziehen lassen (zu sich herziehen, auch mit Nachgreifen), es im Kreis weitergeben. Beim Hantieren entstehen unterschiedliche Klingelgeräusche.

Statt des Taus eine Raschelschlange verwenden. Hierzu wird ein längerer Stoffschlauch genäht, diesen füllt man segmentweise mit verschiedenem Geräuschmaterial. Die Schlange aus einem Behälter herausziehen lassen (auch mit Nachgreifen), sie im Kreis weitergeben. Durch das Ziehen und Drücken entstehen unterschiedliche, eher leise Geräusche.

Bei allen Übungen zum Ziehen ist es wichtig, das jeweilige Klang- und Geräuschobjekt so auszuwählen bzw. anzufertigen, dass sich durch entsprechendes Ziehen ein gut wahrnehmbarer Höreindruck ergibt, der zweckmäßigerweise mit einem entsprechenden optischen Effekt gekoppelt werden kann.

Zu-sich-Herziehen
Objekt im Palmargriff fassen
Nachgreifen, dabei Wechsel von Halte- und Aktionshand
Weitergeben, dabei seitliche Drehung des Kopfes und des Oberkörpers sowie Kreuzen der Mittellinie mit den Armen
Drücken (bei Raschelschlange)
Tast- und Höreindruck miteinander verbinden
Freude am gemeinsamen Spiel

Rollen-Lassen

Das Spiel mit Geräuschen und Klängen durch Rollen-Lassen ist eine einfache Möglichkeit, die sich auch für sehr bewegungseingeschränkte Schüler gut eignet. Zum einen kann der Bewegungsablauf gut beobachtet werden, zum anderen lässt er sich durch das gezielte Ablegen eines geeigneten Objekts auf einer Schräge leicht selbst auslösen. Das Ablegen kann auch mit Hilfestellung geschehen. Auch das Anschubsen rollender Gegenstände auf ebener Fläche ist möglich. Es ergeben sich somit zwei Grundvarianten des Spiels:

Gezieltes Ablegen eines runden Objekts auf Schräge
Einlineare Stoßbewegung
Bewegten Gegenstand mit den Augen verfolgen
Bewegung des Höreindrucks wahrnehmen

1. Eine oder mehrere Kugeln rollen lassen: über die Pauke, in Rahmentrommeln unterschiedlicher Größe, in einem großen Metallsieb, über ein schräggestelltes Xylophon, Metallophon oder Glockenspiel, über eine mit Querrillen versehene Schräge, über den Tisch, durch eine Kugelbahn. Bei selbst hergestellten Kugelbahnen kann man je nach Belieben eine breite Palette an verschiedenen Klangmöglichkeiten einbauen. Zu allen Vorschlägen statt der Holzkugeln auch Glasmurmeln oder große, runde Schellen verwenden.

Hohlkugeln in unterschiedlicher Größe aus Papiermaché selbst herstellen, sie mit verschiedenstem Geräuschmaterial füllen. Die Kugeln können aus Transparentpapierstreifen hergestellt oder bemalt werden. Sie über eine Schräge rollen lassen. Sie sich über den Tisch oder Boden zurollen. Die Bewegung hören und beobachten.

Rollendes Objekt beobachten
Hör- und Seheindruck verbinden
Rollbewegung selbst auslösen: durch Anschubsen, durch Kippen der Trommel, durch Ablegen auf Schräge
Freude am Spiel haben
Gemeinsam spielen, allein spielen

Verschiedenste Rollgeräusche auslösen und erleben
Sich entfernenden Höreindruck wahrnehmen

2. Dosen rollen lassen. Dies ist schwieriger als das Rollen-Lassen von Kugeln, da die Walzenform sehr genau platziert werden muss, um in Bewegung zu geraten.

Leere Dosen mit Geräuschmaterial füllen und verschließen, sie bemalen oder bekleben. Statt der Metalldosen lassen sich auch Pappröhren in

Das Rollen-Lassen auf walzenförmige Gegenstände übertragen

GERÄUSCHE + KLÄNGE

allen Größen verwenden. Je nach Größe, Auswahl der Füllung und Art und Weise der äußeren Gestaltung bekommt man ein vielfältiges Angebot. Schwarzweißmuster oder Kontrastfarben regen besonders zum Hinschauen an, allerdings muss bedacht werden, dass dies bei manchen Schülern Krampfanfälle auslösen kann.

Die Dosen über eine Schräge rollen lassen. In der Turnhalle eine große Schräge (z. B. mit zwei Langbänken) benutzen, beobachten und hören, wie weit die Dosen rollen. Sich eine Dose auf dem Boden oder über den Tisch zurollen (Partner- oder Gruppenspiel). Turm aus Geräuschdosen bauen und diesen einwerfen, umrollen oder umpendeln. Hier ergeben sich gute Kombinationsmöglichkeiten mit dem **„Schütteln"**.

Objekt anschubsen: einlineare Stoßbewegung
Objekt gezielt auf Schräge legen
Sich entfernenden Höreindruck wahrnehmen
Rollbewegung mit den Augen verfolgen

Klopfen

Um durch Klopfen mit dem Schlegel Geräusche und Klänge erzeugen zu können, muss der Schüler in der Lage sein, diesen in der Hand zu halten und gezielt zu bewegen. Es sollten nicht zu kleine Schlegel verwendet werden. In Verbindung mit Musikinstrumenten ist darauf zu achten, die jeweils passenden Schlegel einzusetzen. Hier kann man sich im Fachhandel informieren.

Die verschiedenen Instrumente lassen sich sehr schön im Zusammenhang mit Sprechversen, Spielliedern, Musikstücken (live oder Konserve) einsetzen. Für hörgeschädigte Kinder eignen sich vor allem Instrumente, deren Vibrationen deutlich spürbar sind: große Becken, Bassklangstäbe, große Rahmentrommel, Kesselpauke, Gong, Röhrengong und Donnerblech. Es ist allerdings darauf zu achten, dass Metallklinger in seltenen Fällen bei manchen schwerbehinderten Kindern Krampfanfälle auslösen können.

Handfertigkeit „Klopfen" erwerben:
Schlegel greifen und festhalten
Schlegel gezielt bewegen
Mit einer oder mit beiden Händen spielen
Unterschiedlichste Klopfgeräusche und -klänge erleben und selbst erzeugen: hoch, tief, hallend, trocken, hell, dumpf, laut, leise, scharf, weich
Bei großen Instrumenten: Vibrationen wahrnehmen
Verschiedene Instrumente kennen lernen
Freude am Ausprobieren haben

Möglichkeiten:
Mit dem Schlegel ein *stehendes* Instrument anschlagen: Klangbausteine in unterschiedlichen Größen, Stabspiele, verschiedene Pauken und große Trommeln, Zungenschlitztrommel, Bongos auf Ständer, Kastagnetten auf Brett, Tempelblocks.

Stehende oder hängende Instrumente anspielen
Im Sitzen oder im Stehen spielen
Von oben oder von der Seite anschlagen

Ein *aufgehängtes* Instrument anschlagen: hängende Becken in unterschiedlichen Größen, aufgehängte Rahmentrommel (mit der Innenseite nach unten oder zur Seite), Gong, Donnerblech (sehr laut!), Röhrenglocken in unterschiedlichen Größen, Triangel. Je nach Instrument muss von oben nach unten oder von der Seite angeschlagen werden.

Es wird dem Schüler schwerer fallen, ein hängendes Instrument anzuschlagen als ein stehendes, da dieses durch das Spiel ebenfalls in Bewegung gerät.

Viele verschiedene Klänge kennen lernen: laute, leise, hallende, trockene, hölzerne, metallene, helle, dumpfe, hohe, tiefe, scharfe, spitze, weiche, runde, kurze, lange

Das Sich-Strecken miteinbeziehen: Ein Instrument so aufhängen, dass man sich etwas strecken muss, um es mit dem Schlegel zu erreichen.

Ganzkörperkoordination

GERÄUSCHE + KLÄNGE

Ein selbstgefertigtes Klangobjekt aufhängen und mit dem Schlegel treffen: einen Plastiksack mit geknülltem Papier oder mit Holzwolle füllen, kleinere und hängende Klangobjekte (Schellen, Glocken, Dosenrasseln etc.) anschlagen.

Instrumente und Klangobjekte in unterschiedlichen Größen anschlagen
Handfertigkeit „Klopfen" an unterschiedlichen Objekten einsetzen

Im Sitzen oder im Stehen spielen. In der Gruppe oder mit dem Partner spielen. Allein spielen, sich dazu z. B. in die Kreismitte stellen.

In der Bewegung spielen: einen Klangweg aus unterschiedlichen Trommeln und Stabspielen aufbauen, daran entlanggehen (oder gefahren werden), dabei die verschiedenen Instrumente anspielen. Einen Weg aus lauter Trommeln oder lauter Stabspielen aufbauen und anspielen. Hier können geeignete Instrumente beliebig kombiniert werden.

Ganzkörperkoordination

Im Sitzen oder Stehen zwei Instrumente im Wechsel spielen, die Hand von einem Instrument zum anderen und wieder zurück wandern lassen. Zwei unterschiedliche oder zwei gleiche Instrumente spielen.

Differenzierte Auge-Hand-Koordination
Kreuzen der Mittellinie

Exkurs: Die Pauke

Die Pauke ist ein Instrument, das sich hervorragend zum Einsatz in der Gruppe, aber auch für die Arbeit mit einzelnen Schülern eignet, da sich hier eine Fülle von Lern- und Spielmöglichkeiten herbeiführen lässt. Pauken sind in unterschiedlichen Ausführungen zu haben, hier sollte man sich im Fachhandel beraten lassen. Für eine Anzahl von Übungen bietet sich auch die große Rahmentrommel (Ø 50 cm) an. Die folgenden Vorschläge sind mit einer Pauke und einem oder mehreren Schülern möglich.

Die Pauke in ihren Möglichkeiten kennen lernen und ausprobieren
Unterschiedliche Pauken kennen lernen
Sich von dem Instrument zur Eigenbewegung und zum Spiel anregen lassen

Möglichkeiten:
Im Kreis um eine große Pauke sitzen, sie mit den Händen erkunden: mit der Faust klopfen, mit der flachen Hand über das Fell streichen, mit der flachen Hand anspielen, die Finger darüber bewegen, ausprobieren, welche Geräusche mit den Händen erzeugt werden können. Allein (auch mit Hilfe) oder gemeinsam spielen, laut und leise spielen.

Mit den Händen die Klangmöglichkeiten der Pauke erkunden
Unterschiedliche Hör- und Tasteindrücke machen
Hör- und Bewegungseindruck miteinander verbinden

Das Instrument unter einem großen Tuch verstecken, es durch den Stoff hindurch mit den Händen abtasten.

Objektpermanenz

Die Hände, den Körper an den Bauch der Pauke legen, sie kräftig anspielen (lassen), die Vibrationen spüren.

Akusto-vibratorische Anregung

Einen passenden Reifen als Begrenzung auf die Pauke legen, eine oder mehrere Holzkugeln darin rollen lassen. Statt der Holzkugeln Glasmurmeln oder runde Schellen rollen lassen. Die gesamte Fläche mit Murmeln bedecken, die flachen Hände darüber bewegen. Statt der Murmeln Erbsen oder anderes Geräuschmaterial verwenden, so entstehen beim Spiel damit immer wieder neue Hör- und Tasteindrücke.

Unterschiedliche rollende Geräusche und Klänge auf der Pauke erzeugen
Einlineare Stoßbewegung
Bewegtes Objekt beobachten
Neue Tasterfahrungen machen
Mit der Handinnenfläche Reize aufnehmen

Die Oberfläche der Pauke durch Abdecken mit unterschiedlichem Material (Papier, Stoff, Fell, passend zugeschnitten) verändern, mit den Händen die unterschiedlichen Oberflächen erkunden. Mit einem festen Schle-

Veränderung einer begrenzten Fläche wahrnehmen und selbst durchführen

GERÄUSCHE + KLÄNGE

gel auf den unterschiedlichen Oberflächen spielen: Der Klang der Pauke ändert sich jedesmal.

Mit verschiedensten Schlegeln auf der Pauke spielen, unterschiedliche Schlegel erzeugen verschiedene Klänge: Sie sind laut oder leise, weich oder hart, klingend oder dumpf. Bei Drehpauken kann zusätzlich noch leicht mit den verschiedenen Tonhöhen experimentiert werden. Das Instrument im Sitzen oder im Stehen, allein oder gemeinsam spielen.

Neue Klangerfahrungen machen
Freude am Ausprobieren haben

Um die Pauke herumgehen oder -fahren, sie dabei mit einer Hand berühren und anspielen. Um die Pauke herumgehen oder -fahren, dabei mit dem Schlegel spielen.

Ganzkörperkoordination

Leichte Dinge auf der Pauke bewegen: Konfetti, Schnipsel oder Knüllbälle aus Seidenpapier, Getreidekörner, Japanbälle auf das Paukenfell geben, es durch Anschlagen mit dem Schlegel zum Schwingen bringen: Das leichte Material springt ebenfalls. Diese Übung macht den Schülern erfahrungsgemäß sehr viel Spaß.

Einen akustischen und einen optischen Effekt gleichzeitig auslösen
Koordination von Auge, Ohr und Hand

Einen Gummi- oder Softball auf die Pauke fallen lassen, den springenden Ball mit den Händen fangen. Sich den Ball auf der Pauke zuwerfen.

Mehrere Kugelbadbälle durch eine Röhre auf die Pauke rollen, die gesamte Oberfläche der Pauke mit den Bällchen bedecken, diese mit den Händen auf dem Paukenfell hin- und herschieben.

Gezieltes Fallenlassen
Werfen und Fangen
Neue Klangmöglichkeiten ausprobieren
Streichen mit der flachen Hand
Gezieltes Greifen und Loslassen

Das Instrument zum Sprechvers, zum gesungenen Lied, zum Musikstück spielen.

Die Pauke in einem großen und leeren Raum spielen: Der Klang kann sehr laut, aber auch ganz leise sein. Sich vom Instrument entfernt setzen, den Weg zum angespielten Instrument finden.

Das Instrument in unterschiedlichen Räumen kennen lernen, dabei vielfältige Höreindrücke gewinnen

Mit zwei Schlegeln gleichzeitig spielen, entweder steter Wechsel von der linken und rechten Hand oder simultanes Spiel mit beiden Händen. Diese Spielmöglichkeit erfordert ein differenziertes Zusammenspiel beider Hände und ist entsprechend anspruchsvoll.

Beidhandkoordination

Bewegung zur Musik

Hier wird die Klang- und Geräuscherfahrung bereits in Richtung der Rhythmischen und der Bewegungserziehung verlassen. Da eine Trennung dieser Bereiche jedoch nicht möglich ist, soll der Aspekt der Bewegung hier kurz angesprochen werden.

Bei allen Spielen zur Erkundung von Geräuschen und Klängen ergeben sich immer vielfältige Möglichkeiten, auch die Bewegung miteinzubeziehen. Dies lässt sich vor allem bei der Gestaltung von Spielliedern verwirklichen, die mit einfachen Tanzelementen verbunden werden können.

Klang- und Geräuscherzeugung, elementares Musikmachen ist ohne Bewegung des Spielers, diese mag noch so gering sein, nicht möglich. So können in ihrer Bewegungs- oder Mitteilungsfähigkeit sehr eingeschränkte

Durch die eigene Bewegung Geräusche und Klänge hervorrufen
Sich durch ein Instrument zur Bewegung anregen lassen: einzelne Gliedmaßen bewegen, den ganzen Körper bewegen, sich im Liegen, im Sitzen, im Stehen bewegen, sich fortbewegen

Schüler durch den Einsatz von Instrumenten, Geräusch- und Klangerzeugern zur Eigenbewegung ermutigt werden. Vorhandene Bewegungsfähigkeiten werden eingesetzt und neue Möglichkeiten eröffnen sich: Vielleicht ist der Gong so interessant, dass ich meinen Arm strecken und das Instrument berühren möchte?

Neue und ungewohnte Bewegungen ausprobieren
Neue Bewegungserfahrungen machen
Im Spiel mit Instrumenten die eigene Gestimmtheit ausdrücken

Die äußere Bewegung setzt auch innere Bewegtheit in Gang, Bewegungserfahrungen können spannungslösend und ausgleichend wirken, Unruhe abbauen helfen und ein angenehmes Körpergefühl hervorrufen. Innere Bewegung wiederum kann zu äußerer werden, hier bietet das Spiel mit Geräuschen und Klängen vielen Schülern eine grundlegende Ausdrucksmöglichkeit.

Das *Sich-Bewegen*(-Lassen) zur Musik ist bereits in ganz einfacher Form möglich:

Im Sitzen den Schüler bei den Händen fassen, diese im Takt der Musik bewegen, kleine oder weite Armbewegungen machen, je nach Fähigkeit des Kindes. Dies kann auch mit sehr bewegungseingeschränkten Schülern durchgeführt werden.

Musik und Bewegung im Zusammenhang erleben
Bewegungs- und Höreindruck verbinden
Aus sich herausgehen
Sich durch das Erleben von Bewegung zur Eigenbewegung anregen lassen
Sich zur Musik bewegen lassen
Im Zusammenhang mit Musik Bewegungserfahrungen machen
Unterschiedliche Geschwindigkeiten erleben
Unterschiedliche Raumwege kennen lernen
Sich mit dem Partner, in der Gruppe oder allein zur Musik **bewegen**
Sich mit dem Partner, in der Gruppe oder allein zur Musik **fortbewegen**

Sich im Liegen zur Musik oder zum Lied von einer Seite zur anderen rollen lassen. Hier ist es günstig, die Rollbewegung mit der Stimme zu begleiten. Das Kind erlebt so die Bewegung im direkten Zusammenhang mit der Stimme der Bezugsperson. Mögliche Schüleräußerungen aufgreifen und in die stimmliche Bewegungsbegleitung miteinbeziehen.

Auf dem Schoß der Lehrkraft sitzen und sich zur Musik oder zum Lied, zum Sprechvers wiegen lassen.

Auf dem Boden an die Lehrkraft angelehnt sitzen und sich zur Musik wiegen, auch die Arme bewegen lassen: Kreisen, Heben und Senken der Arme.

Körperklanggesten zum Lied und zum Sprechvers einsetzen. Die entsprechende Bewegung geführt erleben oder selbst durchführen.

Zur Musik im Raum gehen, einen Partner bei den Händen fassen und sich drehen.

In der Gruppe mit Handfassung im Kreis gehen, dies gelingt am ehesten, wenn genügend Bezugspersonen vorhanden sind.

Sich im Rollstuhl zur Musik fahren lassen: im Kreis, gekippt, hin- und herschwingen, schnell oder langsam fahren.

Im Kreis sitzen, gemeinsam einen Reifen fassen und diesen zur Musik bewegen, der Reifen selbst kann ebenfalls als Klangerzeuger dienen (s. o.).

Einen klingenden Gegenstand zur Musik pendeln.

Über Musik und bewegtes Objekt sich zur Eigenbewegung anregen lassen
Die angebotene Bewegung aufgreifen und weiterführen

Vor allem im Bereich der Rhythmischen Erziehung und der Tanzpädagogik finden sich hierzu vielfältige Möglichkeiten, die sich teilweise auch auf die Arbeit mit schwerbehinderten Schülern übertragen lassen. Es wird auf die entsprechende Fachliteratur verwiesen.

Freier Umgang mit Geräusch- und Klangerzeugern

Hier bieten sich mehrere *Möglichkeiten* an:

1. Im Klassenzimmer eine Klangecke einrichten, die vielfältigen Erkundungsspielraum in diesem Bereich bietet. Zweckmäßigerweise muss der Gebrauch zeitlich begrenzt werden. Ideal ist natürlich die Einrichtung eines Klangraums im Schulhaus, der allen Klassen zur Verfügung steht und auch mit einzelnen Schülern aufgesucht werden kann. Bei einem Angebot im Klassenzimmer kann man sich auf Objekte beschränken, die leise Geräusche und Klänge erzeugen.

2. Im Klassenzimmer eine begrenzte Anzahl an Instrumenten frei zugänglich anbieten, es kann sich auch jeweils nur um *ein* Instrument handeln. Den Schülern in der Freispielzeit oder in der Pause Gelegenheit zum Ausprobieren geben.

3. Bei der Gestaltung von Spielliedern unterschiedliche Instrumente einführen und den Schülern die Auswahl überlassen. Immer mal wieder neue Instrumente, Geräusch- und Klangerzeuger einsetzen.

4. In regelmäßigen Abständen einen Musikkreis mit anderen Klassen durchführen, hier neue Instrumente vorstellen, Gelegenheit zum Erforschen von Klängen und Geräuschen geben.

Auch in einer gebundenen Unterrichtssituation kann dem Schüler Freiraum im Umgang mit Instrumenten etc. gegeben werden, indem man ihm genügend Zeit lässt, sein Spiel zu beginnen und es auch zu *Ende* zu führen. Es ist wichtig zu warten, bis das Kind sein Spielen von sich aus abschließt: Ich bin jetzt an der Reihe – ich spiele – jetzt bin ich fertig!

Vorhandene Fertigkeiten einsetzen
Neue Möglichkeiten zur Klang- und Geräuscherzeugung kennen lernen
Selbst ausprobieren, dabei neue Erfahrungen machen
Geräusch- und Klangerzeuger in unterschiedlichen Räumen und Situationen kennen lernen und damit umgehen
Freude am Spiel haben
Gemeinsam mit anderen musizieren und Musik erleben

Das eigene Können erleben und sich darüber freuen

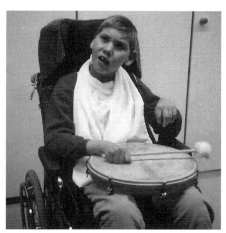

Beobachtungshilfen

Hören

- reagiert eindeutig auf akusto-vibratorische Angebote
- reagiert auf lauten Knall
- wendet sich einer Geräuschquelle zu
- lauscht auf Sprechen, Flüstern oder Singen am Ohr
- wendet sich der Stimme zu
- nimmt Blickkontakt zum Sprecher auf
- nimmt Körperkontakt zum Sprecher auf
- lauscht, wenn beim Namen gerufen
- lauscht auf kräftige Geräusche und Klänge (welche?)
- lauscht auf leise Geräusche und Klänge (welche?)
- bevorzugt bestimmte akustische Angebote (welche?)
- lässt sich durch bestimmte akustische Angebote beruhigen (durch welche?)
- tritt in der Hörsituation in Beziehung zur Lehrkraft
- lauscht auf Musik
- zeigt hier Vorlieben, erkennt bestimmte Musikstücke wieder
- lauscht auf akustische Angebote, die sich in einiger Distanz befinden
- bevorzugt bestimmte Räume oder Situationen bei Hörangeboten
- lauscht bei Hörangeboten durch den Schlauch

Ganzkörperliche Bewegung

- lässt sich in Rückenlage auf Geräuschkissen bewegen, lauscht dabei auf die unterschiedlichen Geräusche
- bewegt sich selbst auf Geräuschkissen, um Höreindruck hervorzurufen, hat Freude daran, hantiert mit unterschiedlichen Geräuschkissen
- lässt sich auf Glöckchendecke schaukeln, hat Freude daran
- lässt sich auf Geräuschball bewegen (wie), lauscht dabei auf den jeweiligen Höreindruck
- bewegt sich allein auf dem Geräuschball

Körperklanggesten

- vollzieht Körperklanggesten mit, wenn die Bewegung geführt wird (welche?)
- lauscht auf die unterschiedlichen Höreindrücke
- kann Körperklanggesten allein ausführen (welche?)

Anschubsen

- bringt durch unwillkürliche Arm- oder Beinbewegung aufgehängtes Objekt zum Klingen

- setzt Arm- oder Beinbewegung gezielt ein, um hängenden Geräusch- oder Klangerzeuger zu treffen
- hat Freude daran
- bevorzugt hier bestimmte Gegenstände, bestimmte Geräusche oder Klänge (welche?)
- wiederholt sein Tun mehrmals
- verfolgt die Tätigkeit auch mit den Augen
- lässt sich hier in ein Partnerspiel miteinbeziehen
- beschäftigt sich eine Weile selbst
- hält sich gern in der Klangecke auf, probiert hier aus
- ergreift hängendes Objekt und schüttelt es, erzeugt so akustischen Effekt
- trifft hängenden Geräuscherzeuger in der Bewegung
- streckt sich, steht auf, geht eine kurze Strecke, um Geräuscherzeuger anzuschubsen
- kann auch mit beiden Händen anschubsen
- beteiligt sich hier an Partner- oder Gruppenspiel

Schütteln

- schließt Hand um in die Hand gelegtes Schüttelinstrument bzw. lässt zu, dass die Hand darum geschlossen wird, lässt die Schüttelbewegung passiv durchführen
- setzt Bewegung und Geräusch in Beziehung
- lauscht auf das Schüttelgeräusch
- kann selbst durch Schütteln Geräusche und Klänge erzeugen, hat Freude daran
- bevorzugt bestimmte Instrumente, Geräusche und Klänge (welche?)
- beschäftigt sich eine Weile selbst damit
- setzt Schüttelinstrument zum Sprechvers, Lied oder Musikstück ein
- probiert unterschiedliche Schüttelinstrumente aus, nimmt Unterschiede wahr
- hält in jeder Hand ein Schüttelinstrument, bewegt diese simultan
- hält ein größeres Instrument mit beiden Händen, bewegt es

Drücken

- schließt Hand mit Druck um ein Quietschtier, löst das Geräusch aus
- kann auf Hupe, Klingel oder Teddy drücken
- kann Kreisel bedienen
- probiert unterschiedliche Drücksituationen aus, hat Freude daran
- benötigt noch Hilfe bei den Drückaktivitäten

Ziehen

- zieht von oben nach unten (im Sitzen, im Stand)
- zieht zu sich her (im Sitzen, im Stand)
- zieht im Gehen hinter sich her
- beobachtet den Vorgang

GERÄUSCHE + KLÄNGE

- bevorzugt bestimmte Geräusch- und Klangerzeuger (z.B. Ziehspielzeug, Glocke etc.)
- hat Freude an den Ziehaktivitäten
- beteiligt sich am Spiel mit Tau und Raschelschlange

Rollen-Lassen
- beobachtet rollenden Klangerzeuger
- bevorzugt hier bestimmte Geräusch- und Klangerzeuger
- lässt Gegenstand gezielt los und rollt ihn so über eine Schräge
- hat Freude an den Aktivitäten zum Rollen-Lassen
- beschäftigt sich eine Weile selbst
- lässt Kugel rollen – lässt Walze rollen

Klopfen
- hält Schlegel mit einer Hand und bewegt diesen gezielt
- schlägt von oben nach unten an
- schlägt von der Seite an
- trifft auch kleineres Instrument
- hat Freude an bestimmten Instrumenten, zeigt Vorlieben
- trifft stehendes Instrument, trifft hängendes Instrument
- kann zwei vor ihm stehende Instrumente im Wechsel anspielen, die Hand dabei hin- und herbewegen
- kann beidhändig spielen
- geht Klangstraße entlang und spielt dabei Instrumente an
- beschäftigt sich hier eine Weile selbst

Umgang mit der Pauke
- lässt sich in folgende Aktivitäten mit der Pauke einbeziehen: ....
- hat Freude am Spiel mit der Pauke

Bewegung zur Musik
- lässt zu, wenn die Arme/Hände/der ganze Körper zur Musik bewegt werden
- mag im Rollstuhl zur Musik gefahren werden, auch schwungvoll
- geht oder hüpft selbst zur Musik
- setzt von sich aus Körperklanggesten ein (welche?)
- mag auf dem Schoß zur Musik geschaukelt werden
- lässt sich bei den Aktivitäten zur Klangerzeugung zur Eigenbewegung anregen, zeigt hier auch neue Bewegungen, geht aus sich heraus
- spielt in bestimmter Weise auf einem Instrument: laut und kräftig, zart und zurückhaltend etc.
- geht in der Gruppe mit Handfassung im Kreis

Freier Umgang mit Klang- und Geräuscherzeugern

➤ beschäftigt sich von sich aus mit bestimmten Klang- und Geräuscherzeugern (mit welchen?)
➤ probiert auch unbekannte Instrumente aus, ist neugierig
➤ zeigt Vorlieben für ein bestimmtes Objekt
➤ zeigt Vorlieben für eine bestimmte Tätigkeit
➤ zeigt Vorlieben für eine bestimmte Musik
➤ weiß, wo sich der Kassettenrekorder befindet, kann den Wunsch zum Musikhören anzeigen
➤ geht gern in die Klangecke, in den Klangraum
➤ nimmt gern am Musikkreis teil

Unterrichtsbeispiele

1. Wir erzeugen Geräusche und Klänge durch Anschubsen (Lernort: Klassenzimmer)

Ausgangssituation: Wir sitzen im Kreis, die Lehrkraft bietet eine verschlossene Schachtel an, in der sich etwas befindet. Wir halten die Schachtel mit beiden Händen, heben und schütteln sie, geben sie an unseren Nachbarn weiter, stellen fest: Es befindet sich etwas in der Schachtel, die Schachtel ergibt beim Schütteln ein Geräusch. Die Schachtel wird vor den Augen der Schüler langsam geöffnet, der Inhalt herausgeholt: Es ist eine große Hohlkugel aus Papiermaché darin (die Kugel sollte etwa 25 cm Ø haben und aus Transparentpapierstreifen in mehreren Farben angefertigt sein, Füllung: kleine Holzperlen und Schellen).

Wir erkunden die Kugel: sie in den Händen drehen, festhalten, sie schütteln (auch ganz dicht am Ohr), sie weitergeben. Die Kugel ist bunt, sie ist rund, man muss sie mit beiden Händen halten, wenn man sie bewegt, so rasselt und klingelt sie.

Wir setzen uns mit der Kugel um den Tisch und rollen sie uns gegenseitig zu, stoßen sie mit einer oder mit beiden Händen an. Dies kann mit oder ohne Hilfe geschehen. Wir nehmen das klingelnde Geräusch beim Rollen wahr.

Wir hängen die Kugel auf (Objekt in einen passenden, sehr dünnen und transparenten Stoffsack geben, mit Gummiband aufhängen). Wir setzen uns um die aufgehängte Kugel und pendeln sie uns zu. Je nach Fähigkeit soll der Schüler das bewegte oder für ihn gehaltene Objekt mit der Hand oder dem Arm treffen. Pendelspiel in der Gruppe.

Nun darf immer ein Schüler die Kugel im Stand anschubsen: mit beiden Händen anschubsen, die schwingende Kugel erneut anschubsen oder warten, bis sie am Körper abprallt, und dann wieder anschubsen. Hier kann das Spiel mit der Geräuschkugel durch ein entsprechendes Lied begleitet werden, jeder Spieler ist so lange an der Reihe, wie das Lied gesungen wird, anschließend wird gewechselt.

Abschluss kann sein: Wir geben die Kugel im Sitzen weiter, eine Weile rechtsherum, dann eine Weile linksherum. Dazu muss die Kugel mit beiden Händen gefasst werden, zum Weitergeben ist eine seitliche Drehung des Oberkörpers notwendig. Auch das Weitergeben kann zu einem Lied oder einem Musikstück geschehen: Wenn die Musik ertönt, geben wir die Kugel weiter, hört die Musik auf, so steht die Kugel still.

2. Wir spielen mit Dosenrasseln (Lernort: Turnhalle, Rhythmikraum)

Ausgangssituation: Wir sitzen im Kreis (auf dem Boden, auf Hockern), die Lehrkraft bietet Dosenrasseln in einem verschlossenen Sack an. Die Rasseln sollten aus Papprőhren unterschiedlicher Länge und Dicke angefertigt, verschieden gefüllt und in jeweils einer Farbe beklebt sein. Die unterschiedlichen Rasseln müssen jedoch so beschaffen sein, dass sie sich gut mit einer oder mit beiden Händen fassen lassen.

Wir erkunden den Sack: ihn festhalten, bewegen, auch tragen und heben, weitergeben. Wir stellen fest: Der Sack ist schwer, es sind viele Dinge darin, beim Hantieren mit dem Sack ergeben sich vielfältige Geräusche: Es raschelt, klingelt, rauscht, rasselt und klappert, die Geräusche sind laut oder leise.

Der Sack wird vor den Augen der Schüler geöffnet, immer ein Kind darf hineingreifen und sich eine Rassel herausholen. Dies sollte langsam und unter Verbalisieren geschehen: Du hast eine rote Rassel, sie ist klein, wenn du sie schüttelst, klappert sie, du kannst laut damit spielen etc. Für jeden Schüler wird beschrieben, wie seine Rassel beschaffen ist. Die Lehrkraft sollte auch jede Rassel mit dem Schüler gemeinsam ausprobieren, sie z. B. für den Schüler dicht am Ohr schütteln oder den Schüler ermutigen, das Instrument für sein Gegenüber zu spielen.

Hier kann sich eine Phase des *freien Ausprobierens* anschließen, jeder hantiert mit seinem Instrument oder erhält gezielte Hilfestellung hierbei. So lässt sich beobachten, wie die Schüler von sich aus mit dem Instrument umgehen oder ob sie vielleicht gar kein Interesse daran haben.

Nun stellt jeder seine Rassel vor: Der Spieler steht in der Mitte und schüttelt sein Instrument. Die Instrumente sehen jeweils anders aus und ergeben unterschiedliche Geräusche. Das Spiel mit der Rassel sollte von einem Lied begleitet werden (hier ein Spiellied entsprechend abwandeln). Wenn das Lied zu Ende ist, kommt der nächste Spieler an die Reihe. Beginn und Ende müssen für den Schüler deutlich erkennbar sein.

Variation: Wir bauen einen Turm mit den Dosenrasseln. Zunächst werden die Rasseln frei im Raum verteilt, dies geschieht gemeinsam mit den Schülern: aufstehen, einen Weg zurücklegen, das Instrument abstellen, zum Platz zurückgehen. Sind alle Rasseln aufgestellt, kann der Turmbau beginnen. Hier sollte gleichzeitig mit mehreren Kindern gearbeitet werden: zu einer Rassel hingehen, sie aufheben und in die Kreismitte tragen, aufeinander stellen.

Die Lehrkraft sollte nicht eingreifen, um z. B. die Größe der aufeinander folgenden Rasseln zu korrigieren. Wichtig ist hier, dass die Schüler sich ein Instrument holen und es auf ein anderes setzen. Es können mehrere Türme gleichzeitig gebaut werden; fallen diese ein, ergeben sich unterschiedlichste Geräusche, und man kann die Türme wieder aufbauen: Ob ich eine große Rassel auf eine kleine stellen kann? Ob der Turm bald einfällt? Wenn ich den Turm mit der Hand umwerfe, gibt das einen schönen Krach!

Abschluss kann sein: Wir sammeln alle Dosenrasseln ein und werfen sie mit Schwung in eine große Kiste bzw. lassen sie hineinfallen.

3. Wir hören Musik (Lernort: Kuschelecke)

Ausgangssituation: Wir setzen oder legen uns in die Kuschelecke. Es ist schön, wenn jeder Schüler sein eigenes Kissen hat (durch Farbe, Symbol oder Stoffbeschaffenheit erkennbar). Man kann das Holen der Kisssen (aus einer Kiste, aus dem Regal) in die Situation miteinbeziehen. Wir machen es uns mit unseren Kissen bequem. Der Raum kann leicht verdunkelt werden: Dies und das Herrichten der Kuschelecke sind das Zeichen für den Beginn des gemeinsamen Musikhörens.

Die *Musikauswahl* hängt natürlich stark vom Musikgeschmack der Lehrkraft (oder auch der Schüler) ab. Es sollte beachtet werden, dass keine großen Wechsel in Tempo oder Lautstärke vorkommen, geeignet sind Musikstücke in langsamen Tempi mit einem gleichmäßigen Rhythmus, die ein Ruhigwerden begünstigen. Hier muss entsprechend ausprobiert werden.

Während des Musikhörens können die Schüler leicht dazu gewiegt oder geschaukelt werden, die Lautstärke kann leicht erhöht oder gesenkt werden. Wir werden ruhig, liegen bequem, genießen die Ruhe und Geborgenheit der Situation. Es ist durchaus möglich, dass dies oft mit den Kindern durchgeführt werden muss, um zu einem entspannten Liegen und Hören zu kommen. Mit dem Schlauch oder Kopfhörer kann man die Musik für einzelne Schüler auch dicht ans Ohr holen. Die Situation sollte zu Beginn nicht zu lang ausgedehnt werden, dies muss die Lehrkraft individuell entscheiden.

Abschluss kann sein: Wenn die Musik zu Ende ist, wird es im Zimmer wieder hell. Wir setzen uns langsam auf, strecken und bewegen uns (auch mit Hilfe), klopfen und streichen uns wach. Wir stehen auf und räumen unsere Kissen an ihren Platz.

4. Wir spielen auf der Kesselpauke (Lernort: Klassenzimmer, Rhythmikraum)

Ausgangssituation: Wir sitzen im Kreis, die Pauke befindet sich in der Mitte, sie ist mit einem dünnen Tuch verhängt. Wir erkunden das Objekt mit den Händen: berühren die Pauke durch den Stoff hindurch, streichen mit den Händen darüber, stecken die Hände unter das Tuch und fassen das Instrument an. Im Anschluss wird das Tuch weggezogen.

Wir probieren aus, welche Geräusche wir mit den Händen auf der Pauke machen können. Dies kann auch mit Hilfe geschehen, indem die Lehrkraft die Hände der Schüler entsprechend führt. Wir erzeugen laute und leise Geräusche, setzen dabei eine Hand oder beide Hände ein.

GERÄUSCHE + KLÄNGE

Umgang mit Schlegel: Hier sollte ein passender Schlegel verwendet werden. Zunächst kann die Lehrkraft das Instrument anspielen und die Schüler ermutigen, mit den Händen, dem Körper oder dem Gesicht die Vibrationen zu spüren. Wir stellen fest: Wenn man die Pauke kräftig anspielt, so ergibt dies einen lauten Ton, Fell und Corpus geraten in Schwingung.

Im Anschluss spielen die Schüler selbst: Entweder bekommt jeder einen Schlegel und wir spielen alle gemeinsam (dies ist natürlich entsprechend laut!), oder es spielt nur ein Schüler, und der Schlegel wandert von einem zum anderen.

Beim *gemeinsamen Spiel* fangen wir zusammen an, es wird sehr laut. Wir hören gemeinsam auf, nun ist es wieder still. Dies wird mehrmals im Wechsel durchgeführt. Spielt nur *ein Kind*, so kann dies auch im Stehen geschehen, um den Spieler hervorzuheben: Ich bin jetzt an der Reihe! Das Spiel kann auch von einem Lied begleitet werden und endet dann mit diesem. Es ist jedoch auch möglich, die Schüler so lange spielen zu lassen, bis sie von sich aus aufhören. Hat ein Schüler noch Hemmungen, allein zu spielen, so ist es hilfreich, wenn die Lehrkraft mit ihm gemeinsam musiziert: Durch ihr eigenes Spiel wird das Kind zum Mittun ermutigt. Dazu sollten sich die Spieler gegenüberstehen. Bei der geführten Bewegung hingegen steht die Lehrkraft hinter dem Schüler.

Variation: Wir schütten Getreidekörner auf die Pauke, befühlen die veränderte Oberfläche mit den Händen, durch den Schlag mit dem Schlegel springen die Körner in alle Richtungen. Wir spielen so lange, bis keine Körner mehr auf dem Instrument sind (danach muss allerdings entsprechend gefegt werden). Wir lassen immer nur wenige Körner auf die Pauke rieseln, lauschen auf das Geräusch und bringen die Körner dann durch das Spiel zum Springen. Dies kann beliebig wiederholt werden.

Die einzelnen Möglichkeiten zum Umgang mit der Pauke (s. o.) lassen sich nach Belieben und jeweiligem Schwerpunkt kombinieren und variieren.

Abschluss kann sein: Wenn jeder Schüler einen Schlegel hat, räumt jeder ihn selbst auf (z. B. in eine Dose stellen). Die Pauke schieben wir an ihren Platz und decken sie wieder zu.

RAUM

Alle Raumerfahrung beginnt mit dem Erleben des eigenen Körpers. Dieser ist unser „erster" Raum, den wir erobern. Mit dem Entdecken und Ausdifferenzieren der eigenen Bewegung weiten wir unseren Spielraum aus. Raumerfahrung, Körpererfahrung und Bewegungserfahrung sind ineinander verwoben. Raum ist gelebter Raum, unsere Erfahrungen sind die Wegmarken darin.

Der weite Raum (z. B. eine sehr weite Landschaft) kann in uns die Vorstellung von Endlosigkeit hervorrufen, obwohl jeder Raum für uns letztendlich begrenzt ist. Die Weite beinhaltet die Möglichkeit der ausgreifenden und auch schnellen Bewegung: sich ausbreiten, sich fortbewegen, Geschwindigkeit erleben und selbst einsetzen, Entfernungen und Höhenunterschiede überwinden, Raumwege nach allen Richtungen zurücklegen.

Die Enge eines sehr begrenzten Raums führt uns auf den eigenen Körper zurück und schränkt uns ein. Was sich über und unter, vor und hinter, links und rechts von uns befindet, wird auf diese Weise sehr deutlich erfahrbar. In der Begrenzung des Raumes kann jedoch auch das Element der Geborgenheit und des Beschütztseins liegen: In den Armen eines anderen fühlen wir uns geborgen, im Liegen decken wir uns zu, empfinden dabei Wärme und Sicherheit, ein kleiner Raum kann gemütlich sein.

Das Erkunden von Weite und Begrenzung, das Erfahren von Raumrichtungen und Raumbezügen, das Erschließen von Räumen in der eigenen Bewegung und im Bewegt-Werden sowie das Ausfüllen von Räumen und das Handeln auf verschiedenen Ebenen im Raum sind Möglichkeiten, die sich dem schwerbehinderten Kind erschließen.

| Raumerfahrung | Lerninhalte | Möglicher Lerngewinn |

Begrenzung

Übungen zum Erfahren von begrenzten und geschlossenen Räumen lassen sich gut im Klassenzimmer und natürlich auch in Turnhalle und Rhythmikraum durchführen. Stehen im Freien geeignete Räumlichkeiten zur Verfügung (z. B. Terrasse etc.), sollten diese ebenfalls miteinbezogen werden. Auch kleine und enge Räume lassen sich als Lernanlass nutzen. In diesem Fall muss jedoch vorsichtig verfahren werden, da der Aufenthalt in einem sehr kleinen Raum bei manchen Schülern auch Angst hervorrufen kann.

Die Begrenzung von Räumen in unterschiedlichen Situationen erfahren
Elementare Raumerfahrungen machen:
Körper-Raum
Aktions-Raum

Bei allen Übungen zum Erleben von Begrenzung muss stets darauf geachtet werden, dass die Situation nicht als unangenehm empfunden wird. Zunächst erlebt das Kind Begrenzung mit dem ganzen Körper. Hierbei erfährt der Schüler auch, dass es eine Welt außerhalb seines Körpers gibt, die Unterscheidung zwischen dem eigenen Körper und dieser Außenwelt wird möglich.

In der Begrenzung erleben: Vor und hinter mir, über und unter mir, links und rechts von mir befindet sich etwas

Um die Entwicklung des Körperschemas zu unterstützen, sind basale Angebote aus dem vestibulären, somatischen und taktil-kinästhetischen Bereich besonders geeignet. So wird der Körper-Raum in den Mittelpunkt gerückt.

Möglichkeiten:
Bei sehr empfindsamen Schülern: zusammen mit dem Kind auf einer Matte sitzen, der Schüler lehnt mit seinem Rücken am Oberkörper der Lehrkraft. Diese umfängt das Kind mit Armen und Beinen, hält es fest und vermittelt so ein Gefühl der Geborgenheit und der Begrenzung. Langsam kann die Umarmung gelockert werden, bis der Schüler ausgestreckt auf der Matte liegt. Ist der Schüler nicht in der Lage, diese Bewegung selbst auszuführen, streckt die Lehrkraft Körper und Gliedmaßen für ihn. Anschließend erfolgt wieder das Festhalten im Sitzen (oder auch im Liegen). Der Wechsel von einer Position in die andere soll langsam und vorsichtig durchgeführt und verbal begleitet werden.

Mit dem ganzen Körper einen anderen Körper spüren und sich selbst somit als begrenzt erfahren
In der Einschränkung der Bewegungsmöglichkeit die Begrenzung des Raums wahrnehmen
Im Ausstrecken die Weite erleben, sich dabei Raum geben
Unterschiedlichen Spiel-Raum haben

Sich auf eine Matte, in die Kuschelecke legen und sich zudecken (lassen), hier unterschiedliche Decken, Luftballonsack, Raschelkissen, Sandsäckchen, viele kleine Kissen verwenden. Sich den Bauch oder den Rücken bedecken lassen, das Gewicht der Decke etc. spüren. Sich durch eigene Bewegung aus der Begrenzung befreien.

Die räumliche Begrenzung durch Gegenstände am ganzen Körper spüren
Den Gegensatz von bedeckt – unbedeckt wahrnehmen

Sich völlig in eine Decke einwickeln lassen, in einen Schlafsack schlüpfen bzw. zulassen, in einen Schlafsack gelegt zu werden. Versuchen, sich in dem engen Raum zu bewegen. Die Enge wahrnehmen, sich selbst oder mit Hilfe daraus befreien. Den Wechsel zwischen Enge und Aufheben der

Einen engen Raum mit dem ganzen Körper wahrnehmen
Die Enge in der Bewegung ausprobieren
Die Einschränkung der Bewegungs-

Begrenzung vorsichtig und langsam für den Schüler durchführen bzw. diesen anregen, hier selbst aktiv zu werden.

Mit anderen zusammen in der Kuschelecke sitzen oder liegen, erleben: Wir sitzen/liegen eng aneinander; wenn ich mich bewege, stoße ich an meinen Nachbarn. Sich im Sitzen oder Liegen gemeinsam mit einem großen Tuch zudecken.

Einen Teil des Klassenzimmers oder der Kuschelecke mit großen Tüchern abtrennen, sich in diesen kleinen „Raum" setzen oder legen. Allein oder zu mehreren erleben: Ich sitze/liege in einem sehr engen Raum, die Wände sind ganz nah, durch meine eigene Bewegung kann ich den Raum verändern (z. B. die Tücher zur Seite schieben) und mir Ausblick in einen größeren Raum (z. B. ins Klassenzimmer) verschaffen.

Sich allein in eine große Kiste oder Schachtel, in einen Korb setzen oder legen, erleben: Die Kiste ist eng, ich kann mich nicht ausstrecken, ich spüre die Seitenwände. Die Kiste schließen und öffnen (nur wenn der Schüler dies selbst will und keine Angst hat), erleben: Die Begrenzung des Raums wird noch deutlicher.

Die gleiche Übung mit mehreren Schülern durchführen, erleben: Wir müssen ganz eng zusammenrücken, um in der Kiste etc. sitzen zu können, es ist nur wenig Platz darin.

Auf dem Boden, dem Stuhl oder im Rollstuhl sitzen, sich mit großen Schaumstoffbausteinen einbauen lassen (siehe auch Kapitel BAUSTEIN). Mit den Händen die Begrenzung abtasten, sie durch die eigene Bewegung selbst zum Einsturz bringen.

Eine große Schachtel ohne Deckel und Boden oder eine große Röhre als Tunnel anbieten: hindurchrobben oder -krabbeln, sich klein machen, um hindurchzukommen, die Begrenzung von allen Seiten spüren. Diese Übung kann auch sehr schön mit einem Stofftunnel durchgeführt werden.

Mit großen Schaumstoff- oder Kartonbausteinen unterschiedliche, enge Räume herstellen. Darin liegen oder sitzen, sich darin bewegen, sich hinaus- und hineinbegeben.

Im Freien mit Hilfe von großen Stoffbahnen (Schwungtücher etc.) unterschiedliche, jedoch stets enge Räume aufspannen, diese im Liegen, Sitzen und in der Fortbewegung erkunden. Die „Wände" mit dem Körper bewegen und zur Seite schieben.

Weite

Das Raummerkmal „Weite und Ausdehnung" lässt sich für den schwerstbehinderten Schüler am ehesten im Zusammenspiel von eigener Bewegung, Hör- und Seheindrücken erfahrbar machen. Ein Vorgehen im Freien (auf der Wiese, auf dem Sportplatz) oder in großen Räumen (z. B. Turnhalle, Pausenhalle, Gang, Schwimmbad) bietet sich an. Zunächst können Situationen angeboten werden, bei denen der Schüler mit seinem ganzen

---

möglichkeiten erleben, den eigenen Körper dadurch besser spüren

Mit dem eigenen Körper andere Körper spüren, sich selbst dabei als von der Außenwelt getrennt erfahren

Einen kleinen, beengten Raum erleben, diesen auch mit den Augen erkunden

Einen begrenzten Raum mit dem ganzen Körper erleben und erkunden
Begriffe durch eigenes Tun erfahren: offen, geschlossen, eng

Erleben: In einem engen Raum kann ich mich gar nicht oder nur sehr wenig bewegen

Die Entstehung eines begrenzten Raums mitvollziehen
Den Raum durch die eigene Bewegung verändern

Sich im engen Raum fortbewegen
Die eigene Bewegung der Größe des Raums anpassen

Weite des Raums im Zusammenhang mit großräumigen Bewegungen erleben
Die Weite mit eigener Bewegung füllen
Den eigenen Aktionsradius ausweiten
Wege im Raum erleben
In der Bewegung den eigenen Körper besser spüren

Körper frei im Raum **bewegt wird** und so Weite, Höhe und Tiefe sowie die scheinbar unbegrenzte Bewegung erfährt. Durch das Bewegtwerden und durch die eigene Fortbewegung werden die unterschiedlichen Richtungen im Raum erlebt und erkundet.

Möglichkeiten:
Bei sehr empfindsamen Kindern: den Schüler auf eine Decke legen, diese vorsichtig anheben und wieder ablegen. Allein diese kleine Bewegung mit dem damit verbundenen „Schweben" im Raum kann zunächst ausreichend sein. Beginn und Ende der Bewegung müssen von der Lehrkraft für das Kind deutlich hervorgehoben werden.

Ängstliche Schüler sehr vorsichtig in einer Hängematte schaukeln, zunächst nur ganz kleine Bewegungen anbieten. Zu Beginn kann die Lageveränderung selbst als Eindruck genügen.

Den Schüler in eine Decke legen und ihn schaukeln, je nach Bedarf schnell oder langsam. Die Schaukelbewegung kann zur Seite oder auch von oben nach unten erfolgen. Hier muss je nach Schüler sehr vorsichtig oder auch lebhafter vorgegangen werden.

Den Schüler in einer Decke liegend tragen, mit ihm auf diese Weise unterschiedliche Wege in einem großen Raum zurücklegen. Ihn schnell oder langsam tragen, geradeaus oder im Kreis gehen.

In der Turnhalle: eine Turnmatte mit Hilfe von Seilen waagerecht an der Schaukel befestigen, auf diese Weise kann der Schüler im Liegen oder Sitzen geschaukelt werden. Die Aufhängung macht Bewegungen in alle Richtungen möglich. Die Geschwindigkeit lässt sich nach Bedarf regulieren. Es ist auch möglich, mit dem Kind zusammen zu schaukeln, dabei liegt der Schüler an den Oberkörper der Lehrkraft gelehnt, diese umfängt ihn mit den Armen. Mit wachsendem Zutrauen kann der Körperkontakt gelöst und ganz aufgegeben werden.

Statt der Turnmatte ein Brett in ausreichender Größe an der Schaukel befestigen, sich zum Schaukeln auf das Brett legen (lassen) oder setzen, sich von Kopf nach Fuß oder von einer Seite zur anderen schwingen lassen.

Eine große Schaumstoffrolle so an der Schaukel aufhängen, dass man im Reitersitz darauf sitzen kann. Es wird ein Schaukeln „vor – zurück" oder „links – rechts" möglich, Geschwindigkeit und Ausmaß der Bewegung können je nach Schüler verändert werden. Die Lehrkraft kann gemeinsam mit dem Schüler auf der Rolle sitzen (hintereinander) und ihn festhalten, dies ist auch durchführbar, wenn der Schüler noch nicht in der Lage ist, allein auf der Rolle zu sitzen, er muss dann entsprechend gehalten werden.

Im Schwimmbad: sich auf unterschiedlichen Unterlagen im und auf dem Wasser bewegen lassen (siehe Kapitel WASSER).

Im Bewegtwerden neuartige Körper- und Raumerfahrungen machen
Durch unterschiedliche Lagerungen neue Raumerfahrungen machen

Neuartige Raumwege zurücklegen
Den weiten Raum als Möglichkeit zur weiten Bewegung erleben und nutzen
Neuartige Bewegungserfahrungen machen
Vestibuläre Anregung erfahren
Räume aus unterschiedlichen Perspektiven kennen lernen

Die Richtungen im Raum mit dem ganzen Körper erfahren
Vestibuläre Anregung
Freude an der Bewegung haben
Die Bewegung selbst auslösen

Auf unterschiedlichen Schaukeln die Richtungen im Raum erleben und in der Bewegung erforschen
Im Sitzen und im Liegen schaukeln
Allein oder mit Hilfe schaukeln
Unterschiedliche Geschwindigkeiten erleben
Freude an der Bewegung haben
Keine Angst vor der Bewegung haben

Weite Bewegungen im Raum in unterschiedlichen Situationen kennen lernen

Ein weiterer Schritt im Erleben und Erforschen von Weite und Raumausdehnung liegt in der **eigenen Fortbewegung** durch den Raum. Hier sollte der Schüler seine Bewegungsmöglichkeiten einsetzen, wobei ihn die Lehrkraft unterstützen kann, z. B. den Schüler beim Gehen oder Laufen an die Hand nehmen, ihn verbal leiten, ihn im Rollstuhl schieben.

Möglichkeiten:
In einem großen Raum oder im Freien gehen oder gefahren werden, mit Hilfe der Lehrkraft die Ausdehnung des Raums durchmessen, unterschiedliche Raumwege zurücklegen, den Raum abschreiten bzw. im Gefahrenwerden durchmessen. Sind mehrere Bezugspersonen vorhanden, auch mit mehreren Schülern gleichzeitig unterschiedliche Raumwege zurücklegen, sich dabei begegnen, sich wieder voneinander entfernen, unterschiedliche Personen auf dem Weg durch den Raum treffen.

Einen großen Raum im Gehen oder Krabbeln erkunden, dabei durch dessen Begrenzung die Unterbrechung der Bewegung erleben: längere Raumwege zurücklegen, zu den Wänden des Raums gehen, sie mit dem Körper wahrnehmen, sich dagegenlehnen, sie mit den Händen abtasten, weiter durch den Raum gehen, bis man wieder an eine Wand stößt. Auf diese Weise die Ausdehnung des Raums in der Bewegung erkunden, im Gegensatz dazu auch die Wände (= Begrenzung) erleben. Diese Übung kann natürlich auch mit Rollstuhlfahrern durchgeführt werden.

Die Weite des Raums mit der Schnelligkeit der eigenen Bewegung verbinden: in der Turnhalle schnell laufen (z. B. an der Hand der Lehrkraft) oder im Rollstuhl schnell gefahren werden. In der Bewegung unterschiedliche Raumwege zurücklegen (gerade und geschwungene) und dabei auch die Richtung ändern. Im Laufen die Weite des Raums in Anspruch nehmen, dabei große Schritte und ausholende Armbewegungen machen. Schülern, die noch nicht oder noch unsicher gehen, kann das Erlebnis von Geschwindigkeit durch das Gefahrenwerden z. B. auf einem Rollbrett vermittelt werden.

Die Ausdehnung des Raums in der schnellen Bewegung erleben, indem man von einer Seite der Turnhalle zur anderen läuft oder auf dem Sportplatz, auf der Wiese von einer Seite zur anderen. Die Schüler sollten hierbei so schnell wie möglich laufen bzw. gefahren werden. Die Bewegung wird durch die Begrenzung auch des weiten Raums unterbrochen: Die Wiese ist zu Ende, in der Turnhalle kommen wir bei der anderen Wand an etc. Das schnelle Laufen wird oft nur an der Hand der Lehrkraft möglich sein. So können manche Schüler diese Art der Fortbewegung mit Hilfe durchführen und empfinden dies auch als angenehm.

Übungen zur Raumerfahrung in der schnellen Bewegung lassen sich auch mit Musik verbinden: Schnelle und rhythmische Musik unterstützt die Bewegung und wird unterbrochen, wenn die Schüler in der Bewegung in-

---

Sich durch die Weite von Räumen zur Fortbewegung und Bewegung durch den Raum anregen lassen

Raumwege zurücklegen

Einen weiten Raum in der eigenen Fortbewegung erkunden und erleben

Unterschiedliche Raumwege ausprobieren, dabei eigene Wege zurücklegen

Frei im Raum gehen

Keine Angst vor dem Durchqueren der Weite haben

Die Weite eines Raums mit eigener Bewegung füllen

Die Begrenzung dieser Weite als Gegensatz erleben

Die eigene Bewegung auf Weite und Begrenzung einstellen, sich dem Raum gemäß verhalten

Sich durch die Weite zur schnellen Bewegung anregen lassen

Geschwindigkeit erleben

Durch die Geschwindigkeit den eigenen Körper besser spüren

Unterschiedliche Raumrichtungen erleben oder ausprobieren

Längere Wege im Raum zurücklegen und auch deren Ende wahrnehmen

Den Wechsel zwischen schneller Fortbewegung und Anhalten erleben oder selbst durchführen

Bewegungs- und Höreindruck miteinander verbinden

nehalten, bzw. wird unterbrochen, um ein Innehalten in der Bewegung hervorzurufen.

Selbst einen längeren Weg im Raum zurücklegen: den Schüler ermutigen, allein und ohne Hilfe von einer Seite der Turnhalle zur anderen zu gehen, zu rutschen oder zu krabbeln, einen langen Gang entlangzugehen etc. Hierzu kann sich die Lehrkraft am „Zielpunkt" befinden und den Schüler durch Rufen auffordern, den Weg zurückzulegen. Der Weg lässt sich zur Unterstützung auch markieren (z. B. Teppichfliesen oder Turnmatten als Bahn auslegen).

Selbst längere Raumwege zurücklegen, dabei ein Ziel anstreben
Sich im Raum orientieren
Sich die Weite des Raums in der Eigenbewegung erschließen

Im **Einsatz von geeigneten Gegenständen** liegt eine weitere Möglichkeit, Weite in Verbindung mit der eigenen Bewegung erfahrbar zu machen. Optische und akustische Informationen über die Raumausdehnung werden mit taktil-kinästhetischen verbunden. Der Schüler lernt, Dinge und Personen auch über die Entfernung hinweg wahrzunehmen.

Die Weite eines Raumes auch über das Sehen/über das Hören wahrnehmen
Tiefenwahrnehmung
Sich im weiten Raum orientieren
Gegenstände und Personen im weiten Raum finden

Möglichkeiten:
Einen großen Ball rollen oder werfen und dessen Bewegung mit den Augen verfolgen: Der Ball entfernt sich, er legt einen Weg zurück, er bleibt liegen. Mit dem Schüler zum Ball gehen/fahren, den Weg dorthin selbst nachvollziehen, sich den Ball holen. Ein Klingelball bietet zusätzlich einen akustischen Reiz. Ist der Schüler noch nicht in der Lage, das Rollen oder Werfen selbst auszuführen, *beobachtet* er jedoch das Geschehen, so kann die Lehrkraft die Objektbewegung für das Kind auslösen und es ermutigen, den Weg zum Gegenstand ebenfalls zurückzulegen.

Bewegung eines Gegenstandes auch über einige Entfernung weg verfolgen
Den Weg zum Gegenstand mit dem eigenen Körper nachvollziehen

Viele Bälle/Kugeln rollen, werfen oder über eine Schräge in den Raum hineinrollen lassen, die Bewegung der Bälle beobachten: Sie legen einen Weg zurück, sie bleiben an unterschiedlichen Stellen im Raum liegen, sie entfernen sich weit oder weniger weit, sie verteilen sich im Raum, sie verursachen beim Rollen ein Geräusch. Im Anschluss werden alle Bälle wieder eingesammelt: Die Schüler legen dabei selbst unterschiedliche Wege im Raum zurück, um die Bälle zu holen.

Bewegungen von Gegenständen in der gesamten Weite des Raums beobachten, selbst den gleichen Raumweg zurücklegen
Die Weite des Raums nutzen, um Gegenstände in länger anhaltende Bewegungen zu versetzen
Freude an dieser Möglichkeit haben

Die Weite des Raums auch in seiner Höhe erleben: auf einem sehr großen Schwungtuch oder Fallschirm Luftballons befestigen, gemeinsam das Schwungtuch etc. auf und ab bewegen. Hierzu sollte jeder Ballon mit einem etwa 10 cm langen Band versehen werden, dessen freies Ende auf das Schwungtuch genäht wird. So wird die Bewegung des Tuchs akzentuiert hervorgehoben. Die Übung ist im Sitzen oder im Stehen möglich.

Bewegung in die Höhe beobachten
Selbst Objekte in die Höhe bewegen
Sich in die Höhe des Raums entfernende Objekte sehen und hören, dadurch neue Raumerfahrungen machen: oben, unten, hinauf, hinunter
Freude am Spiel haben

Sind die Schüler nicht in der Lage, das Tuch festzuhalten und durch Armbewegung zu schwingen, kann die Übung für das Kind durchgeführt werden. Der Schüler sollte in jedem Fall die Bewegung des Tuchs mit den Augen verfolgen. Füllt man die Luftballons mit Geräuschmaterial, so ergibt sich ein unterstützender akustischer Reiz: Auch das Geräusch entfernt sich und kommt wieder näher.

Ein wanderndes Geräusch wahrnehmen

Die gleiche Übung lässt sich auch mit losen Luftballons (gefüllt oder ungefüllt) durchführen, die sich dann frei auf dem Schwungtuch bewegen.

Bälle oder Luftballons in die Höhe werfen (lassen) und deren Flug mit den Augen verfolgen. Dies ist allerdings in der Regel recht anspruchsvoll, da es den Schülern zunächst oft schwer fällt, den Kopf zu heben und eine aufsteigende Bewegung zu beobachten, vor allem wenn diese schnell abläuft. Es ist daher günstig, hier Riesenluftballons zu verwenden, die sich langsam genug bewegen, um gut wahrgenommen werden zu können. In einem großen und leeren Raum (z. B. Turnhalle) bietet es sich an, eine größere Anzahl Ballons zu verwenden, die in ihren unterschiedlichen Bewegungen den Raum in seiner gesamten Ausdehnung erschließen.

Selbst eine Bewegung in die Höhe des Raums auslösen

Sich durch die Weite zu weiten Bewegungen anregen lassen

In der Turnhalle im Raum verteilt sitzen und sich einen Riesenluftballon zuwerfen. Die Bewegung des Ballons über die gesamte Weite des Raums hinweg beobachten: Der Ballon entfernt sich, er kommt näher, er kommt so nah, dass ich ihn festhalten kann, ich kann ihn wieder weit werfen.

Bewegung eines Objekts in der Nähe und in der Entfernung beobachten

Selbst die Bewegung auslösen

Einen weiten Raum in der Lichtbewegung erleben. Dies bietet sich im Winter z. B. in der unbeleuchteten Turnhalle an: durch den Raum gehen oder fahren, dabei Laternen tragen (am Henkel oder an langen Stangen). Die wandernden Lichter loten den Raum in seiner Ausdehnung aus. Diese Übung ist um so wirkungsvoller, je dunkler der Raum ist (es ist immer darauf zu achten, dass dies bei den Schülern keine Angst auslöst!), und kann durchaus beruhigend wirken. Alle Laternen auf den Boden stellen und so die Tiefe des Raums sichtbar machen. Die Laternen an unterschiedlichen Stellen im Raum abstellen bzw. aufhängen und so die Raumausdehnung ausleuchten.

Neuartige Raumeindrücke gewinnen

Raumausdehnung als optischen Eindruck erleben

Bewegungen im Raum wahrnehmen, sich selbst im weiten Raum bewegen

Wege im Raum zurücklegen

Wege im Raum als Lichtspuren wahrnehmen

Freude am Spiel mit dem Licht haben

Ruhig werden

Variation: Ein Schüler sitzt in einer Ecke des Raumes, die anderen gehen/fahren mit ihren Laternen durch den Raum, bewegen die Lichter, halten sie mal nach oben, dann nach unten. Nach einer Weile wird gewechselt, und ein anderer Schüler beobachtet das Bewegen der Lichter: Beobachtung und eigenes Tun lösen sich ab. Diese Licht-Spiele lassen sich gut zur Musik ausführen: Die Bewegung wird von geeigneter Musik begleitet; diese wird unterbrochen, wenn die Bewegung inne hält.

Musikinstrumente ermöglichen es in hervorragender Weise, das *Hören* und *Spüren* in das Erfahren von Raumausdehnung und Weite miteinzubeziehen und auf diese Weise Hör-, Seh- und Bewegungseindrücke für den Schüler miteinander zu verbinden.

Möglichkeiten:

Ein Instrument in der Raummitte aufstellen, es anspielen lassen und dabei zum Spiel mit dem Schüler Wege im Raum zurücklegen: Der Klang entfernt sich, er wird leiser, er kommt näher und wird wieder lauter. Diese Übung ist nur sinnvoll, wenn der Schüler in der Lage ist, seine Aufmerksamkeit auch aus der Entfernung auf das Instrument zu richten. Hier

Die Weite eines Raums durch unterschiedliche Klangerfahrungen erleben

Entfernung und Nähe zu einem Objekt über das Gehör wahrnehmen

sind nicht alle Instrumente geeignet. Wie auch bei allen Übungen zur Weite sollte ein genügend großer Raum verwendet werden.

Zum Instrument hingehen: Es ist günstig, diese Übung in der Entfernung (hier muss individuell vorgegangen werden) zu beginnen. Wir stehen in einiger Distanz zum Instrument, es wird angespielt, wobei wichtig ist, dass der Schüler dies beobachtet. Während des Spiels nähern wir uns langsam dem Instrument, der Klang wird immer lauter, bis der Schüler das Instrument berühren und somit auch dessen Vibrationen wahrnehmen kann. Neben dem hängenden Becken bieten sich Pauken, Bassklangbausteine, Gong, Vibraphon und Klavier an.

Sich durch den Höreindruck leiten lassen

Unterschiedliche Positionen im Raum mit unterschiedlichen Höreindrücken in Verbindung bringen: Ein Instrument klingt in der Nähe anders als in der Entfernung

Allein einen längeren Weg durch den Raum zum Instrument zurücklegen: für den Schüler ein geeignetes Instrument anspielen und ihn ermutigen, selbst zum Instrument zu kommen (z. B. von einer Wand der Turnhalle zur anderen, von einer Seite der Wiese zur anderen). Der Schüler wird sozusagen vom Instrument „gerufen" und erlebt im Hingehen die Veränderung der Klangintensität und der Lautstärke. Mit steigendem Schwierigkeitsgrad kann das Instrument auch sehr leise angespielt werden. Es ist günstig, solche Instrumente zu verwenden, die den Schüler interessieren und zum Hingehen ermutigen.

Ohne Hilfe/mit Hilfe einen längeren Weg im Raum zurücklegen, dabei ein Ziel anstreben

Sich vom Höreindruck leiten lassen

Sich im Raum orientieren: Wo will ich hingehen, wie gelange ich dorthin?

Aktivitäten zu den Raum-Lage-Begriffen	Lerninhalte	Möglicher Lerngewinn

Bei allen Aktivitäten zu den Raum-Lage-Begriffen liegt der Schwerpunkt zunächst auf dem *Erleben* dieser verschiedensten Positionen im Raum. Dabei wird vom eigenen Körper ausgegangen. Durch verschiedene Handlungsangebote erhält der Schüler dann Gelegenheit, seinen Aktionsradius auf den Bereich „über sich", „unter sich", „vor, hinter und neben sich" auszuweiten: Er gewinnt somit mehr Spiel-Raum. Dies kann im Liegen, im Sitzen oder Stehen und in der Bewegung geschehen.

Richtungen im Raum kennen lernen

Selbst unterschiedliche Positionen im Raum erleben

Den Raum über, hinter, vor und neben sich für die eigene Bewegung und Handlung entdecken und nutzen

Oben

Angebote zu diesem Begriff lassen sich in zwei Gruppen einteilen.

1. Zum einen können Lernangebote gemacht werden, bei denen der Schüler sich selbst „oben" befindet, Höhe wahrnimmt und die Scheu davor verliert. So werden vertraute Räume aus einer veränderten Perspektive heraus erlebt und neue Erfahrungen im Bereich der Körperwahrnehmung gemacht.

Höhe erleben
Tiefenwahrnehmung
Räume aus neuer Perspektive erleben
Die Angst vor der Höhe verlieren
Neuen Raum erobern

2. Zum anderen sind Angebote möglich, bei denen der Schüler liegt (Rückenlage), sitzt oder steht und eine Tätigkeit ausführt, welche das Heben des Kopfes, das Bewegen der Augen, das Strecken der Arme oder des ganzen Körpers erfordert. Dies hängt eng mit dem Erfahren von „über mir" zusammen. Diese Angebote sollen so ausgewählt werden, dass sie für den Schüler einen Sinn ergeben, z.B. Dinge von oben holen lassen und dann mit ihnen etwas tun, ein Pendelspiel in unterschiedlichen Höhen durchführen, mit Farben an der Senkrechten und dabei eben auch „oben" malen, einen Turm immer höher bauen, bis man sich dabei strecken muss usw.

Den Raum über sich als eigenen Handlungsspielraum entdecken:
mit den Augen
mit den Ohren
mit den Händen
mit dem ganzen Körper

Möglichkeiten zu 1.:

Auf etwas mit einem Schritt hinaufsteigen: auf einen Hocker oder Schemel, einen flachen Holzkasten, ein Kastenoberteil. Ist der Schüler hier noch ängstlich, sollte der ausgewählte Gegenstand nicht sehr hoch sein (etwa 20 cm). Das Steigen kann mit Hilfestellung geschehen: Ich kann mich festhalten, hinaufsteigen und eine Weile oben stehen, dann wieder hinuntersteigen. Es ist günstig, diese Übung zunächst in einem für den Schüler vertrauten Raum anzubieten, um zusätzliche Verunsicherungen zu vermeiden.

Beim Steigen Schulung der Körperkoordination
Höhe gewinnen und den Eindruck auf sich wirken lassen
Die Angst vor der Höhe verlieren
Vertraute Räume aus neuer Perspektive erleben

In der Turnhalle Möglichkeiten zum Hinaufsteigen in unterschiedlichen Höhen anbieten: Holzkästen, Kastenoberteil, Heidelberger Treppe, Hocker, kleine Tretleiter, Schräge (z.B. an der Sprossenwand nur leicht schräg angebrachtes Brett). Mit dem Schüler gemeinsam hinauf- und hinuntersteigen, ihm auch beim Oben-Stehen die nötige Sicherheit geben. Erst nach und nach den Schüler ermutigen, eine kleine Weile allein „oben" zu stehen.

Unterschiedliche Höhenerfahrungen machen
Im Steigen Sicherheit gewinnen
Die Angst vor der Höhe verlieren
Sich selbstständig im Raum hinauf- und hinunterbewegen
Einen vertrauten Raum aus neuer Perspektive erleben

Sich oben bewegen: zwei Langbänke parallel zueinander aufstellen, so dass sie genügend Raum zum Darüberlaufen bieten und die Füße beim Gehen nicht hintereinander gesetzt werden müssen. Den Schüler über die Langbänke führen, ihn z.B. an der Hand halten und dabei selbst neben der Bank hergehen. Statt über die Langbänke über ein Kastenoberteil oder einen rechteckigen Holzkasten gehen, allein oder mit Hilfe hinauf- und hinuntersteigen.

Sich in der Höhe fortbewegen
Mehr Sicherheit bei der Bewegung in der Höhe gewinnen
Schulung des Gleichgewichts, der Ganzkörperkoordination

Eine Treppe hinaufgehen, oben stehen und hinunterschauen, erleben: Ich bin schon *oben*, die anderen sind noch *unten*. Keine Angst vor dem Hinunterschauen haben, sich auch auf der Treppe sicher fühlen. Die Treppe mit Hilfe oder allein bewältigen.

Tiefenwahrnehmung
Ganzkörperkoordination

Sich auf die Schaukel setzen oder legen (Mattenschaukel, Brettschaukel, Reifenschaukel etc.) und sich nach „oben" schaukeln lassen. Hier ist das Erlebnis der Höhe mit der schnellen Bewegung im Raum verknüpft: Auf den kurzen Moment des „Oben" folgen sogleich das „Hinunter" und ein erneutes „Hinauf". Es ist wichtig, dass die Lehrkraft das Erlebte für den Schüler in Worte fasst.

Bei kleineren Schülern: im Arm gehalten werden, auf gleicher Gesichtshöhe wie die Bezugsperson sein, höher sein als die Mitschüler. Den Schüler auch im Wechsel das Hinauf und Hinunter erleben lassen: ihn im Arm halten und hinauf- und hinunterbewegen.

Schüler in die Hängematte legen, sich selbst auf den Boden dazu setzen, so dass der Schüler sich im Vergleich zur Lehrkraft oben befindet und zu dieser hinuntersehen kann.

Möglichkeiten zu 2.:
Eine aus Gesichtshöhe aufsteigende Bewegung mit den Augen verfolgen: Seifenblasen, einen langsam wandernden Lichtfleck auf der Leinwand, einen langsam nach oben bewegten Gegenstand.

Auf der Matte sitzen oder liegen (Rückenlage), im Rollstuhl, auf dem Stuhl sitzen und einen knapp über Augenhöhe angebrachten Gegenstand wahrnehmen: ihn sehen *oder* hören bzw. ihn sehen *und* hören.

Zum Hören eignen sich unterschiedliche Geräuscherzeuger (siehe auch Kapitel GERÄUSCHE + KLÄNGE), die aufgehängt und von der Lehrkraft für den Schüler zum Klingen gebracht werden. Zum Anschauen eignen sich Dinge, die farbig sind oder starke Schwarzweißkontraste aufweisen: ein bunter Ball, ein Plüschtier, Objekte aus farbiger oder Spiegelfolie, Trockenduschen aus Papierstreifen oder Futterseide (hierzu Futterseide in Streifen reißen und an einem Reifen oder Stab befestigen, je nach Farbauswahl lassen sich schöne Effekte erzielen), Mobiles.

Der Schüler soll zunächst angeregt werden, seinen Kopf ein wenig zu heben und auch die Augen in Richtung des betreffenden Angebots zu bewegen: Ich erlebe, *über mir* hängt etwas Interessantes; wenn ich den Kopf hebe, kann ich es anschauen, *über mir* ist ein interessanter Klang, ein attraktives Geräusch.

Im Sitzen eine Tätigkeit „oben" ausführen: einen Ball, Luftballon, ein attraktives Spielzeug oder einen Geräuscherzeuger so aufhängen, dass der Schüler den Arm strecken und den Kopf heben muss, um den Gegenstand zu erreichen, ihn zu greifen und anzuschubsen. Die Höhe kann je nach Vermögen des Schülers variiert werden.

Das gleiche Angebot im Stehen durchführen: Der jeweilige Gegenstand wird so angebracht, dass der Schüler im Stand Arme und Kopf heben muss.

Ein Instrument (z. B. ein Becken) so aufhängen, dass der Schüler Kopf und Arm ein wenig heben muss, um das Instrument anzuspielen. Dies kann

---

Höhe und Tiefe in der schnellen und schwingenden Bewegung erleben
Freude daran haben
Keine Angst vor der Bewegung haben
Gleichgewicht und Körperbeherrschung schulen und einsetzen
Neue Körpererfahrungen machen
Den Raum aus einer sich ständig ändernden Bewegung heraus erleben

Die Augen nach oben bewegen
Den Kopf heben

Mit den Augen und den Ohren einen im Raum oben befindlichen Gegenstand wahrnehmen
Den Blick nach oben richten
Den Kopf heben

Erleben: Über mir ist Raum, der für mich interessant sein kann!
Neuen Raum für das eigene Tun nutzen

Im Sitzen oder Stehen den Raum über sich für die eigene Aktivität nutzen
Den Körper nach oben bewegen: die Augen, den Kopf, die Arme und Hände, den Oberkörper

Den Raum über sich auch als Klangraum nutzen und erleben

im Sitzen oder im Stehen geschehen: Wer kann sich genügend weit strecken, um das Instrument zu erreichen? Das Instrument mit der Hand oder mit dem Schlegel anspielen, mit einer oder mit beiden Händen spielen.

Sich einen attraktiven Gegenstand (ein Spielzeug, eine Süßigkeit, ein Instrument etc.) von oben holen: Vor den Augen der Schüler wird der Gegenstand auf dem Schrank oder im Regal so angeboten, dass diese den Kopf heben und auch den Arm strecken müssen, um den Gegenstand greifen zu können.

Dieses Angebot kann im Sitzen oder im Stehen durchgeführt werden. Die Höhe lässt sich je nach Fähigkeit der Schüler variieren: Statt nur den Arm zu strecken, muss der ganze Körper gestreckt werden bzw. muss man auf einen Schemel steigen, um an den Gegenstand zu gelangen. Eine solche Situation lässt sich z. B. in den Morgenkreis integrieren: Die Instrumente befinden sich oben im Regal und müssen erst heruntergeholt werden. Auch beim Umgang mit Spielmaterial lässt sich dieses zunächst oben anbieten und soll von den Schülern vor Gebrauch selbst geholt werden.

Mit Bausteinen unterschiedliche Türme so bauen, dass sie größer als die Schüler sind, sich dabei strecken, um noch einen Stein abzulegen. Dies kann im Sitzen oder im Stehen geschehen. Beim Arbeiten im Stehen werden zweckmäßigerweise Karton- oder Schaumstoffbausteine verwendet, die ein Strecken des ganzen Körpers provozieren. Der Schüler erlebt: Der Turm ist hoch, ich muss mich strecken, um noch einen Baustein oben abzulegen, ich muss den Kopf heben, um zu sehen, was meine Hand tut, der Turm wird immer höher, das Ende des Turms ist ganz oben.

Mit großen Bausteinen einen hohen Turm aufstapeln, dann auf einen Schemel steigen, erleben: Ich bin genauso hoch wie der Turm, ich bin auch oben!

Beim Umgang mit dem Ball: ein Netz oder einen Reifensack so aufhängen, dass man im Sitzen oder Stehen Kopf und Arme heben bzw. den ganzen Körper strecken muss, um die Bälle hineinwerfen zu können. Hier besteht ein enger Zusammenhang zum Erleben von „unten": Ich werfe den Ball oben in das Netz, er fällt hinunter. Die Augen folgen der Bewegung der Hände nach oben und dem Fallen des Balls nach unten.

Bälle oder Luftballons über eine freistehende Wand (aus Karton, Holz etc.) werfen oder fallen lassen. Kopf und Arme heben, damit der Ball genügend hoch gehalten werden kann.

Ein größeres Netz in Augenhöhe senkrecht spannen und Bälle darüber werfen, beim Werfen den Körper strecken und die Arme über das Netz heben.
Variation: Sich einen Ball über die Mauer/das Netz zureichen, einen so gehaltenen Ball mit beiden Händen greifen und festhalten, dabei auch den ganzen Körper strecken. Dies kann im Sitzen oder im Stand durchgeführt werden. Die Wand sollte nur so hoch sein, dass der Schüler noch gut darüberschauen und einen Gegenstand hinüberreichen kann.

Hör- und Bewegungseindruck miteinander verbinden

Eine mehrteilige Handlung durchführen:
- *sehen, dass sich ein attraktiver Gegenstand oben befindet*
- *sich zu dem Gegenstand hin bewegen, das Ziel im Auge behalten*
- *den Kopf heben, Arm und Körper strecken, auf einen Schemel steigen, um den Gegenstand zu greifen*

Schulung von Auge-Hand-Koordination, Körperkoordination, Gleichgewicht

In die Höhe bauen, hierbei die Bewegung des ganzen Körpers miteinbeziehen

Höhe selbst herstellen und sie dann mit dem ganzen Körper nachvollziehen

Begriffe durch das eigene Tun erleben: oben, hinein, hinunter, unten

Einen Gegenstand mit beiden Händen festhalten und gezielt hochheben
Sich strecken und greifen/loslassen
Das Tun der Hände auch mit den Augen verfolgen

Beim Spiel mit den Bällen das Netz, den Sack etc. in größerer Höhe anbringen. Den Schüler ermutigen, auf einen kleinen Schemel o. Ä. zu steigen, um den Ball in den Behälter fallen zu lassen. Hierzu muss das Kind jedoch bereits über genügend Sicherheit im Steigen und Oben-Stehen verfügen.

Behälter auf den Boden stellen und aus dem Stand Bälle, Luftballons etc. hineinfallen lassen. Dabei erleben: Der Korb, die Kiste wird immer voller – nun ist sie vollständig gefüllt, es passt nichts mehr hinein.

Durch Ziehen einen aufgehängten Gegenstand nach oben bewegen: Geräuscherzeuger, attraktives Spielzeug. Erleben: Wenn ich an der Schnur ziehe, bewegt sich der Gegenstand nach oben, lasse ich los, so fällt er hinunter.

Eine durchsichtige Plane waagerecht in Augenhöhe aufhängen und kleine Bälle, Luftballons, kleinere Plüschtiere oder andere für die Schüler attraktive Gegenstände hineinwerfen. Sich beim Werfen strecken, den Kopf heben, die Arme über die Plane halten. Die darin befindlichen Dinge sind dann von unten sichtbar. Sich unter die Plane setzen und nach oben schauen: Da oben liegt der Ball, den habe ich hineingeworfen, da liegt mein Teddybär etc. Hierbei den Kopf in den Nacken legen und sehen: Über mir befinden sich Dinge, die ich kenne.

Beim Umgang mit Stift, Kreide oder Farben: an der Senkrechten arbeiten (Wandtafel, Staffelei), dabei Kopf und Arme heben, um die zu bemalende Fläche auch in ihrem oberen Bereich zu erreichen. Im Sitzen oder im Stehen arbeiten. Siehe hierzu auch das Kapitel FARBE + FARBEN.

Unten

Auch hier können zunächst Lernangebote gemacht werden, die den Schüler das „Unten-Sein" mit dem ganzen Körper erfahren lassen. Dies ist am ehesten in der Verbindung mit dem „Oben-Sein" möglich: Der Schüler erlebt das „Oben-Sein" und im Gegensatz dazu das „Unten-Sein".

Möglichkeiten:
Auf etwas mit einem Schritt hinaufsteigen, oben stehen, nach unten schauen und wieder hinuntersteigen.

Von einem kleinen Hindernis (Kastenoberteil, Holzkiste, Schemel, Treppenstufe) im Beidbeinsprung hinunterspringen. Diese Fähigkeit erwirbt das gesunde Kind im Alter von 3 Jahren, sie ist somit entsprechend anspruchsvoll. Um dem Schüler die Angst zu nehmen, sollte der zu überwindende Höhenunterschied nicht zu groß sein (10 bis 20 cm) und der Boden davor mit einer Turnmatte ausgelegt werden. Die Lehrkraft kann vor dem Schüler stehen, ihn mit beiden Händen halten und zum Sprung ermutigen, das Kind dann auffangen.

Es besteht auch die Möglichkeit, mit dem Schüler gemeinsam zu sprin-

---

Oben stehen und in der Höhe etwas tun: gezielt loslassen, werfen, mit den Augen die Bewegung beobachten

Räume ausfüllen
Begriffe durch eigenes Tun erleben: hinein, hinunter, unten, leer, voll

Eine aufwärts gerichtete Bewegung beobachten
Selbst die Bewegung auslösen
Die Handfertigkeit „Ziehen" anwenden

Das Werfen oder gezielte Loslassen üben und einsetzen, dabei auch das Sich-Strecken durchführen
Im Sitzen nach oben schauen, bekannte Gegenstände oben erkennen

In der Senkrechten eine Fläche farblich verändern, die Arme und den ganzen Körper strecken, um die gesamte Fläche zu erreichen
Schulung der Auge-Hand- und der Ganzkörperkoordination

Unterschiedliche Positionen im Raum einnehmen
Sich neue Aktionsräume schaffen
In Verbindung mit der Höhe die Tiefe erleben

Den Wechsel in der Höhe erleben und selbst durchführen
Beidbeinsprung erlernen, üben, einsetzen,
Allein oder mit Hilfe springen
Auf einen festen oder nachgiebigen Untergrund springen
Die Angst vor dem Sprung verlieren
Den Wechsel der Höhe durch den Sprung schnell vollziehen
Beim Aufkommen das Gleichgewicht halten bzw. keine Angst haben, beim

gen, hierbei kann man einen Arm um das Kind legen und ihm mit dem eigenen Körper Sicherheit geben. Vor dem Sprung mit beiden Beinen wird erst oft ein großer Schritt hinunter möglich sein. Der Schüler darf auf keinen Fall unter Angst zu dieser Bewegung angehalten werden!

Aufkommen auf einem weichen Untergrund das Gleichgewicht zu verlieren
Keine Angst haben, sich etwas trauen

Es ist auch möglich, mit dem Kind in eine weiche und nachgiebige Oberfläche zu springen, z. B. auf die Weichbodenmatte, ein kleines Luftkissen, auf einen großen, mit Schaumstoff-Flocken gefüllten Sack. Hierbei muss jedoch bedacht werden, dass in diesem Fall das Halten des Gleichgewichts nach dem Absprung schwieriger ist als beim Springen auf einen festen Untergrund. Dies kann den Schüler zusätzlich verunsichern.

Eine größere Treppe hinuntersteigen. Ist der Schüler in der Lage, dies ohne Hilfe zu tun, so kann die Lehrkraft vor dem Schüler die Treppe rückwärts hinuntergehen (eben mit Blickrichtung zum Kind), und zwar so, dass sie sich immer einige Stufen tiefer als der Schüler befindet. Eine weitere Möglichkeit: Die Lehrkraft steht am Fuß der Treppe und ruft den Schüler, dieser steigt die Treppe allein zur Lehrkraft hinunter.

Den Höhenunterschied selbst und langsam überwinden, dabei einen vertrauten Raum aus unterschiedlichen Perspektiven kennen lernen
Tiefenwahrnehmung

Auf der Schaukel das Hinauf und Hinunter im schnellen Wechsel erleben. Hier können die unterschiedlichsten Schaukeln eingesetzt werden.

Höhenunterschiede in der schnellen Bewegung erleben

Bei kleineren Schülern: das Kind auf den Arm nehmen und es schnell nach unten bewegen, indem man in die Knie geht und den Oberkörper beugt. Hier ist besonders darauf zu achten, dass der Schüler keine Angst empfindet. Eine Weile unten verharren, sich dann mit dem Kind wieder aufrichten. Der Vorgang sollte verbal begleitet werden.

Höhenunterschied in der schnellen Bewegung nach unten erleben
Keine Angst haben
Die Bewegung genießen

Bei Rollstuhlfahrern: den Rollstuhl gut festhalten und nach hinten und unten kippen. Der Kopf des Schülers ist dann tiefer als dessen Beine. Der Schüler erlebt: Ich falle nach unten, ich erlebe den Raum aus einem anderen Blickwinkel, es passiert mir nichts, ich sitze sicher in meinem Rollstuhl. Diese Übung sollte zunächst nur mit einer kleinen Kippbewegung begonnen werden. Erst wenn man sicher ist, dass der Schüler nicht erschrickt, sondern Freude am Gekipptwerden hat, kann die Bewegung schneller und ausgreifender durchgeführt werden. Es ist wichtig, dem Schüler Beginn und Ende der Bewegung deutlich zu machen.

Höhenunterschied in der Bewegung nach hinten und unten erleben
Freude am ungewohnten Bewegungserlebnis haben
Den eigenen Körper im Bewegtwerden besser spüren

Schüler in einer Decke liegend auf und ab bewegen, je nach Situation langsam oder schnell. Bei besonders empfindsamen Schülern genügt bereits eine kleine Bewegung nach unten, die mit dem Aufliegen auf dem Boden enden sollte. So erlebt das Kind: Ich bewege mich nach unten, jetzt bin ich angekommen, die Bewegung ist beendet, ich liege auf festem Untergrund.

Eine nach unten gerichtete Bewegung mit dem ganzen Körper erleben
Das Ende der Bewegung erfahren

Für Rollstuhlfahrer: den Schüler eine Schräge, eine Steigung hinunterfahren. Unten angekommen, die Bewegung beenden.

Eine nach unten gerichtete Bewegung im Gefahrenwerden erleben, dabei einen längeren Weg zurücklegen

Eine weitere Möglichkeit, die Begriffe „unten" und „unter mir" für das Kind erfahrbar zu machen, bieten Unterrichtsangebote, die im Sitzen, Stehen oder

Über die Füße Reize aufnehmen und sich dabei auch der eigenen Füße

Gehen die **Aufmerksamkeit auf die Füße lenken,** so dass der Schüler angeregt wird, den Kopf zu senken und nach unten zu schauen.

Möglichkeiten:
Den Boden (z. B. in der Turnhalle) mit unterschiedlichen Belägen versehen (Teppichfliesen, Strohmatten, Stoffbahnen, große Tücher, Luftpolsterfolie, Papier, Wellpappe etc.), mit den Schülern darüberlaufen und die Aufmerksamkeit auf die Füße lenken. Den gesamten Raum auslegen oder eine Bahn legen.

Vor allem weiche, unebene und nachgiebige Beläge (Luftmatratze, Raschelkissen, Weichbodenmatte) erfordern eine verstärkte Kontrolle der Fußbewegung durch die Augen und regen zum Hinunterschauen an. Es ist reizvoll, den gesamten Raum mit den unterschiedlichsten Materialien auszulegen, um so immer wieder auf das Nach-unten-Schauen hinzulenken.

Für die Schüler eine Taststraße aus unterschiedlichsten Materialien herstellen und mit ihnen darübergehen oder -krabbeln.

Größere Kisten mit verschiedensten Materialien füllen (Wasser, Sand, Papier, Holzwolle, Fell etc.) und von einer Kiste in die nächste steigen. Beim Steigen nach unten schauen, um die Bewegung der Füße mit den Augen zu kontrollieren.

Eine größere Anzahl Bälle oder Ballons anbieten (z. B. in der Turnhalle oder auf der Wiese), im Gehen die Bälle mit den Füßen wegstoßen. Sich auf diese Weise durch den Raum bewegen, beim Gehen nach unten schauen.

Im Sitzen die Füße bewegen und dabei nach unten schauen: sich mit den Füßen einen Ball zustoßen, die Füße in einer Wanne mit unterschiedlichen Materialien bewegen (siehe hierzu auch den Abschnitt „Materialerfahrung mit den Füßen" bei den einzelnen Kapiteln), eine größere Anzahl kleiner Dinge (Bälle, Murmeln, Erbsen, Styroporschnipsel etc.) mit den Füßen hin- und herschieben. Wichtig ist hierbei, dass der Schüler den Kopf senkt und nach unten schaut: *Unter* meinen Füßen befindet sich etwas, was ich fühlen kann, *unten* bei meinen Füßen sind Dinge, die ich bewegen kann, meine Füße sind auch *unten*.

Basale Angebote zum Erleben der Füße können gut hiermit verbunden werden. Sie helfen, die Aufmerksamkeit des Schülers vermehrt auf die eigenen Füße zu lenken.

Im Zusammenhang mit dem Raum-Lage-Begriff „unten" sind auch Angebote möglich, die ein **Sich-Bücken** im Sitzen oder Stehen verlangen.

Möglichkeiten:
Spiel- oder Unterrichtsmaterial in einem Behälter auf dem Boden stehend anbieten: Bausteine, Bälle, Kuscheltiere, Instrumente, Kissen etc. Sich im Sitzen oder aus dem Stand bücken, um den Gegenstand greifen zu können. Mit dem Gegenstand etwas tun, ihn nach Gebrauch wieder in den

bewusster werden
Erfahren: **Unter** *mir ist der Fußboden,* **unter** *meinen Füßen befindet sich etwas*
Auge-Fuß-Koordination

Beim Gehen über unebenen Untergrund:
Kontrolle der Beinbewegungen mit den Augen
Förderung von Gleichgewicht und Ganzkörperkoordination

Auge-Fuß-Koordination
Beim Steigen den Blick nach unten richten
Schulung der Gleichgewichtsreaktionen

Auge-Fuß-Koordination
Mit den Füßen Bewegung auslösen, dabei auch Wege im Raum zurücklegen

Auge-Fuß-Koordination
Erleben: Der Raum **unter** *mir kann für mich interessant sein, der Boden des Raums ist* **unten,** *im Sitzen, Stehen und Gehen sind meine Füße* **unten**
Sich der eigenen Füße bewusster werden
Die Füße als Teile des eigenen Körpers kennen lernen

Die Füße in der Berührung durch den Partner, in der Berührung mit Materialien erleben

Den Boden eines Raums als Aktionsraum für sich entdecken
Sich im Sitzen oder aus dem Stand bücken, um etwas zu tun

Behälter legen, sich dabei nach unten bücken. Unterschiedliche Behälter verwenden oder den betreffenden Gegenstand auf dem Boden anbieten, ihn von den Schülern aufheben lassen. Je tiefer der Behälter ist, desto anspruchsvoller wird die Übung für den Schüler.

In der Turnhalle, auf der Wiese eine größere Anzahl Bälle nach Gebrauch einsammeln: sich bücken und sie vom Boden aufheben.

Mit Bausteinen auf dem Boden bauen, sie anschließend vom Boden aufheben und aufräumen.

All diese Angebote lassen sich gut in Verbindung mit „oben" durchführen: sich bücken und etwas aufheben, sich strecken und den Gegenstand oben ablegen, z. B. einen Ball vom Boden aufheben und ihn ins Regal legen oder ihn in ein hoch hängendes Ballnetz werfen.

Auf dem Boden stehende Behälter füllen, indem man sich bückt und den Gegenstand hineinlegt, ihn auf dem Boden des Behälters ablegt. Man kann die Gegenstände auch hineinfallen lassen, hierbei ist es günstig, wenn der Schüler auf einen Schemel, eine Kiste etc. steigt, um den betreffenden Gegenstand aus größerer Höhe hinunterfallen zu lassen. Luftballons sind hier sehr gut geeignet, da sie langsam von oben nach unten in den Behälter schweben. Der Schüler sollte die nach unten gerichtete Bewegung gut beobachten können.

Auge-Hand-Koordination unter gleichzeitigem Bücken

Sich-Bücken und Sich-Strecken im Wechsel durchführen

Begriffe durch eigenes Tun erleben: unten, oben, hinein, hinunter, hinauf

Die abwärtsgerichtete Bewegung eines Gegenstandes aus größerer Höhe heraus beobachten

Begriffe durch eigenes Tun erleben: oben, hinein, hinunter, unten

Räume ausfüllen

Links und rechts

Der Raum links und rechts des eigenen Körpers lässt sich zunächst in der Bewegung verbunden mit einer seitlichen Begrenzung gut erfahren. Der Schüler bemerkt, dass sich auch seitlich von ihm etwas befindet, was er mit seinem ganzen Körper spüren und mit den Händen anfassen kann.

Möglichkeiten:

Sich aus der Rückenlage auf die eine und andere *Seite* rollen lassen. Das Liegen auf der Seite wird variiert, wenn man den Schüler auf unterschiedlichsten Unterlagen bewegt (Turnmatte, mit Decke, Rettungsdecke, Luftpolsterfolie, Transparentfolie etc. bedeckt, nachgiebige oder festere Unterlage). Dadurch kann der Schüler jeweils neue Liegeerfahrungen machen und sich selbst in immer veränderter Weise spüren. Diese Art der Lageveränderung ist vor allem für Schüler interessant, die stark in ihrer Bewegungsfähigkeit eingeschränkt sind.

Eine weiche Turnmatte der Länge nach in drei Reifen legen (Kopf- und Fußende, Mitte), die Matte wölbt sich an den Seiten entsprechend. Der Schüler kann nun im Liegen seitlich geschaukelt werden, er rollt hierbei auch ein wenig von der einen Seite auf die andere. Die Bewegung lässt sich schnell oder langsam durchführen. Die Matte kann mit unterschiedlichen Materialien bedeckt werden, dadurch ergibt sich jedesmal ein neuer Bewegungseindruck. Diese Möglichkeit ist eine Fortführung des Gerollt-

Eine Bewegung zur Seite mit dem ganzen Körper erleben, dabei auch Begrenzung spüren

Vestibuläre Anregung

Den eigenen Körper besser spüren

Neue Liegeerfahrungen machen

Keine Angst vor dem Bewegtwerden haben

Sich auch im schnelleren Wechsel von einer Seite auf die andere bewegen lassen

werdens von einer Seite auf die andere, sie vermittelt dem Kind bereits ein größeres Maß an Bewegungseindrücken.

Aus großen Bausteinen parallele Wände aufbauen und daran entlanggehen oder -fahren, mit den Händen spüren, dass sich links und rechts etwas befindet.

In einem großen Raum an der Wand entlanggehen oder -fahren, mit der Hand und den Augen wahrnehmen, dass sich auf der linken bzw. auf der rechten Seite eine Mauer befindet.

In der eigenen Bewegung eine seitliche Begrenzung wahrnehmen:
mit den Augen
mit den Händen
mit dem ganzen Körper

Durch einen Stoff- oder Kartontunnel kriechen, die seitliche Begrenzung mit dem ganzen Körper spüren.

Aus Stoffbahnen ein Labyrinth abhängen, hindurchgehen oder -fahren, die seitliche Begrenzung fühlen und sehen. Gerade und krumme Wege anbieten: Die Tücher befinden sich stets seitlich, wenn ich die Laufrichtung einhalte.

Seitliche Begrenzung in unterschiedlichen Situationen erleben, sich daran orientieren

Die Erfahrung des Raums *seitlich vom eigenen Körper* kann ebenfalls mit bestimmten Aktivitäten verknüpft werden. Diese lassen sich in der Rückenlage, im Sitzen und im Stehen durchführen. Der Schüler erhält hier das Angebot, durch Bewegen der Augen, durch Drehen des Kopfes und des ganzen Oberkörpers (bzw. im Stand des ganzen Körpers) auch den Raum seitlich des eigenen Körpers wahrzunehmen und für sich zu erkunden.

Augen, Kopf, Oberkörper und ganzen Körper zur Seite drehen
Die Arme zur Seite bewegen, dabei auch die Mittellinie kreuzen
Sich im Sitzen, im Stand und in der Bewegung drehen

Möglichkeiten:
Einen für den Schüler attraktiven Gegenstand erst in dessen Gesichtsfeld zeigen, ihn dann langsam seitlich außerhalb des Gesichtsfelds bewegen und dort abstellen. Den Schüler anregen, Kopf und Augen ein wenig nach links oder rechts zu bewegen, um den Gegenstand wieder ins Blickfeld zu bekommen.

Das eigene Blickfeld durch Drehen des Kopfes erweitern

Einen für den Schüler attraktiven Gegenstand in einem Behälter anbieten, diesen nicht frontal, sondern etwas seitlich versetzt aufstellen. Den Schüler ermutigen, Kopf, Augen und Hand ein wenig zur Seite zu bewegen, um den Gegenstand fixieren und aus dem Behälter holen zu können. Diese Übung lässt sich natürlich auch ohne Behälter durchführen.

Den eigenen Aktionsraum auch zur Seite ausweiten
Neue Greiferfahrungen machen
Die eigene Beweglichkeit entdecken und nutzen

Einen Geräuscherzeuger links oder rechts vom Schüler aufhängen, ihn anspielen, das Kind ermutigen, Augen, Kopf und Oberkörper der Geräuschquelle zuzuwenden.

Akustische Erfahrungen auch im Raum „neben sich" machen
Sich so zur Bewegung des eigenen Körpers anregen lassen
Immer mehr Handlungsspielraum gewinnen, den Raum um sich herum erschließen

Bei allen Aktivitäten, die in der Körpermitte durchgeführt werden, versuchen, diese auch etwas auf die eine oder andere Seite zu verlagern: einen Ball, eine Kugel auf dem Tisch hin- und herrollen, beim Malen mit der Hand, dem Stift, dem Pinsel die Arme auch zur Seite bewegen, einen Turm nicht nur vor dem Körper, sondern auch links oder rechts davon bauen etc.

Im Kreis sitzen und etwas weitergeben, sich dabei mit dem Oberkörper zur Seite drehen, die Arme in die Bewegung miteinbeziehen. Dabei sollte

Die Bewegung zur Seite bewusst durchführen

der Schüler auch Blickkontakt zum Nachbarn aufnehmen. Hierzu kann Musik eingesetzt werden.

Eine Fahne halten und von einer Seite zur anderen schwenken, die Bewegung mit den Augen verfolgen, den Kopf dabei von einer Seite zur anderen wenden. Ist der Schüler in der Lage, die Fahne zu halten, ohne sie bewegen zu können, so kann die Lehrkraft die Hand des Kindes umfassen und dessen Armbewegung führen. Sie sollte dabei hinter dem Schüler stehen, damit dieser den Vorgang gut beobachten kann.

Mehrteilige Handlung durchführen: sich zur Seite wenden, die Arme zur Seite bewegen, einen Gegenstand so nehmen oder dem Nachbarn geben

Mittellinie mit den Augen und den Armen kreuzen

Vorne und hinten

Das Erleben des Raums „vor mir" und das Aktiv-Sein darin fällt den Schülern am leichtesten und sollte auch vor dem Erarbeiten von „links von mir", „rechts von mir" und „hinter mir" angeboten und sorgfältig geübt werden. Alle Lernangebote zum gezielten Gebrauch der Hände werden zunächst in Körpermitte **vor** dem Schüler durchgeführt, bevor man sich zur Seite, nach oben oder unten wendet.

Den Raum vor sich für das eigene Tun entdecken

Mit den Händen etwas in der Körpermitte tun, das Tun beobachten

Sich der eigenen Hände bewusster werden

Möglichkeiten:
Einen attraktiven Gegenstand in der Körpermitte vor dem Kind anbieten, den Schüler anregen, den Gegenstand zu betrachten, ihn mit der Hand anzuschubsen (Stehaufspielzeug, hängende Dinge), ihn zu greifen, ihn vor den Augen zu bewegen.

Hindernisse aller Art vor dem Schüler anbringen (quergestellte Langbank, Kasten, offene Kiste), darübersteigen, hinein- und hinaussteigen. Den Schüler ermutigen, das Hindernis auch ohne Hilfe zu überwinden, sich z. B. auf die Langbank setzen, die Füße auf die andere Seite stellen, wieder aufstehen.

*Erleben: es befindet sich etwas **vor** mir, ich kann ein Hindernis überwinden*

Trockenduschen aus leichtem Material so aufhängen, dass man sie beim Hindurchfahren oder -gehen spürt: *Vor mir befindet sich etwas, es berührt beim Hindurchgehen mein Gesicht, meinen Körper, danach ist es hinter mir, ich muss mich umdrehen, um es sehen zu können.* Die Trockenduschen können auch so angefertigt werden, dass sie bei der Berührung zusätzliche akustische Eindrücke vermitteln (Glöckchenvorhang, Bastdusche, Perlenketten etc.).

*Begriffe in der eigenen Bewegung erfahren: **Vor** mir befindet sich etwas, ich kann es sehen, hören, spüren, mich hindurchbewegen*

Bei Versteckspielen hierzu: Aufbau von Objektpermanenz

Türen benutzen: zunächst geöffnete Tür vor den Augen des Schülers schließen oder anlehnen, sie gemeinsam mit dem Schüler öffnen und hindurchgehen. Tür zum Zimmer aushängen und statt dessen einen Vorhang aus Stoff oder Perlen anbringen, hindurchlaufen oder -fahren, erleben: *Vor mir befindet sich etwas, ich gehe hindurch, ich spüre das Hindernis mit meinem Körper, mit den Händen, ich schiebe es mit den Händen zur Seite.*

Einen Weg zurücklegen und dabei erleben:
***Vor** mir ist ein Hindernis, ich sehe es **vor** mir, ich spüre es mit den Händen **vor** mir*

Ich kann mich hindurchbewegen, ich kann das Hindernis zur Seite schieben

Im Zimmer ein großes Tuch spannen und in dieses hineinlaufen oder -fahren, durch das Tuch hindurchgehen, es mit den Armen zur Seite schieben. Transparente oder blickdichte Tücher verwenden.

Siehe hierzu auch die Kapitel BAUSTEIN und STOFF.

Um den Raum **hinter** dem Schüler für diesen erfahrbar zu machen, bieten sich zunächst Übungen an, die auch unter **„Begrenzung"** aufgeführt sind. Indem das Kind enge Räume erforscht (z. B. große Schachteln oder Kisten), nimmt es immer auch die Begrenzung im Rücken wahr. Basale Angebote zum Erleben des Rückens bieten sich zusätzlich an: Massiert-Werden, Abgeklopft-Werden.

Eine weitere Variante besteht im Anbieten interessanter Dinge *hinter* dem Schüler, um diesen zum Sich-Umdrehen zu veranlassen. Klingende Gegenstände, Stimme und Musik sind hier gut geeignet.

Den eigenen Rücken besser wahrnehmen
„Hinter mir" in der Berührung erleben

Möglichkeiten:
Den Schüler von hinten ansprechen oder ansingen, ihn zur Wendung von Kopf und Oberkörper veranlassen. Hier muss besonders darauf geachtet werden, das Kind nicht zu erschrecken. Es ist günstig, sich zunächst vor dem Schüler zu befinden, mit ihm zu sprechen oder zu singen, um sich dann langsam zur Seite und schließlich hinter das Kind zu begeben, ohne das Sprechen oder Singen zu unterbrechen. So hat der Schüler genügend Zeit, der Stimme mit der Bewegung des eigenen Körpers zu folgen.

Ein Instrument oder einen Geräuscherzeuger hinter dem Schüler anspielen, den Schüler ermutigen, sich umzudrehen. Sich im Sitzen oder im Stehen umdrehen.

Akustische Eindrücke hinter sich wahrnehmen und sich dadurch zur Bewegung des eigenen Körpers anregen lassen
Neue Hörerfahrungen machen

Einen attraktiven Gegenstand vor den Augen des Schülers hinter diesem verstecken: das Objekt hinter den Stuhl legen, es hinter dem Schüler auf den Boden, ins Regal stellen. Der Schüler sollte den Vorgang genau beobachten können, eventuell die Bewegung zunächst simultan mitvollziehen: Während der Gegenstand versteckt wird, dreht sich der Schüler gleichzeitig in die entsprechende Richtung.

Mit der Zeit können diese beiden Elemente zeitlich getrennt werden: Der Gegenstand wird langsam aus dem Gesichtsfeld nach hinten bewegt, anschließend dreht sich der Schüler, um diesen zu finden. Um hier erfolgreich zu sein, muss das Kind zumindest ansatzweise über Objektpermanenz verfügen. Es ist günstig, eine solche Situation häufig zu üben, z. B. im Morgenkreis eine Süßigkeit hinter dem Stuhl verstecken und sie finden lassen, beim Spiel mit dem Ball diesen auch hinter dem Kind verstecken etc. Die unterschiedlichsten Angebote zum Aufbau von Objektpermanenz können parallel hierzu durchgeführt werden.

Objektpermanenz aufbauen
Den Raum hinter sich für sich entdecken und nutzen
Neue Erfahrungen machen, den eigenen Aktionsradius ausweiten

Sich nach hinten bewegen (lassen): rückwärts im Rollstuhl gefahren werden oder selbst rückwärts gehen. Die Bewegung kann angebahnt werden, indem die Lehrkraft hinter dem Schüler steht, diesen bei den Hüften fasst und eine ziehende Bewegung zu sich her ausführt. So wird der Schüler angeregt, die Beine nach hinten zu setzen, um dem Zug nachzugeben. Die geforderte Bewegung darf nicht zu groß sein, um ein Fallen zu verhindern. Enger Körperkontakt kann dem Schüler das Gefühl von Sicherheit geben.

Bewegung nach hinten erleben
Fortbewegung nach hinten selbst durchführen
Neue Bewegungserfahrungen machen

Zunächst genügt es, wenn nur ein, zwei Schritte rückwärts durchgeführt werden.

Verfügt der Schüler über mehr Sicherheit, kann die Lehrkraft sich beim Gehen vor dem Kind befinden (die Gesichter sind einander zugewandt) und die rückwärtige Bewegung führen, indem sie den Schüler an den Unterarmen oder an der Hüfte gefasst hält.

Beobachtungshilfen

Begrenzung

➢ lässt Situationen zu, die ein Erleben von Begrenzung zum Inhalt haben: im Arm der Lehrkraft sitzen und festgehalten werden, sich zudecken oder in Decke etc. einwickeln lassen, im Schlafsack liegen, gemeinsam in der Kuschelecke liegen etc.
➢ empfindet solche Angebote als angenehm
➢ lehnt solche Angebote ab, wehrt sich dagegen
➢ sucht von sich aus Angebote, bei denen Begrenzung (seitlich, vorn, hinten, oben und unten) mit dem ganzen Körper erlebt werden kann: setzt sich in große Schachtel, erkundet verschieden große Kartons, sitzt gern mit anderen unter einem großen Tuch, versteckt sich unter dem Tisch etc.

Weite

➢ mag Schaukelangebote aller Art, hat Freude daran
➢ bevorzugt bestimmte Schaukelangebote (welche?)
➢ mag nur sehr vorsichtige Bewegungen
➢ mag auch weiträumiges und schnelles Geschaukeltwerden, hat keine Angst davor, genießt die schnelle Bewegung
➢ erkundet von sich aus einen sehr weiten Raum (auch im Freien)
➢ hat Angst vor freien Räumen, durchquert sie nicht allein
➢ lässt sich durch weiten Raum zur Eigenbewegung anregen
➢ läuft schnell (allein – an der Hand der Lehrkraft)
➢ hat Freude am schnellen Laufen, möchte dies wiederholt tun
➢ lässt sich im Rollstuhl/auf dem Rollbrett/im Leiterwagen gern schnell durch einen weiten Raum fahren
➢ hat Freude an der schnellen Bewegung
➢ mag auch kurvige Raumwege

- wirft oder rollt einen Ball weit in den Raum (auch im Freien), beobachtet die Bewegung, lässt sich dadurch zur Eigenbewegung anregen (z. B. Ball holen)
- beobachtet Dinge, die sich in der Höhe eines Raums bewegen
- beteiligt sich an Spiel mit Riesenluftballon
- geht auf ein im weiten Raum stehendes Instrument zu, wenn dieses angespielt wird
- lauscht auch auf das Instrument, wenn sich dies in einiger Entfernung befindet
- legt allein einen längeren Weg im Raum zurück, behält dabei ein Ziel im Auge

Oben

- steigt mit Hilfe auf ein nicht zu hohes Hindernis und steht auch eine Weile oben, schaut sich um
- schaut oben stehend auch hinunter
- hat Angst vor der Höhe
- steigt Treppen hinauf und hinunter (wie?)
- steigt allein auf unterschiedliche Hindernisse (auf welche?)
- steigt auch Trittleiter hinauf – und rückwärts wieder hinunter
- möchte gern hoch geschaukelt werden
- möchte gern hochgehoben und bewegt werden
- lehnt ein Bewegtwerden vom Boden weg ab, hat Angst davor
- bewegt sich in der Höhe, läuft z. B. über Kastenoberteil
- beobachtet eine aufsteigende Bewegung (welche?)
- beobachtet sich bewegende oder klingende Dinge, die höher als in Augenhöhe angeboten werden (im Liegen, im Sitzen, im Stand)
- hebt die Augen dabei
- hebt den Kopf dabei
- hebt die Arme, um den oben angebrachten Gegenstand zu erreichen
- steht auf, um einen oben angebrachten Gegenstand zu erreichen
- streckt auch im Stand die Arme bzw. den ganzen Körper, um einen oben angebrachten Gegenstand zu erreichen
- kann im Sitzen oder Stehen eine Tätigkeit ausführen, bei der man sich strecken muss (welche?)
- hebt dabei Augen, Kopf, Arme
- steigt auf einen Schemel o. Ä. und hantiert in der Höhe, zeigt hier Sicherheit
- entdeckt von sich aus unterschiedliche Ebenen im Raum, steigt z. B. auf Möbel

Unten

- steigt mit einem Schritt von Hindernis hinunter (mit Hilfe – ohne Hilfe)
- springt im Beidbeinsprung von einem nicht zu hohen Hindernis (mit Hilfe – ohne Hilfe)
- springt auf eine feste/auf eine nachgiebige Unterlage
- geht eine lange Treppe hinunter (wie?)

- geht mit bloßen Füßen über unterschiedliche Untergründe, schaut dabei nach unten
- schaut bei Angeboten für die Füße nach unten
- führt Tätigkeiten aus, bei denen man sich bücken muss (im Sitzen, im Stehen)
- kann das Sich-Bücken und das Sich-Strecken miteinander verbinden
- mag im Rollstuhl gekippt werden

Links und rechts

- mag in der Reifenschaukel bewegt werden
- lässt sich aus der Rückenlage auf die Seite rollen, hat Freude daran
- wendet den Kopf zur Seite, wenn ein interessantes Objekt aus dem Gesichtsfeld bewegt wird
- bewegt auch die Arme zur Seite, um den Gegenstand zu greifen
- überkreuzt dabei auch die Mittellinie
- vollzieht mit den Armen Bewegung von einer Seite zur anderen und zurück, verfolgt die Bewegung auch mit den Augen (z. B. Fahne schwenken, Ball hin- und herrollen), kreuzt dabei die Mittellinie
- wendet den Kopf zu einer Geräuschquelle, die sich seitlich befindet
- bewegt bei Aktivitäten (welchen?) die Arme auch zur Seite, vergrößert so den Aktionsradius
- wendet Kopf, Oberkörper und Arme zur Seite, um einen Gegenstand zu erreichen

Vorne und hinten

- beobachtet Dinge, die sich vor dem eigenen Körper befinden
- bewegt die Arme, um danach zu greifen bzw. um die Dinge zu bewegen
- überwindet Hindernisse (welche?) und setzt so den begonnenen Weg zielstrebig fort
- öffnet eine angelehnte Tür/öffnet eine verschlossene Tür
- dreht sich nach Stimme oder Geräuschangebot um
- dreht sich um, wenn ein interessanter Gegenstand hinter dem Rücken versteckt wird
- dreht sich im Sitzen um, dreht sich im Stand um
- findet den Gegenstand auch, wenn das Verstecken und das Sich-Umdrehen zeitlich getrennt sind
- geht mit Hilfe rückwärts, lässt sich im Rollstuhl/auf dem Rollbrett rückwärts fahren

Unterrichtsbeispiele

1. Wir erkunden einen weiten Raum (z. B. die Turnhalle)

Ausgangssituation: Wir befinden uns in der vollkommen leeren Turnhalle. Hier kann den Schülern zunächst Gelegenheit gegeben werden, den Raum von sich aus zu erforschen. So lässt sich gut beobachten, wie unterschiedlich sich die Kinder in dieser Situation verhalten.

Gemeinsam gehen wir durch die Halle und legen dabei unterschiedliche Raumwege zurück. Wir gehen nicht nur im Kreis, sondern nehmen auch gerade und kurvige Wege, die sich durch die gesamte Halle winden. Von sich aus neigen die Schüler in der Regel dazu, sich im Kreis zu bewegen. Es sollte sich jedoch jeder trauen, unterschiedliche Wege zu gehen. Es werden (je nach Anzahl der Schüler) mehrere Bezugspersonen nötig sein, damit jedes Kind in die Lage kommt, seinen eigenen Weg zurückzulegen und dabei die gesamte Halle zu nutzen.

Wir begrüßen die anderen, die wir bei unserem Weg durch den Raum treffen: eine Weile gehen, dann jemanden treffen, voreinander stehenbleiben und sich begrüßen (anschauen, Hände reichen, berühren). Dann gehen wir weiter und treffen auf unserem Weg einen anderen Mitschüler.

Wir bewegen uns gemeinsam in eine Ecke des Raums und stehen dort dicht gedrängt. Wir erleben: Es ist eng in dieser Ecke, der gesamte Raum liegt leer und weit vor uns. Wir laufen quer hindurch in eine andere Ecke, ein Schüler (mit Hilfe) nach dem anderen. Wer nicht läuft, beobachtet die Bewegung der Läufer durch den Raum. Wenn alle in einer anderen Ecke angekommen sind, kann man sich auf die gleiche Weise in eine weitere Ecke des Raums bewegen. Die Ecken können mit Matten ausgelegt werden, um sie für die Schüler als Ziel hervorzuheben.

Variation: Beim Laufen von einer Ecke zur nächsten lassen wir uns rufen. Ein Schüler läuft (mit Hilfe) in eine Ecke der Turnhalle und ruft (d. h., die Lehrkraft ruft für ihn) den nächsten. So wird das Spiel fortgesetzt, bis sich alle von der einen Ecke in die nächste bewegt haben. Das „Rufen" kann auch durch ein Instrument geschehen.

Wir setzen uns an den Wänden entlang so hin, dass wir gleichmäßig verteilt sind. Der Blick sollte in die Raummitte gerichtet sein. Nun kann ein Spiel mit großem Ball oder Riesenluftballon folgen: Dieser wird durch die ganze Halle von einem Schüler zum nächsten gerollt oder geworfen. Hierzu müssen die Schüler allerdings in der Lage sein, eine Bewegung auch über die Entfernung von mehreren Metern beobachten zu können. Wir erleben: Der Ball/Ballon bewegt sich von mir weg, er wird kleiner, er kommt auf mich zu, er berührt mich, ich kann ihn festhalten.

Abschluss kann sein: Die Lehrkraft steht in der Tür und ruft mit einem Instrument einen Schüler nach dem anderen. Jeder Schüler sollte den Weg von seinem Platz im Raum zur

Tür so selbstständig wie möglich zurücklegen. Wir erleben: Die Halle wird immer leerer, einer nach dem anderen verschwindet in die Umkleidekabine.

2. Begrenzung und Weite mit dem ganzen Körper erfahren (Einzelsituation)

Bei diesem Lernangebot sollte für jedes Kind eine Bezugsperson zur Verfügung stehen, daher wird sich dies wohl eher in der Arbeit mit einem Schüler oder in der Kleingruppe durchführen lassen.

Ausgangssituation: Wir sitzen zusammen auf der Matte. Der Schüler sollte sich dabei an den Oberkörper der Lehrkraft anlehnen können. Diese umfängt das Kind mit ihrem Oberkörper, mit den Armen und den Beinen und hält es so fest. Der Schüler erlebt: Wir sitzen eng aneinandergelehnt, ich spüre den Körper des anderen, ich kann nicht umfallen, wir sitzen ruhig, wir bewegen uns ein wenig hin und her, der andere gibt mir Halt.

Nun wird diese Situation verändert: Vorsichtig strecken wir uns aus, bis der Schüler mit gestreckten Gliedmaßen auf dem Rücken liegt. Die Lehrkraft streicht mit ihren Händen die Konturen des Körpers nach: Das ist dein Kopf, das ist der Bauch, hier sind die Arme, hier sind die Beine. Es sollte der gesamte Körper des Schülers berührt und benannt werden. Hier wird vom Kopf zu den Füßen vorgegangen: entweder zunächst die eine Körperseite hinunter und die andere wieder hinauf oder von Kopf nach Fuß im Wechsel von einer Seite zur anderen (Brust, linker Arm, rechter Arm, Bauch, linkes Bein, rechtes Bein etc.), Hände und Füße nicht vergessen! Beim Kopf ist große Vorsicht geboten. Der Schüler erlebt: Ich liege auf der Matte, ich habe Platz genug, ich kann mich ausstrecken, ich kann meine Gliedmaßen bewegen, ich bin so groß! Der Schüler kann auch vorsichtig abgeklopft werden. Das Abklopfen geschieht mit der flachen Hand und wird mit einem Ausstreichen des Körpers abgeschlossen.

Das Sich-Ausstrecken und Sich-Beugen kann mehrmals im Wechsel durchgeführt werden, so dass dem Kind der Gegensatz beider Körperhaltungen erfahrbar gemacht wird. Alle Bewegungen werden langsam durchgeführt und verbal begleitet: Wir falten uns zusammen und werden ganz klein, sitzen oder liegen in dieser Haltung eng aneinander – wir strecken uns aus und legen uns auf den Rücken, wir bewegen die Arme und Beine, wir haben viel Platz.

Variation: Die Übung wird auf einem geöffneten Schlafsack durchgeführt. Dieser wird dann, wenn der Schüler gestreckt liegt, über das Kind gelegt und geschlossen. Der Schüler erlebt: Ich liege zwar noch auf dem Rücken, aber ich befinde mich nun in etwas, der Raum um mich ist begrenzt, ich kann mich nur wenig bewegen. Wir öffnen den Reißverschluss wieder und haben nun genügend Platz, die Arme und Beine zu bewegen. Das Bewegen der Gliedmaßen in der ausgestreckten Lage kann von der Lehrkraft für den Schüler durchgeführt werden: die Arme beugen und strecken, sie hochheben, die Beine anziehen und wieder strecken. Bei Unsicherheit, ob und wie weit der Schüler bewegt werden kann, sollte man die Krankengymnastin befragen.

Abschluss kann sein: Die Situation wird mit einem Lied beendet. Da das Lernangebot wiederholt und in gleicher Weise durchgeführt werden sollte, bleibt das Lied als Signal für das Ende der Situation bestehen.

3. Wir strecken und wir bücken uns (Lernort: Klassenzimmer)

Ausgangssituation: Wir sitzen im Kreis, in der Mitte befindet sich ein Korb, der in einiger Höhe so aufgehängt ist, dass man im Stehen gut hineingreifen kann. In dem Korb befindet sich eine größere Anzahl kleiner Gummireifen in verschiedenen Farben.

Wir wollen wissen, was sich in dem Korb befindet, also lassen wir ihn an der Schnur *hinunter,* bis er auf dem Boden steht. Nun kann jeder hineinschauen, sich einen Reifen nehmen, ihn fühlen und festhalten, ihn wieder in den Korb legen. Der Korb wird wieder nach *oben* bewegt, jetzt können wir nicht mehr hineinschauen. Das Herunterlassen und Hinaufziehen kann auch von den Schülern durchgeführt werden, so dass jeder erlebt: Ziehe ich an der Schnur, so bewegt sich der Korb nach *oben,* lasse ich die Schnur los oder gebe ihrem Zug nach, so bewegt sich der Korb nach *unten*.

Wir holen die Reifen aus dem Korb und stecken sie auf einen Stab. Um die Reifen greifen zu können, müssen die Schüler aufstehen und den Arm in den Korb strecken. Anschließend muss man sich bücken, um den Reifen auf den Stab zu stecken. Der Stab ist mit einem Fuß versehen, damit er frei auf dem Boden stehen kann. Das Sich-Strecken und Sich-Bücken geschieht nun im Wechsel und ist mit dem Greifen und gezielten Loslassen der Reifen verbunden. Auf diese Weise können mehrere Stäbe mit Reifen bestückt werden.

Die Lernsituation kann hier abgeschlossen oder noch etwas weitergeführt werden: Wir bücken uns, ziehen einen Reifen vom Stab und stecken ihn auf eine waagerecht hängende Stange, die in einiger Höhe angebracht ist. Auf diese Weise wird das Aufstecken in veränderter Position geübt und geschieht unter dem Strecken des Oberkörpers, des ausführenden Arms, des Kopfes. Da die Bewegung nicht einfach ist, muss sie genau mit den Augen geführt oder mit der anderen Hand ertastet werden.

Abschluss kann sein: Wir holen alle Reifen einzeln wieder vom Stab herunter, gehen mit ihnen zum aufgehängten Korb und werfen sie hinein. Hierzu muss der Schüler mit dem Gegenstand in der Hand einen Weg bis zum Ziel zurücklegen. Ein Pendelspiel mit dem Korb, der nun im Sitzen angeschubst werden muss, lässt das Lernvorhaben ausklingen.

4. Wir spielen mit einem sehr großen Korb (Lernort: Klassenzimmer)

Ausgangssituation: Wir sitzen auf dem Boden um einen sehr großen Weidenkorb (Ø mindestens 1 m). Der Korb steht mit der Öffnung nach oben. Wir schauen und fassen hinein: Er ist leer.

Wir erkunden den Korb mit dem ganzen Körper: Immer ein Schüler steigt hinein (oder wird hineingesetzt), erlebt das Sitzen im Korb, schaut hinaus zu seinen Mitschülern, spürt den Korb mit dem ganzen Körper: Der Korb ist groß, man kann darin sitzen. Kleine Schüler können auch in dem Korb sitzend durch das Zimmer getragen werden und erleben so eine völlig neue Art des Bewegtwerdens.

Die gleiche Übung wird wiederholt, nur steht der Korb diesmal mit der Öffnung zur Seite. So ergibt sich eine neue Raumerfahrung für den Schüler: Nach vorn kann ich gut herausschauen, über mir befindet sich nun etwas, ich kann die Wände des Korbs mit den Händen berühren: Sie fühlen sich besonders an, sie sind fest.

Nun drehen wir den Korb um, so dass sich die Öffnung unten befindet. Wir fassen den Korb an, setzen uns darauf (bzw. werden darauf gesetzt) oder legen uns auf dem Bauch darüber. Der Korb erscheint uns jetzt an allen Seiten geschlossen. Wenn diese drei Übungen mit jedem Schüler durchgeführt worden sind, stellen wir den Korb wieder mit der Öffnung nach oben auf.

Wir füllen den leeren Korb. Hierzu bietet die Lehrkraft eine *sehr große Menge* geknülltes Transparentpapier in verschiedenen Farben an (größere Papierbälle). Das Papier wird auf den Boden geschüttet. Wir können damit rascheln und knistern, danach greifen. Die Schüler nehmen nun immer einen Papierball und lassen ihn in den Korb fallen. So wird verfahren, bis der Korb vollständig mit Papier gefüllt ist. Die Schüler sitzen (oder stehen) hierzu auf dem Boden. Kleinere Schüler können sich im Stand gut am Korbrand festhalten. Wir stellen fest: Der Korb wird immer voller, nun ist er ganz gefüllt, es ist lauter Papier darin, wir haben das gesamte Papier vom Boden in den Korb gesammelt.

Mit den Händen können wir nun den Korbinhalt erkunden: hineingreifen, die Hände im Papier bewegen, damit Geräusche erzeugen, das Papier im Korb bewegen. *Variation:* Mit beiden Händen greifen wir Papierbälle und werfen sie aus dem Korb heraus – sammeln sie dann wieder ein. Wir bemerken: Der Korb kann gefüllt und geleert werden, das Papier liegt mal außen und mal innen.

Abschluss kann sein: Immer ein Kind wird in den gefüllten Korb gesetzt und zum Lied geschaukelt. So klingt das Lernvorhaben mit einem Bewegungselement aus.

LITERATUR

Affolter, F. (1992): Wahrnehmung, Wirklichkeit und Sprache. Neckar Verlag, Villingen-Schwenningen

Ackermann, H. (2001): Das Konzept von Félicie Affolter und seine Bedeutung für die Geistigbehindertenpädagogik. Edition SZH, Luzern

Ayres, A. J. (1984): Bausteine der kindlichen Entwicklung. Springer Verlag, Berlin

Bailey, Ph. (1973): They Can Make Music. Oxford University Press, Oxford

Bayerisches Staatsministerium für Unterricht und Kultus (2003): Lehrplan für den Förderschwerpunkt geistige Entwicklung. Hintermeier Verlag, München

Breitinger M., Fischer, D. (1993): Intensivbehinderte lernen leben. edition bentheim, Würzburg

Brunner-Danuser, F. (1984): Mimi Scheiblauer – Musik und Bewegung. Atlantis Verlag, Zürich

Eddy, J. (1982): The Music Came From Deep Inside. McGraw-Hill Book Company, New York

Fischer, D. (1999): Eine methodische Grundlegung. edition bentheim, Würzburg

Fischer, E. (2000): Pädagogik für Kinder und Jugendliche mit mehrfachen Behinderungen. verlag modernes lernen, Dortmund

Fornefeld, B. (1995): „Elementare Beziehung" und Selbstverwirklichung geistig Schwerstbehinderter in sozialer Integration. Verlag Mainz, Aachen

Franger, W., Pfeffer, W. (1983): Probleme und Möglichkeiten der Diagnostik bei schwerster geistiger Behinderung. In: Kornmann, R., Meister H., Schlee, J.: Förderungsdiagnostik. Schindele, Heidelberg, 84–101

Fröhlich, A. (1998): Basale Stimulation – das Konzept. Bundesverband für spastisch Gelähmte und andere Körperbehinderte, Düsseldorf

–, Heinen, N., Lamers, W. (2003): Schwere Behinderung in Praxis und Theorie. Verlag selbstbestimmtes Leben, Düsseldorf

Greer, J., Anderson, R., Odle, S. (1982): Strategies for Helping Severely & Multiply Handicapped Citizens. University Park Press, Baltimore

Gudjons, H. (2001): Handlungsorientiert lehren und lernen. Klinkhardt Verlag, Bad Heilbrunn

Hedderich, I., Dehlinger, E. (1998): Bewegung und Lagerung im Unterricht mit schwerstbehinderten Kindern, Ernst Reinhardt Verlag, München/Basel

Hoerburger, Ch., Widmer, M. (1992): Musik- und Bewegungserziehung. Auer Verlag, Donauwörth

Holtz, R. (1997): Therapie- und Alltagshilfen. Pflaum Verlag, München

Klauß, Th., Lamers, W. (2003): Alle Kinder alles lehren … Grundlagen der Pädagogik für Menschen mit schwerer und mehrfacher Behinderung. Universitätsverlag Winter Heidelberg, Heidelberg

Kläger, M. (1990): Phänomen Kinderzeichnung. Pädagogischer Verlag Burgbücherei Schneider, Baltmannsweiler

Lacey, P., Ouvry, C. (1998): People with Profound and Multiple Learning Disabilities. David Fulton Publishers, London

Langeveld, M. J. (1968): Studien zur Anthropologie des Kindes. Max Niemeyer Verlag, Tübingen

Levete, G. (1982): No Handicap To Dance. Souvenir Press, London

Mall, W. (1990): Kommunikation mit schwer geistig behinderten Menschen – ein Werkheft. Heidelberger Verlagsanstalt und Druckerei, Heidelberg

Miessler, M., Bauer, I. (1978): Wir lernen denken. Vogel Verlag, Würzburg

–, – (1986): Das bin ich. Verlag Dürrsche Buchhandlung. Bonn-Bad Godesberg

Montagu, A. (1987): Körperkontakt: Die Bedeutung der Haut für die Entwicklung des Menschen. Klett-Cotta Verlag, Stuttgart

Nielsen, L. (1992): Greife und du kannst begreifen. Edition bentheim, Würzburg

– (1993): Das Ich und der Raum. Edition bentheim, Würzburg

Nordoff, P., Robbins, Cl. (1975): Music Therapy in Special Education. Macdonalds & Evans, London

Oerter, R., Montada, L. (2005): Entwicklungspsychologie. Beltz Verlag, Weinheim

Papoušek, M. (1994): Vom ersten Schrei zum ersten Wort. Verlag Hans Huber, Bern

Pfeffer, W. (1988): Förderung schwer geistig Behinderter. edition bentheim, Würzburg

Piaget, J. (1991): Das Erwachen der Intelligenz beim Kinde. Klett-Cotta Verlag, Stuttgart

Reich, K. (2002): Konstruktivistische Didaktik. Luchterhand Verlag, Neuwied

Rödler, P. (2000): Es gibt keinen Rest! – Basale Pädagogik für Menschen mit schwersten Beeinträchtigungen. Luchterhand Verlag, Neuwied

Sherborne, V. (1998): Beziehungsorientierte Bewegungspädagogik. Ernst Reinhardt Verlag, München/Basel

Speck, O. (2005): Menschen mit geistiger Behinderung. 10. überarb. Aufl. Ernst Reinhardt Verlag, München/Basel

Staatsinstitut für Schulpädagogik und Bildungsforschung (Hrsg.) (1991): Liegen, Sitzen, Stehen, Gehen – Handreichung für Unterricht, Therapie und Förderung schwerstbehinderter Kinder. Hintermeier Verlag, München

– (1992): Erziehung und Unterricht, Diagnostik und Förderung schwer geistigbehinderter Schüler. Hintermeier Verlag, München

– (1993): Schritte ins Leben. Hintermeier Verlag, München

Straßmeier, W. (2000): Didaktik für den Unterricht mit geistigbehinderten Schülern. 2. Aufl. Ernst Reinhardt Verlag, München/Basel

Thalhammer, M. (1986): Gefährdungen des behinderten Menschen im Zugriff von Wissenschaft und Praxis. Ernst Reinhardt Verlag, München/Basel

Theilen, U. (2004): Mach Musik. Ernst Reinhardt Verlag, München/Basel

Voß, R. (2002): Unterricht aus konstruktivistischer Sicht. Luchterhand Verlag, Neuwied

Wilken, E. (2002): Unterstützte Kommunikation. Kohlhammer Verlag, Stuttgart

Wood, M. (1983): Music for Mentally Handicapped People. Souvenir Press, London

Ulrike Theilen
Mach Musik!

Rhythmische und musikalische Angebote für Menschen mit schweren Behinderungen
2004. 181 Seiten. Mit Liedern und Notenbeispielen
ISBN (978-3-497-01699-0) kt

Die Welt der Musik ist jedem zugänglich. Ausgehend von den Fähigkeiten, über die Kinder und Jugendliche mit schweren Behinderungen verfügen, stellt die Autorin eine Vielfalt von Übungen vor. Alle Beispiele sind in der Unterrichtspraxis erprobt und für Einzel- oder Gruppensituationen geeignet.

Darüber hinaus findet der Leser eine Einführung in die verschiedenen Aspekte musikalischer Kommunikation und die grundlegenden Erfahrungen, die beim gemeinsamen musikalischen Tun möglich sind.

Dieses Buch gibt wertvolle Anregungen, wie man musikalische Angebote für Menschen mit schweren Behinderungen gestalten kann.

Pressestimme

„'Mach doch mit! Lebendiges Lernen mit schwerbehinderten Kindern' und nun 'Mach Musik! Rhythmische und musikalische Angebote für Menschen mit schweren Behinderungen' sind zwei anregende Veröffentlichungen für die Zusammenarbeit mit Menschen mit schweren oder schwersten Behinderungen, die in die Hand eines jeden in diesem Bereich tätigen Kollegen bzw. jeder Kollegin gehören. Sie können rundum empfohlen werden und stellen eine ideale Verbindung von praxisorientierten Hilfen und fundamentalen Reflexionen dar."

Lernen konkret

reinhardt
www.reinhardt-verlag.de

Imke Eisenschmidt | Christa Wulfers
Rhythmik in der Arbeit mit schwerbehinderten Menschen

VHS-Video. ca. 20 Min.
2003. (978-3-497-01645-7)

Wenn die verbale Kommunikation in der Arbeit mit schwerbehinderten Menschen an ihre Grenzen stößt, ist es schön, andere Wege der Zwiesprache finden zu können: Rhythmik ist eine Methode, die den Menschen auf verschiedenen Ebenen der Wahrnehmung anspricht. Dabei wird die natürliche Kraft von Bewegung und Musik genutzt, um den Menschen auf ihrem jeweiligen Entwicklungsstand entgegenzukommen, mit ihnen Situationen zu improvisieren und zu gestalten. Schwerstbehinderte Menschen können ihre eigene Körperwahrnehmung intensivieren und mit anderen in Kontakt treten, indem sie etwa die Vibration eines Streichinstrumentes spüren, zur Musik geschaukelt werden oder miteinander tanzen. Durch spielerische und unbelastete Situationen können sie sich entspannen und wieder neu aktivieren.

In diesem Video wird kein Übungsprogramm durchgeführt, sondern es werden spontane Situationen geschaffen, die Raum für Improvisation geben. Gearbeitet wird mit verschiedenen Musikinstrumenten, mit Matten, Schwungtüchern u.ä. Die Filmautorinnen zeigen in ihrem Video vielfältige rhythmisch-musikalische Sequenzen in unterschiedlichen Settings – für Fachleute ein reiches Anschauungsmaterial.

www.reinhardt-verlag.de